Springer-Lehrbuch

Springer-Verlag Berlin Heidelberg GmbH

Bernd-Jürgen Falkowski

Business Computing

Grundlagen und Standardsoftware

Mit 275 Abbildungen

 Springer

Professor Dr. Bernd-Jürgen Falkowski
FH Stralsund
FB Wirtschaft
Zur Schwedenschanze 15
18435 Stralsund
Deutschland
bernd.falkowski@fh-stralsund.de

ISBN 978-3-540-43187-9

Die Deutsche Bibliothek – CIP-Einheitsaufnahme
Falkowski, Bernd-Jürgen: Business computing: Grundlagen und Standardsoftware /
Bernd-Jürgen Falkowski. – Berlin; Heidelberg; New York; Barcelona; Hongkong; London;
Mailand; Paris; Tokio: Springer, 2002
   (Springer-Lehrbuch)
   ISBN 978-3-540-43187-9   ISBN 978-3-642-55973-0 (eBook)
   DOI 10.1007/978-3-642-55973-0

Springer-Verlag Berlin Heidelberg New York
ein Unternehmen der BertelsmannSpringer Science+Business Media GmbH

http://www.springer.de

Umschlaggestaltung: Design & Production GmbH, Heidelberg

SPIN 10865965   42/2202-5 4 3 2 1 0 – Gedruckt auf säurefreiem Papier

Vorwort

Dieses Buch wendet sich vor allem an Studenten der Betriebswirtschaft und der Wirtschaftsinformatik. Es hat die Lösung betriebswirtschaftlicher Probleme unter Einsatz von Standardsoftware zum Gegenstand. Wegen der extrem kurzen Innovationszyklen im Bereich der Informatik wurde jedoch versucht, nicht die technischen Einzelheiten des „Knöpfchendrückens" in den Vordergrund zu stellen, da sie ständigen Veränderungen unterliegen. Vielmehr sollten, wo immer möglich, Hintergrundinformationen bereitgestellt und generische Aspekte herausgearbeitet werden. Darüber hinaus schien ein Kapitel, in dem die prinzipielle Funktionsweise eines Rechners erläutert wird, wünschenswert. Dieses Kapitel stellt teilweise jedoch recht hohe Anforderungen an den Leser. Deshalb sei bereits hier darauf verwiesen, daß die darin diskutierten mathematischen Details zum Verständnis der anderen Kapitel nicht erforderlich sind.

Natürlich werden auch viele ausgearbeitete Beispiele präsentiert, so daß bisweilen doch technische Einzelheiten behandelt werden mußten. Sie konnten jedoch auf ein Minimum reduziert werden, da Studenten heute erfahrungsgemäß bereits mit der Handhabung des Rechners weitgehend vertraut sind. Dadurch soll u.a. erreicht werden, daß der Student in die Lage versetzt wird, sich innerhalb kurzer Zeit mit Standardsoftware (unabhängig vom Hersteller) vertraut zu machen und sie effizient zu nutzen. Der Autor entschuldigt sich ausdrücklich nicht dafür, daß er auf Berufsfähigkeit der Studenten (im Gegensatz zu Berufsfertigkeit, die häufig von Unternehmen gefordert wird) abzielt: Nach seiner Überzeugung kann es, insbesondere angesichts der oben angesprochenen ständigen Veränderungen, nicht sinnvoll sein, die Produkte eines bestimmten Herstellers XY an einer Hochschule bis ins letzte Detail zu studieren (zumal manche allenfalls als Negativbeispiele dienen können).

Der Inhalt der einzelnen Kapitel des Buchs läßt sich wie folgt zusammenfassen:

Das erste Kapitel hat einige mathematische Grundlagen zum Gegenstand. Insbesondere werden zunächst Darstellungen natürlicher Zahlen (und hier wiederum vorrangig die Binärdarstellung) behandelt. Dadurch wird deutlich, daß prinzipiell ein zwei-elementiges Alphabet für die Darstellung beliebiger Worte ausreicht.

Nach der Beschreibung einer (abstrakten) Turing Maschine als Modell eines modernen Rechners findet ein kurzer Exkurs in die Aussagenlogik statt. Dieser ist einerseits erforderlich, um die technische Realisierbarkeit der Turing Maschine zu zeigen (was wohl in dieser Form neu ist). Andererseits ist er von Vorteil für das tiefere Verständnis der später behandelten Datenbankabfragen. Das Kapitel schließt mit der Behandlung des klassischen Von-Neumann-Rechners als Vorläufer der heutigen Computer.

Im zweiten Kapitel werden die Soft- und Hardware-Komponenten eines modernen Rechners behandelt. Dabei wird verdeutlicht, mit welcher Geschwindigkeit technische Weiterentwicklungen heute voranschreiten. Daraus ergeben sich natürlich auch wesentliche betriebswirtschaftliche Konsequenzen, die kurz diskutiert werden.

Es ist jedoch anzumerken, daß ein moderner Rechner auch heute noch prinzipiell nicht mehr leisten kann als eine universelle Turing Maschine.

Im dritten Kapitel wird das Betriebssystem des Rechners erläutert. Nach Darstellung der generischen Eigenschaften wird im Detail (soweit es für den täglichen Arbeitseinsatz erforderlich ist) auf das Windows-Betriebssystem eingegangen. Die Auswahl dieses Systems wurde keineswegs aufgrund seiner besonderen Qualität, sondern vielmehr nahezu ausschließlich wegen seines hohen Verbreitungsgrads getroffen.

Das vierte Kapitel ist der Textverarbeitung im weitesten Sinne gewidmet. Im generischen Teil wird anhand ausführlicher Beispiele auch auf die Bedeutung von Auszeichnungssprachen (SGML, XML, HTML) eingegangen, da sie einerseits von großem eigenständigem Interesse sind, andererseits aber auch in betriebswirtschaftlicher Hinsicht erhebliche Bedeutung haben.

Natürlich wäre ein solches Kapitel unvollständig ohne die Behandlung der üblichen Standardaufgaben mittels einer konkreten Software (hier MS Word).

Wegen seiner Ähnlichkeit zu MS Word wird auch Powerpoint im Rahmen einer fiktiven Präsentation behandelt. Die dafür erstellten Folien enthalten konkrete Hinweise zur Gestaltung einer entsprechenden Veranstaltung.

Abschließend wird innerhalb dieses Themenkomplexes gezeigt, wie mit einem entsprechenden Werkzeug (Netscape Composer) eine einfache Homepage erstellt und veröffentlicht werden kann.

Das fünfte Kapitel befaßt sich mit der Tabellenkalkulation, wobei als Standardsoftware MS Excel genutzt wird. An Beispielproblemen aus der Betriebswirtschaft (Break-Even-Analyse, Zinseszins- und Investitionsrechnung, Regression, Zeitreihenanalyse, Optimierungsprobleme) werden auch allgemeine Programmiergrundsätze verdeutlicht. Als pars pro toto ist in diesem Zusammenhang die Vermeidung von Redundanz zu nennen, die ja später beim logischen Datenbank-Entwurf auch eine herausragende Rolle spielt.

Das Kapitel schließt mit dem Entwurf einer einfachen Benutzeroberfläche für eine Applikation. Dabei wird auch auf die Bedeutung der Trennung von Applikation und Oberfläche in programmiertechnischer Hinsicht eingegangen.

Im letzten Kapitel (not least!) werden die wesentlichen Aspekte von Datenbank-Management-Systemen (DBMS) dargestellt. Es beginnt mit einem Exkurs in die abstrakte Datenmodellierung, erörtert verschiedene Arten von DBMS und zeigt die Umsetzung eines abstrakten Modells in ein konkretes Datenbank-Schema (für eine relationale Datenbank).

Zusätzlich werden die Codd'schen Normalformen behandelt.

Da die Hauptaufgabe in einem Unternehmen meist darin besteht, der vorhandenen Datenbasis relevante Informationen zu entlocken (sonst würde es sich ja nur um „Datenfriedhöfe" handeln), bildet die Erörterung zahlreicher SQL-Abfragen unter Nutzung von MS Access den Schwerpunkt des Kapitels.

Hinweis: Die Versionen der jeweils genutzten Standardsoftware (hauptsächlich MS Office) sowie des Betriebssystems (Windows) werden kaum erwähnt. Sie unterliegen, wie oben bereits angedeutet, ständigen Veränderungen. Es steht zu vermuten, daß der Leser, wie auch der Autor, nicht geneigt ist, wegen jeder kleinen Änderung ein neues Buch zu kaufen. Daher wurden nicht die gegenwärtig aktuellsten Versionen (Windows XP und die zugehörige MS-Office-Version), die noch nicht sehr weit verbreitet sind, genutzt. Vielmehr liegen dem Buch Windows 2000 und das zugehörige MS Office zugrunde. Der Autor geht davon aus, daß der kleine Teil der Leser, der bereits über die aktuellsten Sofware-Versionen verfügt, auch wegen der hier verfolgten Ziele, keine Mühe haben wird, mit den Änderungen zurechtzukommen.

Danksagung:

Der Autor ist seiner Tochter, seiner Lebensgefährtin und zahlreichen Kollegen, die ihm mit Rat (und teilweise auch Tat) zur Seite standen, zu Dank verpflichtet. Während es nicht möglich ist, alle Kollegen, die ihm in der einen oder anderen Weise behilflich waren, namentlich aufzuführen, soll dies doch bei PD Dr. L. Schmitz (Universität der Bundeswehr München) und Prof. Dr. W. Zschau (FH Stralsund) geschehen: Ihre Unterstützung ging weit über das übliche kollegiale Maß hinaus. Last but not least muß in diesem Zuammenhang Frau I. Barrios-Kezic, M.A., (Springer-Verlag) erwähnt werden, deren freundliche Unterstützung dem Autor die Lösung der für ihn schwierigen organisatorischen Probleme sehr erleichterte.

Dank verdienen auch die vielen Studenten der Betriebswirtschaft an der FH Stralsund, die über die Jahre die Vorlesungen des Autors gehört und durch ihre kritischen Kommentare dazu beigetragen haben, daß anfänglich vorhandene Fehler weitgehend ausgemerzt werden konnten. Daneben konnte durch ihre Anmerkungen auch die didaktische Aufbereitung des Lehrstoffs verbessert werden.

Natürlich sind, trotz aller Sorgfalt, auch bei diesem Buch Fehler (sowohl formaler als auch inhaltlicher Art) nicht auszuschließen. Für solche Fälle bittet der Autor um Nachricht unter der Email-Adressse: Bernd.Falkowski@fh-stralsund.de, damit in einer zukünftigen Version entsprechende Verbesserungen angebracht werden können.

Stralsund, im Januar 2002

Bernd-Jürgen Falkowski

Inhaltsverzeichnis

1 Grundlagen

In diesem Kapitel soll gezeigt werden, wie ein Rechner prinzipiell konstruiert werden kann. Hierfür müssen zunächst einige mathematische Grundlagen (Binärdarstellung von Zahlen und Zeichenreihen) behandelt werden. Mit ihrer Hilfe wird der Aufbau einer Turing Maschine beschrieben. Anschließend kann die universelle Turing Maschine als Abstraktion eines heutigen Rechners skizziert werden. Eine kurze Einführung in den Aussagenkalkül sowie eine Darstellung elementarer Schaltbausteine macht die technische Realisierung einer Turing Maschine plausibel. Die Beschreibung des klassischen Von-Neumann-Rechners, der als Weiterentwicklung der Turing Maschine gesehen werden kann, erleichtert den Übergang zum modernen Rechner.

1.1 Binärdarstellung natürlicher Zahlen

1.1.1 Umwandlung von Dezimal- in Binärzahlen

Betrachtet man eine natürliche Zahl, z.B. 1234, so wird sie üblicherweise als Dezimalzahl verstanden. Dabei handelt es sich um eine Abkürzung, die als $1234 = 1*10^3 + 2*10^2 + 3*10^1 + 4*10^0$ zu lesen ist, wobei natürlich $10^0 = 1$ gilt. Leider kann auch ein moderner Rechner aber nur mit Nullen und Einsen umgehen, so daß wegen dieser Einschränkung eine andere Zahldarstellung gewählt werden muß. Stellt man sich das Eingabemedium einer solchen Maschine als eine Art Band vor, das ausschließlich mit diesen beiden Symbolen beschriftet ist, so wäre es prinzipiell durchaus möglich, die genannte natürliche Zahl als eine Folge von 1234 Einsen darzustellen. Das würde aber doch zu viel Speicherplatz erfordern, so daß auch hier eine Abkürzung, die *Binärdarstellung,* Verwendung findet. Dabei werden, analog zu den Zehnerpotenzen bei der Dezimaldarstellung, die in der Zahl enthaltenen Zweierpotenzen aufgelistet: $1234 = 1*2^{10} + 0*2^9 + 0*2^8 + 1*2^7 + 1*2^6 + 0*2^5 + 1*2^4 + 0*2^3 + 0*2^2 + 1*2^1 + 0*2^0$.

Damit ergibt sich als Binärdarstellung (oder auch Darstellung zur Basis 2) von
1234, $1234 = (10011010010)_2$. Mit dieser Notation könnte natürlich die Dezimaldarstellung 1234 auch als $(1234)_{10}$ geschrieben werden.

Für praktische Zwecke kann die Binärdarstellung einer Dezimalzahl wie folgt
berechnet werden: Man dividiert die gegebene Dezimalzahl durch 2 und notiert
sich den Rest. Danach wird der Quotient wieder durch 2 dividiert und der neue
Rest notiert, usw. Nach Beendigung des Verfahrens ergeben die Reste in umge-
kehrter Reihenfolge gelesen die Binärdarstellung. Für die Zahl 1234 liefert dieses
Verfahren beispielsweise die folgenden Ergebnisse:

$$
\begin{array}{rcll}
1234 & : 2 = & 617 & \text{Rest: } 0 \\
617 & : 2 = & 308 & \text{Rest: } 1 \\
308 & : 2 = & 154 & \text{Rest: } 0 \\
154 & : 2 = & 77 & \text{Rest: } 0 \\
77 & : 2 = & 38 & \text{Rest: } 1 \\
38 & : 2 = & 19 & \text{Rest: } 0 \\
19 & : 2 = & 9 & \text{Rest: } 1 \\
9 & : 2 = & 4 & \text{Rest: } 1 \\
4 & : 2 = & 2 & \text{Rest: } 0 \\
2 & : 2 = & 1 & \text{Rest: } 0 \\
1 & : 2 = & 0 & \text{Rest: } 1 \\
\end{array}
$$

Dabei darf die letzte Division nicht vergessen werden.

Die Korrektheit des Algorithmus ist leicht einzusehen. Durch Ausklammern von 2
bei allen Summanden mit Ausnahme des letzten in der Binärdarstellung von 1234
erhält man nämlich 1234 =

$$2*(1*2^9 + 0*2^8 + 0*2^7 + 1*2^6 + 1*2^5 + 0*2^4 + 1*2^3 + 0*2^2 + 0*2^1 + 1*2^0) + 0*2^0$$

Damit wird klar, daß der letzte Koeffizient der Binärdarstellung als Rest der Division durch 2 erscheinen muß. Wiederholt man dieses Verfahren mit dem in
Klammern stehenden Quotienten und fährt so fort, so werden ganz ähnlich alle
weiteren Koeffizienten berechnet.

1.1.2   Addition von Binärzahlen

Die elementaren Rechenoperationen können auf Binärzahlen ganz analog den
Rechenoperationen auf Dezimalzahlen definiert werden. Als Beispiel wird hier

ausschließlich die Addition behandelt, da für ein Verständnis des Rechners eine erschöpfende Behandlung nicht notwendig erscheint.

Es wird also zunächst die Addition zweier Dezimalzahlen genauer betrachtet. Will man etwa die Addition

$$
\begin{array}{r}
123 \\
+789 \\
\hline
\end{array}
$$

ausführen, so wird man mit dem in der Schule erlernten Algorithmus von rechts beginnen

$9 + 3$	$= 12$	schreibe: 2;	merke: 1
$1+8+2$	$= 11$	schreibe: 1;	merke: 1
$1+7+1$	$= \ 9$	schreibe: 9	

Das Ergebnis ist folglich 912.

Anders (und genauer formuliert) könnte man jedoch die zu schreibenden bzw. zu merkenden Werte wie folgt erhalten (wobei die Addition aus Platzgründen weggelassen wurde).

$12{:}10 = 1$; Rest: 2	schreibe: Rest (2);	merke: Quotient (1)
$11{:}10 = 1$; Rest: 1	schreibe: Rest (1);	merke: Quotient (1)
$9{:}10 = 0$; Rest: 9	schreibe: Rest (9)	

Aus diesem Algorithmus ergibt sich ein analoges Verfahren für die Addition zweier Binärzahlen, bei dem lediglich die Division durch 10 durch die Division durch 2 ersetzt wird.

Als konkretes Zahlenbeispiel wird hier die obige Addition behandelt. Der Leser möge verifizieren, daß gilt $123 = (1111011)_2$ und $789 = (1100010101)_2$. Es ist also die Addition

$$
\begin{array}{r}
(1111011)_2 \\
+(1100010101)_2 \\
\hline
\end{array}
$$

auszuführen.

Man beginnt, analog zur Addition bei den Dezimalzahlen, von rechts und addiert wie folgt (wobei Quotient und Rest immer bei Division durch 2 statt 10 entstehen).

1+1 = 2 ; 2:2 = 1; Rest: 0	schreibe: Rest (0);	merke: Quotient (1)
1+0+1 = 2; 2:2 = 1; Rest: 0	schreibe: Rest (0);	merke: Quotient (1)
1+1+0 = 2; 2:2 = 1; Rest: 0	schreibe: Rest (0);	merke: Quotient (1)
1+0+1 = 2; 2:2 = 1; Rest: 0	schreibe: Rest (0);	merke: Quotient (1)
1+1+1 = 3; 3:2 = 1; Rest: 1	schreibe: Rest (1);	merke: Quotient (1)
1+0+1 = 2; 2:2 = 1; Rest: 0	schreibe: Rest (0);	merke: Quotient (1)
1+0+1 = 2; 2:2 = 1; Rest: 0	schreibe: Rest (0);	merke: Quotient (1)
1+0 = 1 ; 1:2 = 0; Rest: 1	schreibe: Rest (1);	merke: Quotient (0)
0+1 = 1 ; 1:2 = 0, Rest: 1	schreibe: Rest (1);	merke: Quotient (0)
0+1 = 1 ; 1:2 = 0; Rest: 1	schreibe: Rest (1);	merke: Quotient (0)

Als Ergebnis erhält man folglich $(1110010000)_2$. Der Leser möge zur Probe verifizieren, daß, wie nicht anders zu erwarten, $(912)_{10} = (1110010000)_2$.

Man hätte natürlich das Ergebnis auch erhalten können, indem man zunächst die gegebenen Binärzahlen in Dezimalzahlen verwandelt, diese dann mit dem üblichen Verfahren addiert und schließlich die erhaltene Dezimalzahl in eine Binärzahl zurückverwandelt. Allerdings wäre das doch recht umständlich.

Wie bereits angemerkt, soll hier auf eine erschöpfende Darstellung der elementaren Rechenoperationen verzichtet werden. Multiplikation, Subtraktion und Division lassen sich nämlich ganz analog definieren, und es treten dabei keinerlei prinzipielle Schwierigkeiten auf.

1.1.3   Darstellungen zu anderen Basen

Obwohl sie für das grundlegende Verständnis eines Rechners nicht unmittelbar wichtig sind, werden in diesem Zusammenhang auch noch kurz Zahldarstellungen zu anderen Basen besprochen. Oben wurden als Basen ja bereits 10 und 2 behandelt. Der Algorithmus zur Darstellung zu anderen Basen ergibt sich aus dem zur Basis 2, indem man die Division durch 2 durch die Division zur gegebenen Basis ersetzt. Ähnliches gilt für die Addition. Da die Hexadezimaldarstellung (Basis 16) gelegentlich beim Rechner eine Rolle spielt und auch in den meisten Taschenrechnern imlementiert ist, sei hier ergänzend ein Beispiel durchgerechnet. Zu beachten ist dabei, daß die auftretenden Koeffizienten im Intervall [0, 15] liegen können und deshalb, um Identifikationsprobleme zu vermeiden, die Koeffizienten 10, 11, 12, 13, 14, 15 üblicherweise mit A, B, C, D, E, F notiert werden. Folglich gilt etwa $123 = 7*16^1 + 11*16^0$ und damit $(123)_{10} = (7B)_{16}$. Die zugehörige Rechnung lautet wie folgt.

$$123 \quad :16 = 7 \qquad \text{Rest: } 11 \text{ (entspricht: B)}$$

$$7 \quad :16 = 0 \qquad \text{Rest: } 7$$

1.2   Binärdarstellung allgemeiner Zeichenreihen

Oben wurde bereits erläutert, wie die Binärdarstellung einer natürlichen Zahl in einfacher Weise berechnet werden kann, so daß im Rechner nur noch die Symbole 0 und 1 benötigt werden. Offenbar werden jedoch noch viele weitere Zeichen benötigt, um beispielsweise Zahlenfolgen oder einfache Rechnungen darstellen zu können (z.B. Komma, Pluszeichen, Minuszeichen, ...). Folglich wird die Darstellung einer allgemeinen Zeichenkette in Binärform benötigt. Hier sei unter den vielen Möglichkeiten eine herausgegriffen, die auf Penrose, vgl. [Pen] zurückgeht und sich besonders leicht erklären läßt.

Vorausgesetzt wird, daß die darzustellende Zeichenfolge neben den Ziffern 0, 1, 2, ..., 9 nicht mehr als die n Symbole s_1, s_2, ..., s_n umfaßt. Außerdem seien natürliche Zahlen durch andere Symbole voneinander getrennt, um Identifikationsprobleme zu vermeiden. Der Einfachheit halber sei das Komma mit dem Symbol s_1 identisch, da häufig durch Kommata getrennte natürliche Zahlen (Zahlenfolgen) behandelt werden. Es müssen dann zwei Verfahren angegeben werden, die invers zueinander sind: Das eine (Expansion) muß es gestatten, zu einer beliebigen vorgelegten Zeichenkette, die aus natürlichen Zahlen und den Symbolen s_1, s_2, ..., s_n besteht, ihre Binärdarstellung zu berechnen. Das andere muß die Rückgewinnung der ursprünglichen Zeichenkette aus der Binärdarstellung ermöglichen (Kontraktion).

1.2.1   Expansion

Der Algorithmus, der zur Binärdarstellung führt umfaßt zwei Schritte.

Im ersten Schritt werden alle natürlichen Zahlen durch ihre Binärdarstellung ersetzt. Es ergibt sich eine Folge, die nur die Zeichen 0 und 1 sowie die Symbole s_1, s_2, ..., s_n enthalten kann.

Im zweiten Schritt wird wie folgt ersetzt

$$0 \quad \rightarrow \quad 0$$

$$1 \quad \rightarrow \quad 10$$

$$s_1 \quad \rightarrow \quad 110$$

$$s_2 \quad \rightarrow \quad 1110$$

$$s_n \qquad \rightarrow \qquad 11...10$$

Dabei enthält die letzte Zeichenkette ganz rechts unten $n+1$ Einsen vor der Null.

Aus rein technischen Gründen, die bei der Beschreibung der Kontraktion deutlich werden, müssen zuletzt links und rechts von der erzeugten Binärdarstellung Nullen ergänzt werden, falls nicht schon vorhanden.

Der Algorithmus läßt sich am besten mittels eines Beispiels veranschaulichen (das auch den Namen erklären wird).

Beispiel: Sei die Zeichenkette

$$8, 2, s3\ 3, 0,$$

gegeben, wobei insbesondere ihr Ende durch ein Komma angezeigt wird. Dann erhält man im ersten Schritt die Zeichenkette

$$1000,10,s311,0,.$$

Der zweite Schritt liefert zunächst die Binärkette

$$1000011010011011110101011001 10$$

und nach Ergänzung einer Null

$$0100001101001101111010101100110.$$

1.2.2   Kontraktion

Die ursprüngliche Zeichenkette läßt sich nun leicht aus einer vorgelegten Binärdarstellung zurückgewinnen. Dabei verfährt man in drei Schritten wie folgt.

Im ersten Schritt werden von links beginnend die zwischen zwei aufeinanderfolgenden Nullen erscheinenden Einsen gezählt und notiert.

Im zweiten Schritt werden die im ersten Schritt gewonnenen Zahlen wie folgt umgewandelt.

$$0 \qquad \rightarrow \qquad 0$$
$$1 \qquad \rightarrow \qquad 1$$
$$2 \qquad \rightarrow \qquad s1 \qquad \text{(Komma!)}$$
$$3 \qquad \rightarrow \qquad s2$$
$$4 \qquad \rightarrow \qquad s3$$

usw.

Schließlich werden im letzten Schritt die Binärzahlen in natürliche Zahlen verwandelt.

Auch hier ist ein Beispiel hilfreich.

Beispiel: Sei die Binärdarstellung 0100001101001101111010101100110 gegeben (die Rückverwandlung müßte also die ursprüngliche Zeichenkette des ersten Beispiels ergeben). Dann resultiert aus dem ersten Schritt eine Folge natürlicher Zahlen, nämlich 1 0 0 0 2 1 0 2 4 1 1 2 0 2. Mit dem zweiten Schritt erhält man folglich 1000, 10, s3 11, 0, und damit im letzten Schritt, wie erwartet 8, 2, s3 3, 0,.

Man beachte hier, daß die natürlichen Zahlen, die größer als 1 sind, als Trennsymbole zwischen den Binärzahlen fungieren.

1.3   Die (universelle) Turing Maschine

Der Begriff „Turing Maschine" wurde durch den englischen Mathematiker und Kryptologen Alan Turing bereits in den Jahren 1935-36 eingeführt. Dabei handelt es sich keineswegs um eine reale Maschine, sondern vielmehr um ein abstraktes mathematisches Konstrukt. Trotzdem ist die Turing Maschine hier von großem Interesse, da sie in guter Näherung die prinzipielle Funktionsweise eines Rechners beschreibt. Darüber hinaus kann sie (bzw. eine leichte Abwandlung) mit verhältnismäßig einfachen technischen Bausteinen tatsächlich auch als reale Maschine konstruiert werden.

Oben wurde bereits mehrfach der Begriff *Algorithmus* gebraucht, ohne daß eine genaue Definition dieses Begriffs erfolgte. Die Turing Maschine dient zur Präzisierung diese Begriffs: Es handelt sich um eine Rechenvorschrift, die so genau formuliert ist, daß sie durch eine Turing Maschine ausgeführt werden kann.

Da durch Algorithmen aber erfahrungsgemäß ziemlich komplizierte Probleme gelöst werden können, überrascht es doch etwas, daß eine Turing Maschine in sehr einfacher Weise beschrieben werden kann. Es handelt sich nämlich um ein endlos langes *Band*, auf dem ein Schreib-Lesekopf entlanglaufen kann, vgl. Abb. 1 . Das Band ist unterteilt in einzelne Quadrate, die entweder leer sind oder eine Eins enthalten. Der Schreib-Lesekopf besitzt eine endliche Anzahl interner Zustände. Je nach aktuell gelesenem Symbol und internem Zustand schreibt der Kopf ein neues Symbol, bewegt sich genau einen Schritt nach links oder nach rechts und geht in einen neuen internen Zustand über. Um die oben konstruierten Binärzahldarstellungen nutzen zu können, wird angenommen, daß leere Quadrate eine Null enthalten.

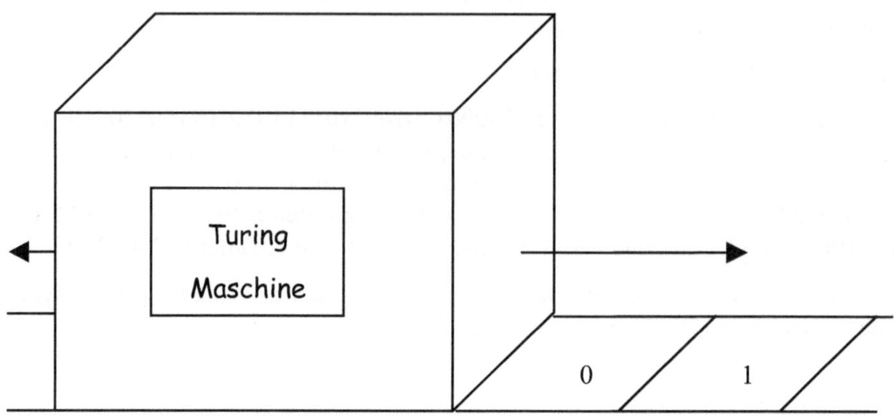

Abb. 1: Turing Maschine

Stellt man sich das beschriebene Band als eine Art Speicher vor, so zeigt sich
bereits eine gewisse Ähnlichkeit mit einem Rechner. Natürlich kann ein Speicher
nicht unendlich groß sein; deshalb kann es sich bei einer Turing Maschine auch
nicht um eine reale Maschine handeln. Der Speicherplatz eines modernen PC ist
jedoch bereits so groß, daß er in guter Näherung als unendlich betrachtet werden
kann.

Bezeichnet man die internen Zustände einer Turing Maschine mit 0, 1, 2, ..., n, so
kann sie formal beispielsweise wie folgt beschrieben werden.

$$00 \quad \rightarrow \quad x_1 \mathbf{y_1} z_1$$

$$01 \quad \rightarrow \quad x_2 \mathbf{y_2} z_2$$

$$10 \quad \rightarrow \quad x_3 \mathbf{y_3} z_3$$

$$11 \quad \rightarrow \quad x_4 \mathbf{y_4} z_4$$

$$20 \quad \rightarrow \quad x_5 \mathbf{y_5} z_5.\text{STOP}$$

$$21 \quad \rightarrow \quad x_6 \mathbf{y_6} z_6$$

$$\cdot$$

$$\cdot$$

$$n\mathbf{1} \quad \rightarrow \quad x_{2n} \mathbf{y_{2n}} z_{2n}$$

Dabei steht das fettgedruckte Zeichen jeweils links des Pfeils für das aktuell gele-
sene Symbol und unmittelbar links davon der aktuelle interne Zustand. Die drei
Symbole jeweils rechts vom Pfeil bezeichnen (in dieser Reihenfolge) den neuen
internen Zustand, das zu druckende Zeichen, sowie die Bewegungsrichtung. Dar-

aus ergibt sich unmittelbar, daß x_1, x_2, ..., x_{2n} Elemente der Menge $\{0, 1, 2, ..., n\}$, y_1, y_2, ..., y_{2n} Elemente der Menge $\{0,1\}$ und z_1, z_2, ..., z_{2n} Elemente der Menge $\{links, rechts\}$ sein müssen. Schließlich taucht auch noch ein STOP Symbol auf, das den Halt der Maschine anzeigt.

Die Arbeitsweise einer solchen Maschine wird durch das folgende Beispiel verdeutlicht.

Beispiel: Es wird eine Turing Maschine, die eine expandierte Binärzahl mit 2 multipliziert, beschrieben. Sie hat die Spezifikation

$$00 \rightarrow 00rechts \qquad (1)$$

$$01 \rightarrow 10rechts \qquad (2)$$

$$10 \rightarrow 01rechts \qquad (3)$$

$$11 \rightarrow 20rechts \qquad (4)$$

$$20 \rightarrow 31rechts \qquad (5)$$

$$30 \rightarrow 01rechts.STOP \qquad (6)$$

Es soll nun 2 mit 2 multipliziert werden. Hierfür wird $2 = (10)_2$ als expandierte Binärzahl mit einem Komma als Endezeichen dargestellt. Das Band der Maschine ist folglich zu Anfang der Berechnung mit ...000100110000... beschrieben, vgl. 1.2.1. Der Schreib-Lesekopf der Maschine befinde sich links von der expandierten Binärzahl. Der interne Anfangszustand sei 0. Dann wird sich der Schreib-Lesekopf zunächst wegen (1) nach rechts bewegen ohne das Band oder den internen Zustand der Maschine zu verändern, bis er sich auf der ersten 1 befindet. Danach läuft die folgende Berechnung ab.

Anfangsbeschriftung des Maschinenbands	..001001100...	

Zustand	Symbol	Folgezu- stand	Neues Symbol	Bewegung	Band (neu)	We- gen Regel
0	1	1	0	rechts	..0**0**0110...	(2)
1	0	0	1	rechts	..01**0**110..	(3)
0	0	0	0	rechts	..010**1**10..	(1)
0	1	1	0	rechts	..0100**1**0..	(2)
1	1	2	0	rechts	.01000**0**0.	(4)
2	0	3	1	rechts	..0100001**0**..	(5)
3	0	0	1	rechts	..01000011**0**..	(6)

In der Tabelle ist der aktuelle (neue) Aufenthaltsort der Maschine auf dem Band durch ein fettgedrucktes, vergrößertes Zeichen in der Spalte Band (neu) gekennzeichnet, um die Kontrolle der Berechnung zu erleichtern.

Kontrahiert man die letzte expandierte Binärzahl in der Tabelle, die den Endzustand des Bands beschreibt, gemäß Abschnitt 1.2.2, so ergibt sich in der Tat 4, wie nicht anders zu erwarten.

Trotz der erstaunlich mühsamen Berechnung, die oben duchgeführt wurde, kann man durch Konstruktion immer komplizierterer Turing Maschinen, prinzipiell auch extrem schwierige und komplexe Aufgaben lösen, so daß der Begriff Algorithmus nicht zu eng gefaßt ist. Insbesondere kann eine *universelle Turing Maschine* konstruiert werden, die jede beliebige andere Turing Maschine simuliert. Dabei wird die Spezifikation der zu simulierenden Turing Maschine mittels des in Abschnitt 1.2.1 beschriebenen Verfahrens als expandierte Binärzahl kodiert und als input für die universelle Turing Maschine verwendet. Insbesondere müssen also die Spezifikationszeilen der zu simulierenden Turing Maschine aneinandergereiht (natürlich durch ein Trennsymbol voneinander abgesetzt) und als expandierte Binärzahlen kodiert werden. Die explizite Konstruktion einer solchen Maschine erfordert naturgemäß einigen Aufwand; der interessierte Leser sei auf [Pen] hinsichtlich der Details verwiesen. Die benötigten Werkzeuge sind jedoch oben erschöpfend beschrieben worden. Bemerkenswert erscheint jedenfalls, daß die

Funktionalität eines modernen Rechners die einer Turing Maschine im Prinzip nicht übertrifft.

Zu zeigen bleibt, wie eine Turing Maschine mit einfachen technischen Mitteln realisiert werden kann. Hierfür werden jedoch einige Grundlagen der Aussagenlogik benötigt. Diese sind auch hinsichtlich der später eingeführten relationalen Datenbanken von Interesse und werden deshalb im nächsten Abschnitt behandelt.

1.4 Aussagenlogik (Exkurs)

Beispielsweise fällt es schwer zu entscheiden, wann eine Aussage der Form „A oder B" wahr ist? Noch schwerer fällt die Entscheidung bei einer Aussage der Form „wenn A dann B", falls z.B. die Aussage A falsch ist.

Diese Ambiguitäten der natürlichen Sprache führten schon früh zum Versuch einer Formalisierung. Dabei werden ausschließlich Aussagen betrachtet, die nur die Wahrheitswerte wahr (durch 1 kodiert) oder falsch (durch 0 kodiert) besitzen können (*aristotelische Aussagen*).

Beispiel:

> Am 16.05.01 regnete es in Stralsund. (WAHR)

> München ist Deutschlands Hauptstadt. (FALSCH)

Durch Anwendung von *Junktoren* (UND, ODER, NICHT, WENN-DANN, GE-NAU DANN-WENN,...) lassen sich aus solchen Aussagen neue Aussagen (technisch auch als Formeln bezeichnet) bilden, deren Wahrheitswert in Abhängigkeit von den Wahrheitswerten der einzelnen Aussagen in sog. *Wahrheitstafeln* festgelegt wird.

Meist werden hier, statt 'echter' Aussagen, Buchstaben benutzt werden, die dann Platzhalter für Aussagen sind. In diesem Fall müßte, strenggenommen, von *Aussageformen*, statt von Aussagen gesprochen werden. Es soll jedoch lax verfahren werden.

1.4.1 Induktive Definition der Formeln

Formal wird der Aufbau von Formeln induktiv beschrieben. Die „atomaren" Bausteine der Formeln, nämlich die Aussagevariablen, werden mit (möglicherweise indizierten) Großbuchstaben bezeichnet. Allgemein ergibt sich folgende Definition:

Definition:

a) Alle Aussagevariablen sind Formeln.

b) Sind F1, F2 Formeln, so sind auch NICHT F1 und (F1 J F2), wobei J für einen
    beliebigen zweistelligen Junktor steht, Formeln.

Statt NICHT bzw. UND bzw. ODER werden häufig die Symbole $\neg$ bzw. $\wedge$
bzw. $\vee$ verwendet.

Man notiere, daß unter b) F1 und F2 nicht nur für Aussagevariablen stehen, sondern für beliebige Formeln. Würde man hier nur Aussagevariablen zulassen, so
wäre die Definition zu eng gefaßt.

Weiterhin ist zu vermerken, daß mittels der angegebenen Regeln eindeutig festgestellt werden kann, ob eine vorgelegte Zeichenkette eine Formel darstellt oder
nicht.

Beispiel: Der Leser möge sich überzeugen, daß für Aussagevariablen A_1, A_2, A_3
z.B. $((A_1$ ODER $A_2)$ UND $A_3)$ eine Formel darstellt, während dies für $(A_1$ ODER
nicht gilt.

1.4.2   Wahrheitstafeln

Die Wahrheitswerte zusammengesetzter Aussagen werden seit Wittgenstein, vgl.
[Witt], in Abhängigkeit von den Wahrheitswerten der enthaltenen Aussagen in
sog. *Wahrheitstafeln* festgelegt. Prinzipiell könnten diese Wahrheitstafeln willkür-
lich festgelegt werden. Man hat sich jedoch um eine Formalisierung bemüht, die
dem üblichen Sprachgebrauch entspricht. Trotzdem werden manche Festsetzungen
nicht immer als adäquat empfunden. Insbesondere ist nicht leicht einzusehen, daß
der Wahrheitswert einer „WENN A DANN B" Aussage bei falschem A „1" sein
soll. Es muß jedoch betont werden, daß die entsprechende Festsetzung auch für
den Rechner gilt und völlig unabhängig vom Sprachgefühl des jeweiligen Nutzers
ist. Nichtbeachtung dieser Tatsache kann, z.B. bei Datenbankabfragen, zu überra-
schenden Ergebnissen führen. In diesem Zusammenhang ist auch zu erwähnen,
daß im Rechner, wie in der Aussagenlogik, die ODER-Verknüpfung als *nichtaus-
schließendes* ODER definiert und somit wahr ist, falls beide Bestandteile wahr
sind. Die relevanten Festsetzungen für die wichtigsten Verknüpfungen sind in der
folgenden Tabelle festgehalten.

F1	F2	(F1 UND F2)	(F1 ODER F2)	(WENN F1 DANN F2)	NICHT F1
0	0	0	0	1	1
1	0	0	1	0	0
0	1	0	1	1	
1	1	1	1	1	

F1 und F2 stehen hier für beliebige aussagenlogische Formeln.

Beispiel:

> Wenn der Mond aus grünem Käse ist, dann ist der Autor Millionär.

Diese Aussage hat gemäß der obigen Wahrheitstafel den Wahrheitswert WAHR (1), obwohl der Autor keineswegs Millionär ist!

1.4.3　　Allgemeingültige Formeln

Von besonderem Interesse sind *allgemeingültige* Formeln (*Tautologien*). Sie sind dadurch ausgezeichnet, daß sie bei jeder beliebigen Belegung ihrer Aussagevariablen mit Wahrheitswerten den Wahrheitswert 1 haben. Im folgenden Beispiel ergibt sich als Wahrheitswert für die ODER-Verknüpfung und für die negierte UND-Verknüpfung immer der Wahrheitswert 1, unabhängig vom Wahrheitswert der Formel F. Der Leser wird keine Schwierigkeiten haben, diese Aussage zu verifizieren.

Beispiel:

> (F ODER NICHT F)
>
> NICHT (F UND NICHT F)

Im *Aussagenkalkül* (AK) versucht man nun, ausgehend von gewissen allgemeingültigen Formeln, die als Axiome betrachtet werden, alle weiteren allgemeingültigen Formeln (und nur diese) mittels bestimmter Regeln abzuleiten. Diese Regeln sind so gehalten, daß sie ohne weiteres auch per Rechner anwendbar sind. Damit ist eine Ableitung (Beweis) für eine Formel gegeben durch eine Folge von Formeln, die entweder Axiome sind, oder durch Regeln aus bereits gewonnenen Formeln erhalten wurden. Am Ende dieser Folge steht die bewiesene Formel. Dieser Beweis könnte somit auch maschinell produziert werden!

Beispiel: Seien als Axiome gegeben (der Leser sollte keine Schwierigkeiten haben, über Wahrheitstafeln zu verifizieren, daß es sich tatsächlich um Tautologien handelt).

(WENN (F1 UND F2) DANN F1)

(WENN F1 DANN (F1 ODER F2)).

Ferner stehe die unten angegebene Kettenschlußregel (eigentlich handelt es sich um ein Regelschema, vgl. hierzu auch die allgemeinen Anmerkungen zu Formeln vor Abschnitt 1.4.1) zur Verfügung. Dann kann man sofort

(WENN (F1 UND F2) DANN (F1 ODER F2))

mit der Kettenschlußregel ableiten (ersetze in der Kettenschlußregel F1 bzw. F2 bzw. F3 durch (F1 UND F2) bzw. F1 bzw. (F1 ODER F2)).

Der Leser sei an dieser Stelle gewarnt, daß viele verschiedene (sowohl bezüglich des Axiomensystems wie auch der Regeln) Versionen des AK existieren.

1.4.4   Einige Regeln des AK

Sebstverständlich kann der AK hier keineswegs vollständig behandelt werden. Es scheint vielmehr sinnvoll, das Vorgehen beispielhaft mittels einiger wichtiger Regeln zu erläutern, zumal diese schon seit langer Zeit bekannt sind.

Die Namen der Regeln sind weitgehend selbsterklärend. Die Notation ist wie folgt zu interpretieren: Hat man im Laufe eines Ableitungsverfahrens die oberhalb der Striche stehende(n) Formel(n) bereits erhalten, so darf man auch die unter dem Strich stehende Formel hinschreiben.

Abtrennungsregel (Modus Ponens):

(WENN F1 DANN F2)

F1

——————

F2

Kettenschluß (Modus Barbara):

(WENN F1 DANN F2)

(WENN F2 DANN F3)

——————————————

(WENN F1 DANN F3)

Kontraposition:

$$\frac{\text{(WENN F1 DANN F2)}}{\text{(WENN NICHT F2 DANN NICHT F1)}}$$

Regeln heißen *korrekt*, wenn sie von allgemeingültigen Formeln wieder nur auf allgemeingültige Formeln führen. Sollen nur Tautologien abgeleitet werden, so müssen offenbar alle betreffenden Regeln korrekt sein. Erfreulicherweise handelt es sich bei den o.a. Regeln ausschließlich um korrekte Regeln.

Beispiel: Es soll gezeigt werden, daß die Abtrennungsregel korrekt ist. Hierzu wird ein Widerspruchsbeweis durchgeführt.

Seien also (WENN F1 DANN F2) und F1 allgemeingültig, F2 aber nicht. Dann existiert eine Belegung der Aussagevariablen von F2, bei der F2 den Wahrheitswert 0 hat. Für eben diese Belegung müssen aber nun sowohl (WENN F1 DANN F2) als auch F1 den Wahrheitswert 1 haben, da sie nach Voraussetzung ja Tautologien sind. Das kann aber nicht sein, da, falls F1 den Wahrheitswert 1 und F2 den Wahrheitswert 0 hat, wegen der Wahrheitstafel in 1.4.2 auch (WENN F1 DANN F2) den Wahrheitswert 0 haben muß.

1.4.5   Korrektheit und Vollständigkeit des AK

Beim AK möchte man nur allgemeingültige Formeln ableiten. Dies wird erreicht, indem man einige allgemeingültige Formeln als Axiome vorgibt und ein korrektes Regelsystem verwendet (*Korrektheit* des AK). Wesentlich schwieriger ist es, ein Regelsystem zu finden, das es gestattet, alle allgemeingültigen Formeln abzuleiten (*Vollständigkeit* des AK). Beides ist jedoch möglich. Ein Beweis würde allerdings den Rahmen dieses Buches sprengen. Zu diesbezüglichen Details sei etwa auf [dtv-at] verwiesen. Diese Tatsache könnte Anlaß zur Vermutung geben, daß es prinzipiell möglich sein müßte, allgemeingültige Formeln maschinell zu beweisen, vgl. 1.4.3 oben. Dies gelingt in der Tat in gewissem Sinn sogar für den *Prädikatenkalkül erster Stufe*, der auch den Gebrauch von *Quantoren* (z.B. „für alle", „es existiert") gestattet und so eine Erweiterung des AK bildet.

Versucht man jedoch eine noch 'reichere' formale Sprache, die es beispielsweise erlaubt, das Induktionsprinzip der Mathematik zu formulieren, in ähnlicher Art und Weise zu behandeln, so stößt man auf prinzipielle Probleme, deren Lösung erst durch K. Gödel im 20. Jahrhundert erfolgte, vgl. [Gö]. Insbesondere konnte er zeigen, daß ein solcher Kalkül (Prädikatenkalkül zweiter Stufe) nicht mehr vollständig sein kann. Es gelang ihm nämlich im Kalkül einen Satz zu formulieren, der seine eigene Unbeweisbarkeit behauptet. Dieses tiefliegende Resultat hat für die Informatik weitreichende Konsequenzen (insbesondere die Informatik weitreichende Konsequenzen (insbesondere hinsichtlich der Programmverifikation).

Nach dieser kurzen Abschweifung sollen nun Äquivalenz von aussagenlogischen Formeln und eine Normalform betrachtet werden, da sie von großer Bedeutung für die technische Realisierung einer Turing Maschine sind.

1.4.6   Äquivalenz und Normalformen

Zwei aussagenlogische Formeln heißen *äquivalent*, wenn sie identische Wahrheitstafeln besitzen. Jede beliebige aussagenlogische Formel läßt sich damit unter Verwendung der Junktoren NICHT, ODER und UND darstellen. Genauer gesagt bedeutet dies nämlich, daß eine zur ursprünglichen Formel äquivalente Formel angegeben werden kann, die nur die Junktoren NICHT, ODER und UND benötigt. Sie wird als *disjunktive Normalform* (DNF) bezeichnet.

Diese Normalform ist hier von besonderer Bedeutung, da für die erwähnten Junktoren technische „Bausteine" existieren, die ihre Funktionalität realisieren. Weiter unten wird gezeigt werden, wie dies zur Konstruktion einer Turing Maschine genutzt werden kann.

Die DNF einer durch ihre Wahrheitstafel vorgegebenen aussagenlogischen Formel kann mittels eines einfachen Algorithmus konstruiert werden. An Stelle einer abstrakten Beschreibung soll dieser Algrithmus hier jedoch nur beispielhaft erläutert werden.

Beispiel: Eine aussagenlogische Formel F mit drei Aussagevariablen sei durch ihre Wahrheitstafel, s.u., gegeben.

A	B	C	F(A,B,C)
0	0	0	1
1	0	0	1
0	1	0	0
0	0	1	0
1	1	0	1
1	0	1	0
0	1	1	1
1	1	1	0

Die DNF wird dann gemäß folgendem Verfahren konstruiert.

- Man betrachtet nur Zeilen der Tabelle, in denen $F(A,B,C) = 1$

- Für jede dieser Zeilen werden die Aussagevariablen, bei denen eine 1 auftaucht, unverändert, solche, bei denen eine 0 auftaucht, negiert genommen und mit UND miteinander verknüpft.

- Die den Zeilen entsprechenden Ausdrücke werden mit ODER miteinander verknüpft.

In unserem Beispiel erhalten wir:

(NICHT A UND NICHT B UND NICHT C) ODER (A UND NICHT B UND NICHT C) ODER (A UND B UND NICHT C) ODER (NICHT A UND B UND C)

Man beachte hier, daß in dieser Formel einige Klammern unterdrückt wurden, um eine übersichtlichere Schreibweise zu erzielen. Dies ist nicht weiter schlimm, da, wie man leicht einsieht, die Klammerung bei einer reinen UND- oder ODER-Verknüpfung keine Rolle spielt: Die resultierenden Formeln sind äquivalent.

Erklärung des Verfahrens:

Durch das Vorkommen des Ausdrucks (NICHT A UND NICHT B UND NICHT C) in der DNF wird sichergestellt, daß, falls A, B und C alle den Wahrheitswert 1 haben, dieser Ausdruck den Wahrheitswert 1 hat und damit, daß auch die gesamte ODER-Verknüpfung den Wahrheitswert 1 hat, vgl. hierzu die Wahrheitstafeln in Abschnitt 1.4.2 Andererseits können nur die durch die UND-Verknüpfungen gegebenen Kombinationen von Wahrheitswerten den Wahrheitswert 1 für die gesamte ODER-Verknüpfung liefern.

Ergänzend sei noch angemerkt, daß in analoger Weise die *konjunktive Normalform* (KNF) definiert und konstruiert werden kann.

1.4.7   Realisierung von Turing Maschinen

Im (Digital-)Rechner finden gewisse Speicherelemente Verwendung, die genau zweier Zustände fähig sind, die gewöhnlich mit 0 oder 1 bzw. F (= falsch) oder W (= wahr) bzw. F (= false) oder T (= true) bezeichnet werden. In diesem Zusammenhang sind spezielle logische Schaltungen von Bedeutung. Sie sollen dafür sorgen, daß gleichzeitig auftretenden binären Eingangssignalen X_1, X_2, ..., X_n binäre Ausgangssignale $F(X_1,X_2,...,X_n)$ zugeordnet werden, so daß die Ausgangssignale eine bestimmte Funktion F der Eingangssignale darstellen. Ein solches Netzwerk nennt man *Schaltnetz* und dessen Bausteine *Gatter*. Für die Realisierung von Turing Maschinen sind drei Gatter von besonderer Bedeutung.

a) Inverter

Ein Inverter entspricht dem Junktor NICHT. Er hat einen Eingang und einen Ausgang. Seine Funktionsweise wird durch die Wahrheitstafel für NICHT beschrieben.

Abb. 2: Inverter

b) UND-Gatter

Das UND-Gatter entspricht dem logischen Junktor UND. Es besitzt zwei Eingänge und einen Ausgang. Seine Funktionsweise wird durch die Wahrheitstafel für UND beschrieben.

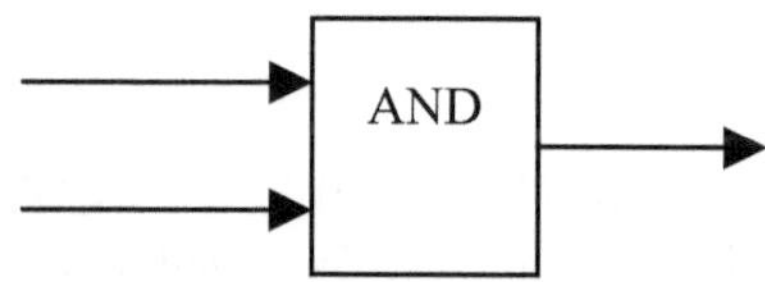

Abb. 3: UND-Gatter

c) ODER-Gatter

Offenbar entspricht nun auch das ODER-Gatter dem logischen Junktor ODER mit analoger Beschreibung der Funktionsweise.

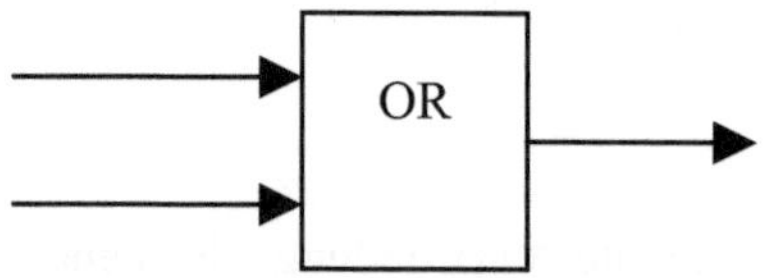

Abb. 4: ODER-Gatter

d) Flip-Flop

Darüber hinaus wird noch ein *Flip-Flop* benötigt. Ein Flip-Flop besitzt einen Eingang und zwei Ausgänge. Das Flip-Flop speichert einfach den Eingangswert zum Zeitpunkt t und gibt diesen, sowie sein Komplement, an den beiden Ausgängen einen Zeittakt später wieder.

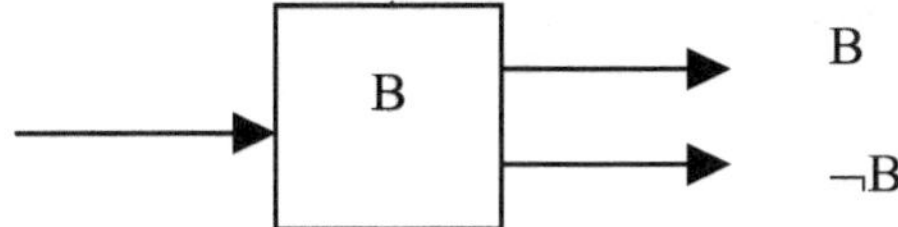

Abb. 5: Flip-Flop

Statt der Realisierung einer völlig allgemein beschriebenen Turing Maschine soll hier wieder nur ein Beispiel betrachtet werden, da an ihm die wesentlichen Konstruktionsaspekte besser veranschaulicht werden können und die Verallgemeinerung danach kein prinzipielles Problem bietet.

Beispiel: Realisiert wird die in Abschnitt 1.3 explizit beschriebene Turing Maschine, deren Spezifikation wie folgt lautete

00	$\rightarrow$	00rechts	(1)
01	$\rightarrow$	10rechts	(2)
10	$\rightarrow$	01rechts	(3)
11	$\rightarrow$	20rechts	(4)
20	$\rightarrow$	31rechts	(5)
30	$\rightarrow$	01rechts.STOP	(6)

Die Realisierung bedarf einer kleinen Vorbereitung. Es sind nämlich noch die Symbole links/rechts, sowie STOP binär zu kodieren. Seien also links bzw. rechts bzw. Vorkommen von STOP bzw. Nichtvorkommen von STOP mit 0 bzw. 1 bzw. 0 bzw. 1 kodiert. Darüber hinaus müssen die internen Zustände auch binär kodiert werden, wobei, da nur drei interne Zustände vorhanden sind, zwei Stellen benötigt werden. Dann lautet die modifizierte Spezifikation wie folgt

000	$\rightarrow$	00010	(1)
001	$\rightarrow$	01010	(2)
010	$\rightarrow$	00110	(3)
011	$\rightarrow$	10010	(4)
100	$\rightarrow$	11110	(5)
110	$\rightarrow$	00111	(6)

Die einzelnen Spalten der rechts vom Pfeil stehenden Binärzahlen beschreiben nun aussagenlogische Formeln über Wahrheitstafeln. Dabei ist allerdings zu beachten, daß bei der Eingabe (links vom Pfeil) zwei mögliche Belegungen der Wahrheitswerte fehlen, da sie nicht gebraucht werden. Das stört jedoch nicht weiter, da die disjunktive Normalform benötigt wird und man daher diese beiden Zeilen einfach in möglichst günstiger Weise (mit einer Ausnahme durch Nullen, s.u.) ergänzen wird.

Die Spalten rechts vom Pfeil (S_1, S_2, ..., S_5) können also, nachdem die Spalten links vom Pfeil mit A, B und C bezeichnet wurden, durch folgende Wahrheitstafel beschrieben werden (man beachte dabei, daß die Reihenfolge der Zeilen in der Wahrheitstafel unerheblich ist!).

A	B	C	$S_1(A,B,C)$	$S_2(A,B,C)$	$S_3(A,B,C)$	$S_4(A,B,C)$	$S_5(A,B,C)$
0	0	0	0	0	0	1	0
0	0	1	0	1	0	1	0
0	1	0	0	0	1	1	0
0	1	1	1	0	0	1	0
1	0	0	1	1	1	1	0
1	0	1	0	0	0	1	0
1	1	0	0	0	1	1	1
1	1	1	0	0	0	1	0

Dabei wurden die S_i-Werte in der letzten und drittletzten Zeile günstig, im Sinne einer möglichst einfachen DNF, ergänzt.

Daraus ergeben sich, nachdem der Kürze wegen AB für (A UND B), $A \vee B$ für (A ODER B) und $\overline{A}$ für NICHT A gesetzt wurde, als DNFs für die einzelnen Spalten gemäß Abschnitt 1.4.6:

$S_1(A,B,C)$ ist äquivalent zu $\overline{A}\,BC \vee A\,\overline{B}\,\overline{C}$.

$S_2(A,B,C)$ ist äquivalent zu $\overline{A}\,\overline{B}\,C \vee A\,\overline{B}\,\overline{C}$.

$S_3(A,B,C)$ ist äquivalent zu $\overline{A}\,B\,\overline{C} \vee A\,\overline{B}\,\overline{C} \vee AB\,\overline{C}$.

$S_4(A,B,C)$ hätte eine unangenehm lange DNF, ist aber eine Tautologie und damit beispielsweise äquivalent zu $A \vee \overline{A}$.

$S_5(A,B,C)$ ist äquivalent zu $AB\,\overline{C}$.

Damit kann also die gegebene Turing Maschine unter Nutzung der beschriebenen Gatter und des Flip-Flops gemäß der folgenden Abb. 6 realisiert werden.

Man beachte, daß zur Realisierung der S_i jeweils die oben angegebenen äquivalenten Ausdrücke dienen. Die Bewegung (S_4) wurde unterdrückt. Außerdem wurde nur ein Ausgang der Flip-Flops gezeichnet.

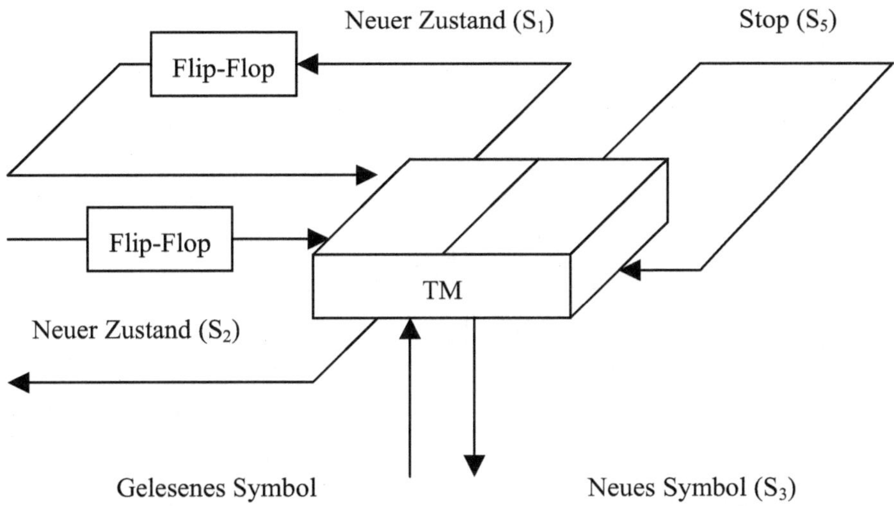

Abb. 6: Realisierung Turing Maschine

Um die obige Zeichnung nicht zu überladen, wurde auf eine Detaildarstellung der S_i verzichtet. Da das Vorgehen bei der Realisierung der einzelnen S_i in allen Fällen ähnlich ist, wird als pars pro toto unten in Abb. 7 die Konstruktion von S_3 explizit angegeben.

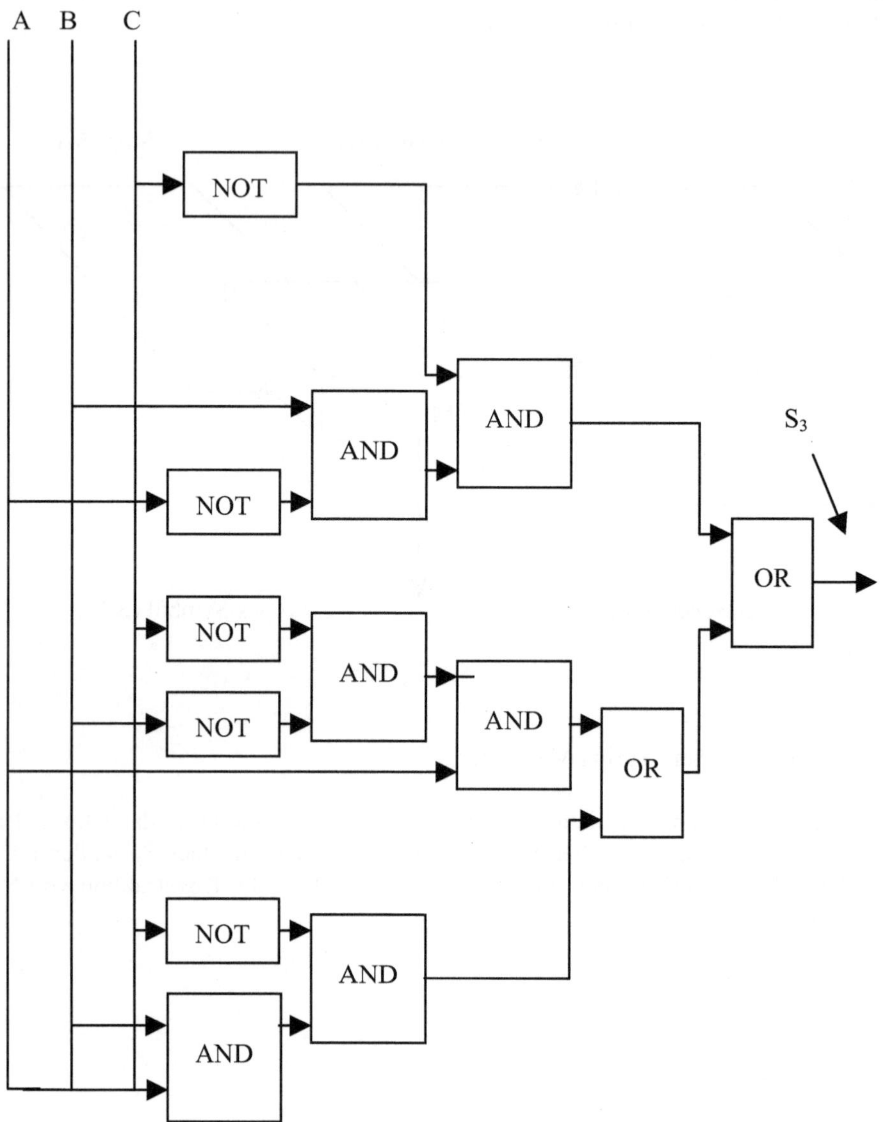

Abb. 7: Detail Darstellung S_3

Durch das obige Beispiel wird sich wohl auch der kritische Leser überzeugen lassen, daß eine (beliebige) Turing Maschine und damit natürlich auch eine universelle Turing Maschine prinzipiell mit einfachen technischen Mitteln in guter Näherung realisert werden kann. Natürlich werden heute bei der Produktion eines PCs (oder eines anderen Rechners) verfeinerte Hilfsmittel eingesetzt. Darüber hinaus bedürfen auch die Schaltkreise der Optimierung (beispielsweise unter Nutzung des Quine-McCluskey Verfahrens, vgl. etwa [Bir], S. 193 ff.), da die minimale Anzahl der benötigten Gatter sich im allgemeinen keineswegs aus der DNF ergibt (man vergleiche hierzu auch den im Beispiel für S_4 benützten Kunstgriff). Trotzdem konnten die wesentlichen Aspekte, die die Konstruktion eines modernen Rechners betreffen, mittels dieser Realisation einer Turing Maschine illustriert werden.

1.5   Der Von-Neumann-Rechner

Beim Von-Neumann-Rechner handelt es sich um ein Konzept für einen universellen Rechner, das im Jahre 1946 von dem Mathematiker John von Neumann vorgeschlagen wurde. Es soll kurz vorgestellt werden, da es als eine Weiterentwicklung der Turing Maschine gesehen werden kann und auf ihm, von wenigen Ausnahmen abgesehen, der moderne Rechner beruht. Dabei kann hier natürlich nicht im einzelnen erläutert werden, wie die Funktionalität eines solchen Rechners ausgehend von einer universellen Turing Maschine nachgebildet werden kann. Prinzipiell sollte dem Leser jedoch klar geworden sein, daß durch Kombination immer komplexerer Turing Maschinen dieses Ziel erreicht werden kann.

Der Von-Neumann-Rechner besitzt fünf Funktionseinheiten:

- ◆ Steuerwerk

- ◆ Rechenwerk

- ◆ Speicher

- ◆ Eingabewerk

- ◆ Ausgabewerk

Er ist unabhängig von den zu bearbeitenden Problemen. Zur Lösung eines speziellen Problems muß ein Programm (Bearbeitungsvorschrift) im Speicher abgelegt werden, vgl. hierzu auch die Beschreibung der universellen Turing Maschine.

Programme, Daten und Ergebnisse werden im selben Speicher abgelegt; auch hier wird die Ähnlichkeit zur universellen Turing Maschine deutlich. Der Speicher ist in numerierte Zellen aufgeteilt. Über die Nummer kann der Inhalt einer Zelle abgerufen oder verändert werden.

Aufeinanderfolgende Befehle eines Programms werden in aufeinanderfolgenden Speicherzellen abgelegt. Der nächste Befehl kann vom Steuerwerk durch Erhöhen der Befehlsadresse um eins angesprochen werden. Sprungbefehle sind möglich;

d.h. es kann von der Bearbeitung der Befehle in der Reihenfolge in der sie gespeichert wurden abgewichen werden.

Der Befehlsvorrat umfaßt mindestens:

♦ Arithmethische Befehle (Addieren, Multiplizieren,...)

♦ Logische Befehle ('UND', 'ODER', 'NOT',...)

♦ Transportbefehle (I/O,...)

♦ Bedingte Sprünge ('IF ... GOTO')

Diese Aufzählung ist nicht erschöpfend.

Alle Daten (Befehle, Adressen,...) werden binär kodiert.

Obwohl diese Skizze extrem kurz ausgefallen ist (hinsichtlich weiterer Details sei der Leser auf [Cla] verwiesen), ist wohl doch klar geworden, daß der Schritt zum modernen Rechner nun nicht mehr groß ist, wenn man ausschließlich die Funktionalität im Auge hat. Natürlich haben sich in den Jahren seit 1946 nahezu unglaubliche Verbesserungen bei der Rechengeschwindigkeit wie auch beim Speicherplatz ergeben, um nur zwei Gebiete zu nennen. Trotzdem soll im nächsten Abschnitt übergangslos der moderne Rechner (PC) behandelt werden, da die angesprochenen Veränderungen Details betreffen, die für ein grundlegendes Verständnis nicht von Bedeutung sind.

2 Der moderne Rechner

In diesem Kapitel sollen die wesentlichen Bestandteile eines modernen Rechners (gedacht ist hauptsächlich an einen PC) dargestellt werden. Dabei werden generische Aspekte im Vordergrund stehen und detailliertere technische Ausprägungen eine untergeordnete Rolle spielen. Da „stand-alone" Systeme heute eher selten sind, wird auch noch kurz auf die Netzeinbindung des Rechners eingegangen. Das Kapitel schließt mit einer kurzen Beleuchtung betriebswirtschaftlicher Aspekte.

2.1 Allgemeine Anforderungen

Die Anforderungen, die an einen modernen Rechner gestellt werden, werden hinsichtlich der allgemeinen Funktionalität bereits weitgehend durch das Konzept des Von-Neumann-Rechners abgedeckt. Spezielle Anforderungen bezüglich Rechengeschwindigkeit, Speicherplatz etc. hängen natürlich stark vom jeweiligen Einsatz ab. In letzter Zeit stehen jedoch häufig auch Anforderungen ergonomischer Art im Vordergrund, die das Bild eines modernen Rechners sowohl in hardware- als auch in software-technischer Hinsicht entscheidend geprägt haben. Als wichtige Beispiele wären hier einerseits günstige Gestaltung von Maus, Tastatur und Bildschirm, andererseits aber auch grafische Benutzeroberflächen zu nennen. Insbesondere die letztgenannten bedingen einen sehr leistungsfähigen (hinsichtlich Rechengeschwindigkeit und Speicherplatz) Rechner.

2.2 Grobe Übersicht

Bei den Bestandteilen eines Rechners unterscheidet man zunächst nach Hardware- und Software-Komponenten. Die Hardware Bestandteile werden weiter nach Geräten, die zur Dateneingabe, -verarbeitung und -ausgabe dienen, unterteilt (EVA-Prinzip). Bei der Software wird üblicherweise weiter zwischen Systemsoftware und Anwendungssoftware unterschieden. Die Netzeinbindung mit ihrer zugehörigen Software spielt in diesem Zusammenhang eine Sonderrolle.

2.3   Hardwarekomponenten

Als Hardware bezeichnet man alle Bauteile und Geräte, die zum Rechner gehören. Laut [Cla] „verdeutlicht die Vorsilbe ‚Hard', daß es sich bei der Hardware um die physikalisch materiellen Teile und damit um unveränderbare (und nicht kopierfähige) Komponenten einer Rechenanlage handelt". Als Beispiele wären etwa Tastatur, Prozessor und Drucker zu nennen. Im folgenden wird eine heute übliche Grundausstattung beschrieben.

2.3.1   Eingabegeräte

Die Dateneingabe erfolgt heute normalerweise über die *Maus*, die *Tastatur* oder einen *Scanner*. Spracheingabe ist zwar auch bereits möglich, aber doch noch nicht weit verbreitet.

2.3.1.1   Maus

Während früher die Tastatur bei der Eingabe von Befehlen die Hauptrolle spielte, hat heute die Maus diese Funktion übernommen. Im Zeitalter grafischer Benutzeroberflächen ist sie unverzichtbar. Sie steuert den Cursor (Positionszeiger) auf dem Bildschirm und erlaubt so eine schnelle und weitgehend fehlerfreie Arbeitsweise. Insbesondere bei Anwendung von „cut and paste" (ausschneiden und kleben) und „drag and drop" (ziehen und fallenlassen) in Textsystemen oder bei Betriebssystemoperationen ersetzt sie die Tastatur vollständig (die Namen der beiden Paradigmen beschreiben eigentlich ihren Inhalt treffend; sie werden aber unten noch näher erläutert).

2.3.1.2   Tastatur

Trotz der genannten Vorteile der Maus kann auch heute noch nicht auf die Tastatur verzichtet werden. Es handelt sich um eine übliche Schreibmaschinentastatur, die um einen Ziffernblock, Cursorblock und Sondertasten erweitert wurde. Insbesondere bei der Erstellung von Programmen läßt sich nur wenig ohne die Tastatur erreichen. Hinzu kommt, daß PC Nutzer, die zu Zeiten älterer Betriebssysteme viel mit dem Rechner gearbeitet haben, häufig noch den Gebrauch der Tastatur dem Einsatz der Maus vorziehen.

2.3.1.3 Scanner

Bei der Eingabe großer Textmengen ist der Scanner hilfreich. Es handelt sich um ein Gerät, mit dem Texte und Bilder in digitale Form übertragen werden. Dabei werden Vorlagen (z.B. Zeitungsausschnitte) zeilen- und punktweise abgetastet und danach am Bildschirm angezeigt oder zur Weiterverarbeitung in einer Datei gespeichert. Leider arbeiten diese Geräte i.a. nicht fehlerfrei. Allerdings ist bei einem guten Scanner die Fehlerrate so gering, daß er eine erhebliche Arbeitserleichterung bietet.

2.3.2 Datenverarbeitungskomponenten

Die Verarbeitung der eingegebenen Daten findet im Prozessor (CPU = Central Processing Unit) statt. Es handelt sich dabei um einen Mikrochip, der durch unterschiedliche Hersteller geliefert werden kann[1]. Entsprechend dem Von-Neumann-Rechner setzt er sich aus dem Rechen- und dem Steuerwerk zusammen, vgl. Abb. 8. Dabei ist, wie der Name schon sagt, das Steuerwerk für die Ablaufkontrolle zuständig, während das Rechenwerk die jeweiligen Befehle ausführt. Mit dem Prozessor unmittelbar verbunden ist der Arbeitsspeicher. Ebenfalls damit verbunden ist ein externer Speicher (Festplatte).

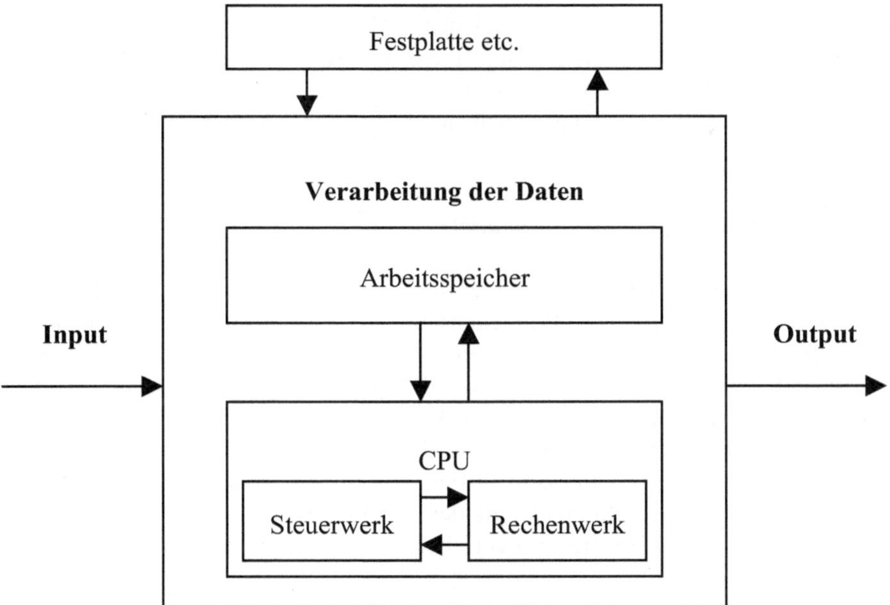

Abb. 8: Schematische Darstellung des Rechners

---

[1] Gegenwärtig beherrscht allerdings die Firma Intel den Markt.

2.3.2.1   CPU

Die Prozessorklasse bestimmt die Leistungsfähigkeit eines PC. Die Prozessorklasse ergibt sich üblicherweise aus dem Namen: Gegenwärtig sind Prozessoren der Klasse Pentium ? aktuell. Dabei steht ? für eine natürliche Zahl größer oder gleich 3. Je größer diese Zahl, desto leistungsfähiger ist i.a. auch der Rechner.

Da der Prozessor in Zeittakten arbeitet, stellt ein weiteres Gütemerkmal seine Taktfrequenz dar. Dabei arbeiten die gegenwärtig leistungsfähigsten PCs durchaus bereits im GigaHertz Bereich (10^9 Takte/Sekunde)

2.3.2.2   Arbeitsspeicher

Der Arbeitsspeicher wird auch als Hauptspeicher oder *Random Access Memory* (RAM). Es handelt sich um einen flüchtigen Speicher (d.h. bei „Absturz" des Rechners sind die im Speicher befindlichen Daten verloren; deshalb sollten wertvolle Daten häufig permanent gespeichert werden), der im Vergleich zum externen Speicher verhältnismäßig klein ist. Allerdings benötigen komplexe Anwendungen, wie etwa eine Java Entwicklungsumgebung, bereits ca. 256 MB[2] Hauptspeicher, die heute auch bei PCs der gehobenen Preisklasse ohne weiteres verfügbar sind.

Die Zugriffszeiten für den Arbeitsspeicher sind extrem kurz. Reicht jedoch der Platz für aufwendige Programme nicht mehr aus, so muß zusätzlich der externe Speicher genutzt werden. Da dies mit wesentlichen Zeitverlusten verbunden ist, wird die Qualität eines Rechners auch durch die Größe seines Arbeitsspeichers mitbestimmt.

2.3.2.3   Externer Speicher (Festplatte)

Als wichtigster externer Speicher ist hier die Festplatte (manchmal auch als *Harddisk* bezeichnet) zu erwähnen. Im Gegensatz zum RAM handelt es sich hier um einen Speicher, in dem Daten permanent verfügbar sind, so daß sie bei einem Stromausfall oder beim Ausschalten des PC hier normalerweise nicht verloren gehen. Deshalb können Daten aus dem Arbeitsspeicher durch Kopieren auf die Festplatte dauerhaft gemacht werden. Auf der Festplatte sind üblicherweise Standardprogramme, wie z.B. Microsoft Office, und andere Anwendungsprogramme installiert, die beim Programmstart in den Hauptspeicher geladen werden. Die üblichen Festplattengrößen liegen heute bereits um 20 Gigabyte. Leider können

---

[2] 1 GB = 1 Gigabyte = 2^{10} MB = 2^{10} Megabyte = 2^{20} Kilobyte = 2^{30} Byte. 1 Byte = 8 Bit (kleinste Speichereinheit), entspricht dem Speicherplatz, den 1 Zeichen (z.B. Buchstabe, Ziffer) benötigt . Der Wert eines Bit ist 0 oder 1 (entspricht Strom bzw. keinStrom).

diese riesigen Festplatten gegenwärtig noch nicht als Arbeitsspeicher dienen, da ihre Zugriffszeiten deutlich über denen des Arbeitsspeichers liegen.

2.3.2.4 *Externer Speicher (Diskette, CD-ROM, Streamer)*

Bei der Diskette (manchmal auch als „floppy disk" = „Schlappe Scheibe" im Gegensatz zur Harddisk bezeichnet) handelt es sich heute um eine harte Kunststoffscheibe, die häufig zum Transport von Daten und für zusätzliche Sicherungskopien genutzt wird. Sie besitzt im wesentlichen die gleiche Funktionalität wie die Festplatte; ihre Speicherkapazität (standardmäßig 1,44 MB) ist jedoch wesentlich geringer. Ihr zweiter Name rührt noch von der ursprünglichem Version, die tatsächlich aus biegsamem Material hergestellt wurde. Zum Lesen der Diskette benötigt der PC ein Diskettenlaufwerk, was heute jedoch auch bei Laptops üblicherweise vorhanden ist.

Die CD-ROM (*Compact Disk-Read Only Memory*) kann, wie der Name schon sagt, ausschließlich gelesen und nicht beschrieben werden. Es handelt sich um einen sog. optischen Speicher, der vom Hersteller mittels Laser mit Daten beschrieben wird. Ihr wesentlicher Vorteil gegenüber der Diskette besteht darin, daß sie eine erheblich größere Speicherkapazität bietet (etwa 650 MB). Zum Lesen einer CD-ROM wird ein CD-ROM Laufwerk benötigt, das aber üblicherweise heute auch bei Laptops vorhanden ist. Im Gegensatz zum eingangs dieses Abschnitts Gesagten gibt es inzwischen CD-ROM Laufwerke, mit denen auch ein Beschreiben leerer CD-ROMS (sog. „Rohlinge") möglich ist.

Streamer dienen zur Sicherung großer Datenmengen. Es handelt sich um Laufwerke für Magnetbänder in Kassettenform, deren Speicherkapazität im hohen Gigabyte Bereich liegt. Da auf die gespeicherten Daten nur sequentiell zugegriffen werden kann, entstehen allerdings lange Zugriffszeiten.

Alle hier aufgeführten externen Speicher sind dauerhafte Speicher.

2.3.3 Datenausgabegeräte

Als wichtigste Datenausgabegeräte sind der Bildschirm und der Drucker zu nennen.

2.3.3.1 *Bildschirm*

Der Bildschirm ist mit der CPU über die Grafikkarte, die ein Bild im Bildschirmspeicher erzeugt, verbunden. Seine Oberfläche besteht aus vielen einzelnen Punkten, die in Zeilen und Spalten angeordnet sind. Zur Abschätzung des benötigten Speicherplatzes seien hier einige Zahlen genannt. Zur Darstellung von $2^4 = 16$ Farben werden 4 Bit/Punkt benötigt, während es bei $2^8 = 256$ Farben bereits 8 Bit/Punkt sind. Sogar für einen 640*480 Bildschirm ergibt sich also eine beträchtliche Speichergröße, während bei gängigen Größen wie 800*600 oder 1024*768 noch höhere Anforderungen an die Speicherkapazität gestellt werden müssen.

Für ein komfortables Arbeiten ist außerdem eine hohe Bildwiederholfrequenz erforderlich. Empfehlenswert sind mindestens 70 Hz.

2.3.3.2   Drucker

Während es früher auch noch sog. Nadeldrucker gab, sind heute nahezu ausschließlich Laser- und Tintenstrahldrucker gebräuchlich.

Laserdrucker sind im Bürobetrieb meist standardmäßig vorhanden. Sie besitzen eigene Prozessoren und Arbeitsspeicher und liefern sehr gute Druckqualität[3]. Darüber hinaus verfügen sie über eine große Druckgeschwindigkeit.

Tinenstrahldrucker arbeiten, wie bereits durch den Namen angedeutet, mit einer Tintenpatrone. Durch kleine Düsen wird fast geräuschlos Tinte auf Papier gespritzt. Sie zeichen sich durch gute Druckqualität und günstigen Preis aus.

2.3.4   Technische Realisierung

Die wichtigsten Bestandteile des PC, wie z.B. Prozessor und RAM, sind auf dem sog. *Motherboard*, der zentralen Kunststoffplatte im Inneren des PC Gehäuses untergebracht. Auf ihm können auch Maus, Drucker und Festplatte angeschlossen werden. Das Motherboard ist mit Stromleitungen überzogen, die die einzelnen Komponenten miteinander verbinden.

Das Stromleitungssystem auf dem Motherboard wird als *Bus* bezeichnet. Man unterscheidet zwischen einem externen Bus, der die auf dem Motherboard befestigten Elemente, wie z.B. CPU und Festplatte, verbindet und einem internen Bus, der die Bestandteile innerhalb der CPU, wie z.B. Steuerwerk und Rechenwerk, miteinander verbindet. Je mehr Stromleitungen nebeneinander plaziert sind (je „breiter" der Bus), desto schneller wird der PC arbeiten.

Die Hardwareperipherie ist mit der CPU durch das Motherboard über sog. *Schnittstellen* verbunden. Man unterscheidet *serielle* Schnittstellen, die die CPU mit Maus und Modem verbinden, und *parallele* Schnittstellen, die sie mit dem Drucker und dem Scanner verbinden. Meist sind entsprechende Kabelanschlüsse auf der Rückseite des PC Gehäuses sichtbar.

Schließlich ist noch das sog. *ROM* (Read Only Memory) erwähnenswert. Es handelt sich um einen dauerhaften Speicher, der auf dem Motherboard befestigt ist und bereits vom Hersteller des PC beschrieben wurde. Er enthält u.a. wichtige

---

[3] Die Druckqualität wird in dpi (dots per inch) gemessen.

Anweisungen zum Laden des Betriebssystems, die beim Einschalten des Rechners automatisch ausgeführt werden.

2.4 Software-Komponenten

Unter Software versteht man laut [Cla] die „Gesamtheit aller Programme, die auf einer Rechenanlage eingesetzt werden können".

2.4.1 Systemsoftware

Zur Systemsoftware zählen insbesondere alle Programme, die für den korrekten Betrieb einer Rechenanlage erforderlich sind (*Betriebssystem*) aber auch alle Programme, die die Programmerstellung unterstützen. In der Literatur treten bisweilen zwischen den einzelnen Sofwarekomponenten Überschneidungen auf.

2.4.1.1 *Betriebssystem*

Dem Betriebssystem (insbesondere auch dem für PCs gegenwärtig wichtigsten System MS Windows) wird, wegen seiner erheblichen Bedeutung für den täglichen Umgang mit dem Rechner, das ganze nächste Kapitel gewidmet werden. Deshalb wird an dieser Stelle nicht näher darauf eingegangen. Es sei nur gesagt, daß der Begriff hier recht weit gefaßt wird und insbesondere Dienstleistungsprogramme verschiedenster Art darunter fallen.

2.4.1.2 *Werkzeuge zur Programmerstellung*

Hier sind vor allem Übersetzerprogramme (*Compiler*) zu nennen. Da die Programmierung in der Maschinensprache extrem mühsam ist, wurden schon früh verschiedene höhere Programmiersprachen erfunden, für die dann natürlich ein Übersetzungsprogramm geschrieben werden mußte. Als Beispiele wären etwa zu nennen: Pascal, PL/1, Cobol, C. In letzter Zeit sind u.a. die objektorientierten Sprachen wie Smalltalk, C++ und Java in den Vordergrund getreten. Daneben gibt es viele Übersetzer (oder auch Interpreter) für spezielle Anwendungen. Beispiele wären hier etwa Prolog, Lisp und Eiffel.

Insbesondere sehr komplexe Sprachen (Java, Smalltalk) bieten zusätzliche Unterstützung bei der Programmentwicklung durch eine komfortable Entwicklungsumgebung, die die Fehlersuche wie auch die Programmdokumentation sehr erleichtert.

2.4.2   Anwendungssoftware

Bei der Anwendungssoftware wird weiter unterschieden nach Standardsoftware und Individualsoftware.

2.4.2.1   *Standardsoftware*

Als Beispiel sind hier vor allem zu nennen

- Textverarbeitungssystem

- Tabellenkalkulationsprogramm

- Datenbank-Management-System (DBMS)

Die entsprechenden Anwendungsprogramme sind in nahezu jeder Büroumgebung verfügbar, wobei den Microsoft Produkten wgen ihrer marktbeherrschenden Stellung gegenwärtig noch besondere Bedeutung zukommt. Jedem dieser Progamme wird ein eigenes Kapitel gewidmet werden, so daß sie hier nicht weiter behandelt werden müssen.

Daneben sind heute aber auch Standardsysteme für die Finanzbuchhaltung, Material- und Personalwirtschaft etc. weit verbreitet. Die wirtschaftliche Bedeutung dieser Systeme spiegelt sich auch darin wider, daß einer ihrer Hersteller (SAP) gegenwärtig einen höheren Börsenwert als der „Hardwarehersteller" BMW besitzt!

2.4.2.2   *Individualsoftware*

Im Gegensatz zur Standardsoftware ist Individualsoftware ganz auf die speziellen Bedürfnisse des individuellen Anwenders zugeschnitten. Man kann sich hier z.B. ein Vertriebssystem etwa für die Firma xy oder ein Bonitätsprüfungssystem für eine Bank z vorstellen. Natürlich kann diese Individualsoftware dann wieder auf einer Standardsoftware aufsetzen. In den genannten Fällen könnte es sich bei der zugrundeliegenden Standardsoftware beispielsweise um ein Datenbank-Management-System oder ein Tabellenkalkulationsprogramm handeln.

2.5   Netzwerkeinbindung

In einer größeren Büroumgebung oder einer Hochschule wird ein Rechner selten als *stand-alone* System genutzt. Vielmehr ist er üblicherweise in ein Netz eingebunden. Deshalb sollen die relevanten Konzepte wie auch die entsprechende Software kurz skizziert werden.

2.5.1 Netzwerktopologie

Im hier behandelten Kontext sind vor allem zwei Arten von Netzwerk von Interesse. Sie werden hauptsächlich nach ihrer räumlichen Ausdehnung unterschieden.

2.5.1.1 Lokale Netze (LANs)

Bei den sog. *Local Area Networks* befinden sich die Netze auf dem Grund des Netzbetreibers. Es wird also kein öffentliches Gelände durch die betreffenden Kabel überbrückt. Als Beispiel wären etwa Firmennetze innerhalb eines Gebäudes oder auch möglicherweise Hochschulnetze innerhalb eines Fachbereichs zu nennen.

2.5.1.2 Weitverkehrsnetze (WANs)

Bei einem *Wide Area Network* handelt es sich im allgemeinen um ein Netz großer räumlicher Ausdehnung. In der Tat kann das Netz mehrere Länder (z.B. bei einer international agierenden Firma) oder sogar die ganze Welt umspannen. Im letzteren Fall wäre als Beispiel das *Internet* zu nennen.

2.5.2 Netzwerkorganisation

Hier soll ausschließlich das sog. *Client-Server Konzept* für Lokale Netze erläutert werden, da das *Peer-Peer* Konzept meist nur bei der Vernetzung sehr weniger Rechner zum Einsatz kommt, wenn man vom Internet einmal absieht.

Wie der Name bereits sagt, bieten bei diesem Konzept die Server Dienstleistungen an, die von den Clients nachgefragt werden. Beispielsweise könnte ein Server ein Tabellenkalkulationsprogramm zur Verfügung stellen, das die Clients dann von ihm aufrufen. In ähnlicher Weise könnte es einen Datenbank- oder (auch sehr häufig) einen mail Server geben, der die angedeuteten speziellen Dienste offeriert.

2.5.3 Netzwerkbestandteile

Die technischen Bestandteile des Netzes unterteilt man nach Hard- und Software-Komponenten.

2.5.3.1 Hardware-Komponenten

Der Rechner benötigt zur Netzeinbindung eine Netzschnittstelle. Dabei kann es sich um eine im Inneren des PC eingebaute Netzwerkkarte handeln, die direkt auf dem Motherboard montiert ist. Alternativ dazu kommt aber auch (z.B. bei vielen Laptops) eine Steckkarte in Betracht, die über das Bussystem mit dem Motherboard verbunden ist. An die Netzschnittstelle des Rechners ist das Datenübertragungsmedium (meist ein Koaxialkabel) angeschlossen.

2.5.3.2   *Netzwerkbetriebssysteme*

Es handelt sich um Programme, die die Kommunikation der angeschlossenen Rechner steuern und verschiedene Verwaltungsaufgaben erfüllen: Beispielsweise kann der Netzadministrator über sie die Passwort- und Kennungsvergabe regeln, Zugriffsrechte definieren, etc. Zusätzlich bieten sie Funktionen zur Verzeichnis- und Dateiverwaltung

Als weit verbreitetes Betriebssystem im PC Bereich ist Novell zu nennen.

2.6   Betriebswirtschaftliche Überlegungen

Kostete vor ca. 10 Jahren einer der ersten Pentium Rechner mit 8 MB Hauptspeicher, 60 MHz Taktfrequenz und einer Festplatte mit einer Kapazität von 500 MB noch ca. DM 6000.-, so kann man gegenwärtig einen PC mit 256 MB Hauptspeicher, 1 GHz Taktfrequenz und mindestens 20 GB Festplatte bereits für ca. DM 2000.- kaufen. Hardware ist also in der Tat vergleichsweise sehr preiswert geworden. Trotzdem wird man wohl nicht ohne guten Grund einen Hochleistungsrechner einkaufen, wenn ausschließlich die Arbeit mit einem Textsystem im Vordergrund steht. Allerdings sollte bedacht werden, daß in der Zukunft leicht andere Einsatzmöglichkeiten für das gute Stück in Betracht kommen könnten, so daß beim Kauf des Rechners, wenn möglich, doch nicht zu sehr gespart werden sollte.

Mögliche Arbeitserleichterungen (beispielsweise durch eine ergonomisch günstige Tastatur, guten Bildschirm,...) sind in jedem Fall anzustreben, da Verzögerungen und dadurch bedingte Unzufriedenheit beim Nutzer angesichts vergleichsweise hoher Personalkosten weitreichende betriebswirtschaftliche Konsequenzen haben.

Ähnliche Überlegungen kommen auch beim Einkauf von Software zum Tragen. Sie werden weiter unten an konkreten Beispielen genauer erläutert.

3 Das Betriebssystem

In diesem Kapitel sollen zunächst die grundlegenden generischen Eigenschaften von Betriebssystemen behandelt werden. Sie werden teilweise aus ergonomischen Anforderungen abgeleitet. Mehrere Beispiele werden kurz erwähnt. Einige betriebswirtschaftliche Überlegungen runden den allgemeinen Teil des Kapitels ab. Erst daran anschließend wird auf die Besonderheiten des Windows(NT)-Systems (insbesondere der Dateiverwaltung) eingegangen.

3.1 Allgemeine Anforderungen

Während frühe Betriebssysteme hinsichtlich ihrer Funktionalität durchaus hohen Anforderungen genügten, wurde bei ihnen doch die Benutzeroberfläche häufig vernachlässigt. Beispielsweise wurden folgende (teilweise banal klingende) Forderungen von Arbeitswissenschaftlern meist ignoriert.

- Der Benutzer soll in seiner Tätigkeit weder über- noch unterfordert werden. Fortgeschrittene Nutzer wie solche mit minimalen Kenntnissen müssen gleichermaßen zufriedenstellend arbeiten können (Aufgabenangemessenheit).

- Fehler müssen korrigierbar sein (Fehlerrobustheit).

- Der Benutzer muß erkennen können, in welchem Zustand sich das System gerade befindet und welche Möglichkeiten ihm offenstehen (Durchschaubarkeit).

- Der Benutzer muß sich auf das gleichartige Funktionieren von Hard- und Software verlassen können (Verläßlichkeit).

- Lernprozesse müssen in natürlicher Weise in den Arbeitsprozeß einbezogen werden. Beispielsweise sollen Hilfefunktionen neue Methoden für Arbeitsschritte erschließen und ein Tutorial System neues Wissen systematisch an die Nutzer heranführen (Lernförderlichkeit).

Diese Forderungen können mittels einer grafischen Benutzeroberfläche natürlich auch erst weitgehend erfüllt werden, seitdem entsprechend leistungsfähige Rechner zur Verfügung stehen.

Daneben sind auch weiterhin hohe Anforderungen an Effizienz hinsichtlich der Speicherverwaltung und anderer Standardaufgaben, vgl. auch Abschnitt 3.2.1, 3.2.2 unten, an das Betriebssystem zu stellen. Sie sind im Zeitalter der Hochleistungsrechner aber wohl doch leichter zu erfüllen, wenn man von gewissen prinzipiellen Schwierigkeiten hinsichtlich der Zuverlässigkeit absieht.

3.2 Grobe Übersicht

Zur Veranschaulichung der wichtigsten Komponenten diene die Abb. 9. Dabei ist zu beachten, daß der Begriff Betriebssystem in der Literatur unterschiedlich weit gefaßt wird. Beispielsweise werden nämlich Übersetzungsprogramme bisweilen zum Betriebssystem gerechnet, vgl. etwa [Cla], während das andernorts nicht der Fall ist, siehe etwa [Jar]. Die letztere Auffassung kommt wohl häufiger vor und ist deshalb auch hier übernommen worden.

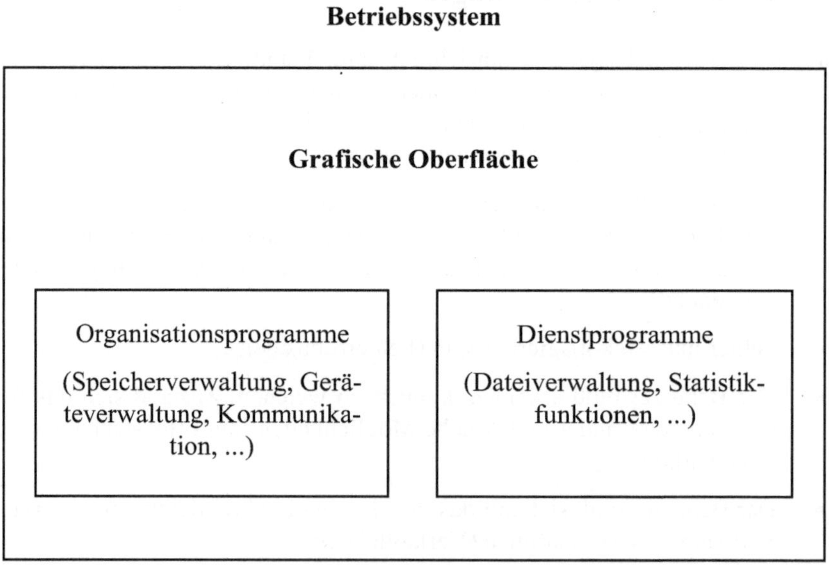

Betriebssystem

Grafische Oberfläche

Organisationsprogramme

(Speicherverwaltung, Geräteverwaltung, Kommunikation, ...)

Dienstprogramme

(Dateiverwaltung, Statistikfunktionen, ...)

Abb. 9: Schematische Darstellung des Betriebssystems

3.2.1 Organisationsprogramme

Hierbei handelt es sich um einen nach außen hin für den ungeübten Benutzer weniger wichtigen Bestandteil des Betriebssystems, dem u.a. die Kontrolle der Speicher, die Organisation der Speicherhierarchien, wie auch die Speicherverwaltung obliegt. Daraus ergeben sich unmittelbar hohe Anforderungen an die Implementierungsqualität. Leider können auch heute absolut fehlerfreie Programme nicht garantiert werden. Diese Tatsache wird z.B. durch die immer noch häufigen „Abstürze" des Windows Systems unterstrichen. Sie resultiert aber auch aus prinzipiellen Problemen, die sich ihrerseits als eine Konsequenz des gödelschen Unvollständigkeitssatzes ergeben, vgl. Abschnitt 1.4.5. Durch ihn wird nämlich eine völlig formale Verifikation komplexer Programme im allgemeinen Fall ausgeschlossen.

Als zusätzliche Aufgabe nehmen Organisationsprogramme auch die Verwaltung angeschlossener Geräte (z.B. Drucker) wahr.

Schließlich erledigen Netzwerkbetriebssysteme häufig vorkommende Kommunikationsaufgaben (z.B. Organisation des mail Systems).

3.2.2 Dienstprogramme

Diese Komponente ist auch für den gelegentlichen Nutzer des Rechners von großer Bedeutung, da sie u.a. die gesamte Dateiverwaltung regelt. Insofern kommt ihrer Gestaltung erhebliches Gewicht zu. Deshalb werden weiter unten die Ordnerstruktur und die Bearbeitungsmöglichkeiten in Einzelheiten dargestellt.

Daneben werden durch Dienstprogramme auch Statistikfunktionen (z.B. Veranschaulichung der Rechnerauslastung) wahrgenommen.

3.2.3 Oberfläche

Moderne Betriebssysteme müssen neben einer effizienten Implementierung der Funktionalität auch über eine gut gestaltete Benutzeroberfläche verfügen, da ansonsten die Akzeptanz durch den Anwender nicht gewährleistet werden kann, vgl. hierzu die allgemeinen Anforderungen in Abschnitt 3.1.

Dies hat zur Einführung von Fenstersystemen geführt, die ein ähnliches *look&feel* (Aussehen) für die verschiedensten Anwendungen ermöglichen sollen. Daneben kommen die bereits erwähnten und aus dem früheren Büroalltag bekannten Paradigmen *cut&paste* (Ausschneiden und Einkleben) sowie *drag&drop* (Ziehen und Fallenlassen) zur Anwendung. Dadurch wird auch ungeübten Benutzern der Umgang mit dem Rechner sehr erleichtert.

Für den versierten Nutzer wird zusätzlich die Möglichkeit geboten, die Oberfläche seinen individuellen Bedürfnissen anzupassen. Beispielsweise kann er bei den meisten Systemen die Tastenbelegung der Tastatur verändern oder auch vereinfachte Programmaufrufe ermöglichen. Weitere Einzelheiten werden bei der Beschreibung des Windows Betriebssystems dargestellt.

Schließlich wird den eingangs beschriebenen allgemeinen Anforderungen meist durch ein Tutorial System und eine leistungsfähige *Online*-Hilfefunktion Rechnung getragen. Allerdings gestaltet sich beispielsweise die Stichwortsuche nicht immer einfach.

3.3 Die Verzeichnisstruktur

Bei den gängigen Betriebssystemen werden *Dateien* (man denke hier beispielsweise an Briefe, Rechnungen o.ä.) in *Verzeichnissen* oder *Ordnern* gespeichert. Diese Ordner werden ihrerseits nun wieder in *Laufwerken* (Festplatte, Diskettenlaufwerk, CD-Rom-Laufwerk, Netzlaufwerke, ...) aufbewahrt. Dieses Vorgehen ergab sich in natürlicher Weise aus der (möglicherweise noch gar nicht so) veralteten Büroorganisation, bei der schließlich Dokumente oder dergleichen in Leitz Ordnern abgelegt wurden, die ihrerseits wieder in Aktenschränken aufbewahrt wurden. Allerdings war damals natürlich nur eine sehr begrenzte Schachtelungstiefe möglich, während einem modernen Rechner hier kaum Grenzen gesetzt sind.

Dieses Dateiverwaltungssystem führt zu einem Baum, der allerdings umgekehrt (d.h. mit der Wurzel nach oben) im Rechner realisiert ist. Dadurch wird die hierarchische Gliederung der Dokumente durch den Benutzer abgebildet. Üblicherweise stehen dem Anwender mehrere Standardoperationen auf diesen Dateien zur Verfügung. Er kann nämlich

- im Verzeichnisbaum beliebig navigieren

- Dateien an einer beliebigen Stelle hinzufügen

- Dateien an einer beliebigen Stelle löschen

- Dateien verschieben

- Dateien kopieren

Das Hinzufügen von Dateien erfolgt meist aus einem Textsystem, einer Tabellenkalkulation oder einem Datenbank-Management-System heraus, kann aber auch durch Übertragung von einer Diskette o.ä. geschehen. Dabei wird durch das jeweilige Anwendungsprogramm Unterstützung geboten.

Sollen jedoch Dateien gelöscht oder verschoben werden, so werden sie mit der Maus markiert, ausgeschnitten und eingeklebt oder auch einfach gezogen und fallengelassen. Die Details werden am Beispiel des Windows(NT)-Betriebssystems weiter unten erläutert. Dieses Vorgehen stellt unter softwareergonomischen Gesichtspunkten einen erheblichen Vorteil gegenüber den früher gebräuchlichen Systemen dar, da komplizierte Systemkommandos (und damit Tippfehler) vermieden werden. Hinzu kommt natürlich auch eine keineswegs unerhebliche Zeitersparnis sowie, als Folge beider Vorteile, bessere Anwenderakzeptanz.

Schließlich wird der Benutzer üblicherweise auch durch ein *Information Retrieval* System unterstützt. Möglich ist dabei in erster Linie die Suche nach Dateien oder Verzeichnissen (auch mit Platzhaltern). Daneben gibt es gewöhnlich aber auch noch die Möglichkeit der Volltextsuche (also nach Dateien, die ein oder mehrere gegebene Wörter enthalten, die manchmal auch noch durch logische Junktoren, vgl. Abschnitt 1.4, miteinander verknüpft werden können).

3.4 Beispiele für Betriebssysteme

Hier sollen nur einige repräsentative Beispiele kurz erwähnt werden, da hauptsächlich der PC (mit einer Version des unten letztgenannten Betriebssystems) im Vordergrund stehen wird. Allerdings soll nicht verschwiegen werden, daß in letzter Zeit das frei verfügbare LINUX-System viele Anhänger gewonnen hat, obwohl in einer üblichen Büroumgebung die Microsoft Produkte immer noch den höchsten Verbreitungsgrad besitzen.

- UNIX (LINUX) (System für PCs und Großrechner)

- BS 2000 (älteres System der Fa. Siemens für Großrechner)

- VM (älteres System der Fa. IBM für Großrechner)

- Windows (NT) (Produkt der Fa. Microsoft)

Die grundlegenden Eigenschaften des letztgenannten Systems werden ausführlich weiter unten behandelt werden.

3.5 Betriebswirtschaftliche Überlegungen

Es gelten ähnliche Überlegungen wie die, die bei der Betrachtung der PC Hardware angestellt wurden. Unter betriebswirtschaftlichen Gesichtspunkten ist insbesondere eine vernünftige Benutzeroberfläche von nicht zu unterschätzender Bedeutung. Stellt sie nämlich für den Anwender ein Hindernis dar, so können in einem größerem Betrieb beträchtliche Unkosten durch vermehrten Schulungsaufwand entstehen. Hinzu kommt die mangelnde Akzeptanz, die ebenfalls Kosten nach sich zieht, die ganz erheblich, wenn auch schwer meßbar, sein können.

Während bei der Hardware die Verläßlichkeit meist kein größeres Problem darstellt, ist bei Betriebssystemen oft das Gegenteil der Fall. Leider kommt es, wie bereits erwähnt, beispielsweise beim Windows-Betriebssystem immer wieder zu

„Abstürzen", was nicht nur unerfreulich ist sondern auch sehr teuer werden kann, da neben Zeitverlust häufig Datenverluste auftreten.

Daneben müssen Kompatibilitätsprobleme berücksichtigt werden. Auch heute noch sind die meisten Softwareprodukte keineswegs unabhängig vom Betriebssystem. Insbesondere bei Treibern für Laptops können recht unangenehme Überraschungen auftreten.

3.6   Das Windows(NT)-Betriebssystem

Das Betriebssystem Windows NT 4.0 ähnelt in seiner grundlegenden Bedienung stark dem Betriebssystem Windows 98/00. Hier soll deshalb zwischen den Systemen kaum unterschieden werden.

3.6.1   Starten und Beenden des Systems

Bei Windows NT sind nach dem Einschalten (im Gegensatz zu Windows 98) zunächst die Tasten *Strg+Alt+Entf* gleichzeitig zu drücken. Darufhin erscheint das Anmeldefenster, in dem Benutzernamen und Passwort einzugeben sind.

Danach wird dem Benutzer der *Desktop* (Schreibtischoberfläche) von Windows NT präsentiert, vgl. Abb. 10.

Abb. 10: Windows Desktop

Auf diesem Desktop sind wichtige Programme, die man häufig benötigt, ähnlich einem wirklichen Schreibtisch angeordnet. Sie werden durch grafische Symbole (*Icons*) gekennzeichnet und können durch Doppelklick mit der Maus aktiviert werden. Weniger häufig benötigte Arbeitsmittel können auch auf dem Desktop in Ordnern abgelegt werden, die dann zuerst geöffnet werden müssen.

Um Windows zu beenden und den Rechner herunterzufahren, muß man paradoxerweise *Start* anklicken (links unten auf dem Desktop) und die Option *beenden-herunterfahren* auswählen.

3.6.2   Starten und Beenden von Anwendungsprogrammen

Um mit einem auf der Festplatte oder auf einem Server installierten Programm arbeiten zu können, muß es zunächst aufgerufen werden, d.h. in den Arbeitsspeicher geladen werden. Hierfür bietet Windows vielfältige Möglichkeiten, von denen die wichtigsten kurz beschrieben werden sollen.

- Programme, die auf dem Desktop abgelegt wurden, können, wie bereits angesprochen, über Doppelklick auf ihre jeweiligen Icons aufgerufen werden.

- Daneben können Programme, beispielsweise der sog. *Explorer*, zusätzlich über das Startmenü (Unterpunkt *Programme*) aktiviert werden.

- Schließlich können Programme auch über den Explorer per Doppelklick mit der Maus gestartet werden.

Wenn Programme nicht mehr benötigt werden, da die entsprechende Aufgabe beendet wurde, so sollten sie aus dem Arbeitsspeicher entfernt werden (*geschlossen* oder *beendet* werden), um keine unnötigen Systemressourcen zu verbrauchen. Programme können einfach durch Schließen des jeweiligen Programmfensters beendet werden. Eine weitere Möglichkeiten wird im Zusammenhang mit dem Fenstersystem erklärt.

3.6.3   Das Fenstersystem

Programme erscheinen nach ihrem Start üblicherweise in einem *Fenster*. Diese Fenster sind zentraler Bestandteil der Windows Benutzeroberfläche. Sie haben einen einheitlichen Aufbau.

Ein Fenster besteht aus

- dem bei allen Fenstern im wesentlichen identischen Rahmen

- programmspezifischen Bestandteilen.

Außerdem werden Fenster bei allen Programmen ähnlich gehandhabt. Dies erleichtert den Umgang mit Windows Programmen, da dadurch überall das gleiche look&feel vorhanden ist.

Der Rahmen und die Handhabung der Fenster sollen hier am Beispiel des Dateiverwaltungsprogramms Explorer erläutert werden.

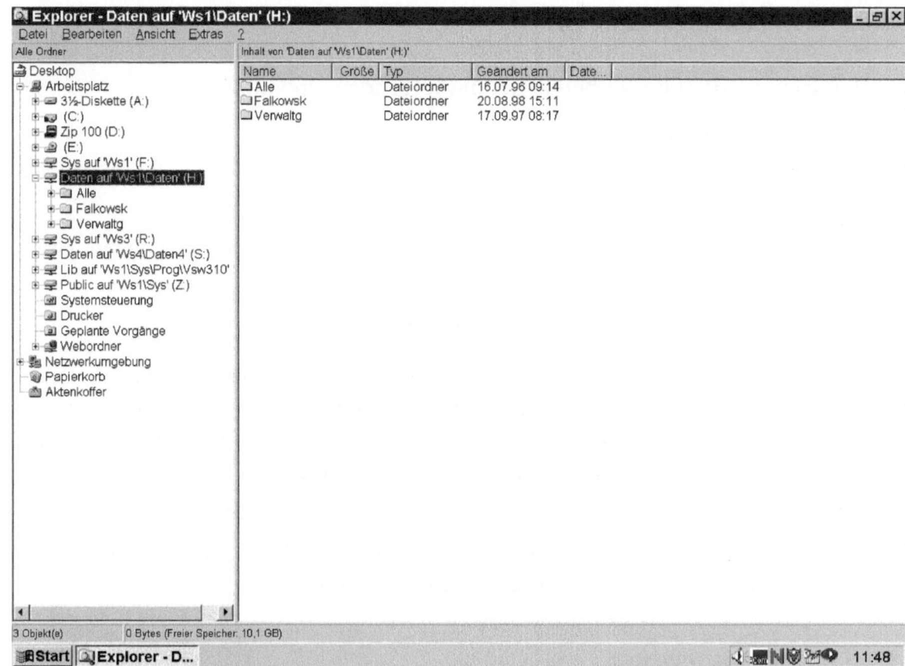

Abb. 11: Explorer Fenster

3.6.3.1   Der Rahmen

Der Rahmen enthält die folgenden Bestandteile

- die *Titelleiste*, die den Titel des in Rede stehenden Programms anzeigt (in diesem Fall *Explorer,* vgl. Abb. 11)

- die *Befehlsleiste* unmittelbar unter der Titelleiste, die nach Gebieten geordnet die ausführbaren Befehle anzeigt; beispielsweise kann das Programm über *Datei-Beenden* geschlossen werden

- drei *Schaltflächen* (*Symbol, Fenster/Vollbild, Schließen*), die unmittelbar verschiedene Operationen ermöglichen, die durch ihre Namen angedeutet werden (Titelleiste rechts)

- *Bildlaufleisten*, die es ermöglichen, den Fensterinhalt nach oben/unten bzw. rechts/links zu verschieben (nur sichtbar, falls nötig; im Bild ist folglich nur die horizontale Bildlaufleiste links sichtbar)

3.6.3.2   Handhabung der Fenster

Die Handhabung der Fenster beinhaltet die folgenden Operationen

- Vergrößern auf Vollbild (Verkleinern zum Symbol, das dann unten auf dem Desktop erscheint) (über Anklicken des Symbols (der Schaltfläche))

- Vergrößern (Verkleinern) zum Fenster, das (nicht) den ganzen Bildschirm ausfüllt (über Anklicken der Schaltfläche)

- Schließen (über Anklicken Schaltfläche)

- Vergrößern (Verkleinern) eines Fensters, das nicht den ganzen Bildschirm ausfüllt, durch *Ziehen* mit der Maus. Dabei wird zunächst der Cursor genau auf den entsprechenden Fensterrand (oder die gewünschte Ecke) positioniert. Bei Erscheinen eines schwarzen Doppelpfeils kann die Verzerrung in der entsprechenden Richtung erfolgen.

- Verschieben eines Fensters auf dem Desktop durch Positionierung des Cursors in der Titelleiste und Ziehen mit der Maus.

3.6.3.3   Mehrere Fenster

Das Windows System gestattet es, mehrere Fenster gleichzeitig zu öffnen, was ganz wesentlich zur Arbeitserleichterung beiträgt. Will man beispielsweise während der Arbeit an einem Brief den Posteingang überprüfen, so ist es nicht notwendig, das Textverarbeitungsprogramm zu beenden, bevor man das mail Programm aufruft. Windows öffnet für jedes aufgerufene Programm ein neues Fenster. Das gerade *aktive* Fenster liegt dabei „oben". Dadurch sind unter Umständen Fenster verborgen, die man gerne gleichzeitig mit dem aktiven Fenster sehen möchte. Abhilfe kann hier durch das Kontextmenü (rechte Maustaste) geschaffen werden. Wird nämlich der Cursor in die untere graue Desktop Leiste bewegt und das Kontextmenü aufgerufen, so kann man die Fenster horizontal/vertikal nebeneinander/übereinander anordnen lassen.

Ruft man allerdings sehr viele Programme gleichzeitig auf, so wird möglicherweise nicht nur der Desktop recht unübersichtlich: Je nach Rechnerqualität und aufgerufenen Programmen kann es auch zu Performance Einbußen kommen.

3.6.4   Dateiverwaltung (Explorer)

3.6.4.1   Hierarchische Struktur, Navigation

Unter einer *Datei* versteht man alle Arten von Zeichen, die unter einem Namen auf einem Speichermedium in digitaler Form abgelegt wurden. Je nach Anwendungsprogramm mit dem die Datei erstellt wurde, bekommt sie eine Namenserweiterung. Diese Namenserweiterung ist durch einen Punkt vom ursprünglichen Dateinamen abgesetzt.

Beispiele:

Datei	Art
tdatei.txt	Text-Datei
wdatei.doc	Winword-Datei
edatei.xls	Excel-Datei
adatei.mdb	Access-Datei
ppdatei.ppt	Powerpoint-Datei
bild.gif	Bild-Datei
programm.exe	Programm-Datei

Bei der letzgenannten Datei-Art handelt es sich um *ausführbare* Programme. Sie können jederzeit durch einen Doppelklick mit der Maus gestartet werden.

Inhaltlich zusammengehörige Dateien werden ihrerseits in Ordnern zusammengefaßt, die wiederum auf Laufwerken abgespeichert werden. Dabei werden für die Festplatte, bzw. das Diskettenlaufwerk, bzw. das CD-Rom-Laufwerk üblicherweise als Bezeichner die Buchstaben (mit zugehörigem Doppelpunkt) c: bzw. a: bzw. d: verwendet. Andere Buchstaben sind gewöhnlich den Netzlaufwerken vorbehalten. So entsteht also eine hierarchische Baumstruktur. Der Ort, an dem eine Datei in dieser Struktur aufbewahrt wird, wird durch den sog. *Pfadnamen* beschrieben.

Beispiel: Der Pfadname c:\Temp\Test\test.txt beschreibt eine Text-Datei, die sich auf der Festplatte im Unterordner Test des Ordners Temp befindet und den Namen test trägt. Dabei wird das Symbol „\" als „Backslash" gelesen und dient zur Anzeige einer neuen Hierarchieebene, vgl. hierzu auch Abb. 12 unten. In der Abbildung sind die beiden Laufwerke a: und c: zu erkennen, sowie die Darstellung des Pfades, der zur Datei test.txt führt.

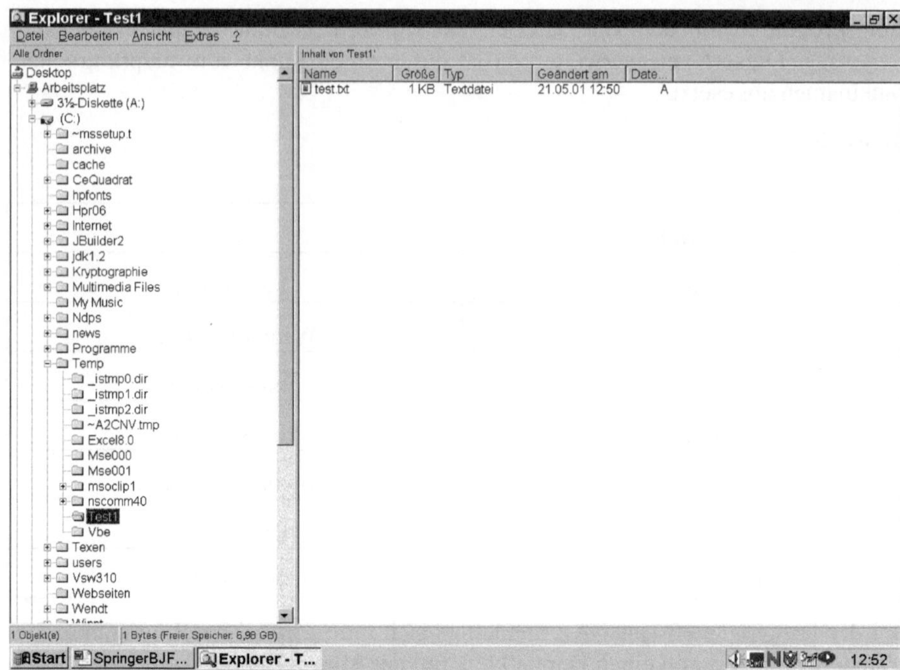

Abb. 12: Hierarchische Ordner Struktur

Der Detaillierungsgrad der Anzeige in der linken Spalte des Explorers kann dabei durch Anklicken des + bzw. –Zeichens neben dem betreffenden Ordner erhöht bzw. verringert werden, so daß einerseits eine grobe Übersicht über die verfügbaren Laufwerke, andererseits aber auch der detaillierte Inhalt eines einzelnen Ordners angezeigt werden kann, wie hier geschehen. Dadurch wird die Navigation innerhalb der Hierarchie stark vereinfacht.

Man notiere auch, daß auf der linken Seite der Abb. 12 die hier benötigte vertikale Bildlaufleiste sichtbar ist.

3.6.4.2   Erstellen von Dateien und Ordnern

Dateien werden üblicherweise mit Anwendungsprogrammen erstellt. Die oben gezeigte Datei test.txt wurde beispielsweise mit dem Text-Editor, der beim *Start-Menü* unter dem Punkt *Programme-Zubehör* auftaucht, erstellt. Unter der Voraussetzung, daß der angegebene Ordner c:\Temp\Test bereits existiert, kann sie dann in diesem abgespeichert werden. Der gewünschte Ordner kann im Explorer dabei wie folgt ausgewählt werden: Man ruft zunächst den Menüpunkt *Datei-Speichern unter* auf. Der per Voreinstellung im Dialogfenster angebotene Ordner kann dann verändert werden, indem man sich in der Hierarchie mittels des Pfeils rechts neben dem angebotenen Ordner hinauf oder durch Doppelklick auf den angebotenen

Ordner (im Verzeichnisfenster des Dialogfensters) hinunterbewegt. Alternativ hierzu kann auch mittels des abwärtsgerichteten Pfeils neben dem angebotenen Ordner sofort die Laufwerkgrobstruktur angezeigt werden mit entsprechender Auswahlmöglichkeit. Schließlich ist noch der Dateiname festzulegen, vgl. auch Abb. 13 unten.

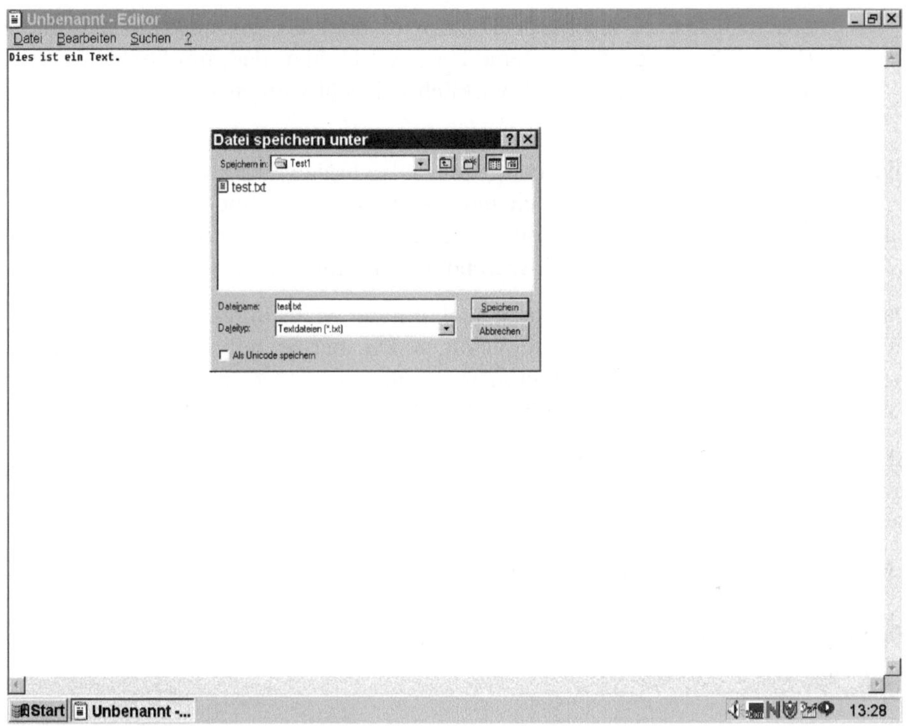

Abb. 13: Speichern von Dateien

Ist jedoch noch kein passender Ordner vorhanden, so muß ein neuer angelegt werden. Dies geschieht im Explorer, indem man sich, wie oben beschrieben, den Ordner heraussucht, der als unmittelbarer Oberordner fungieren soll und ihn mit der Maus markiert. Daraufhin ist nur noch der Menüpunkt *Datei-Neu-Ordner* anzuklicken und der blau unterlegte, voreingestellte Name im Explorer wunschgemäß zu ändern.

3.6.4.3   *Manipulation von Dateien und Ordnern*

Dateien und Ordner können mittels des Explorers kopiert, verschoben und gelöscht werden. Das Vorgehen für beide ist hierbei identisch.

- Kopieren: Man markiert die Datei/den Ordner und klickt auf den Menüpunkt *Bearbeiten-Kopieren*, selektiert danach den gewünschten (unmittelbaren) (Ober-) Ordner und klickt schließlich auf *Einfügen*.

- Verschieben: Das Vorgehen ist dem beim Kopieren analog. Man muß in der obigen Beschreibung nur „*Kopieren*" durch „*Ausschneiden*" ersetzen (cut&paste).

- Löschen: Die zu löschende Datei wird markiert und anschließend über *Datei-Löschen* gelöscht. Bemerkenswert ist hier, daß, um Fehler zu verhindern, die Rückfrage, ob wirklich gelöscht werden soll, erfolgt (Fehlerrobustheit).

Die oben beschriebenen Kopier- und Verschiebevorgänge erfolgen über die *Zwischenablage*. Dabei handelt es sich um einen flüchtigen Speicher, der die beschriebenen Vorgänge sowohl zwischen verschiedenen Anwendungsprogrammen, wie auch innerhalb eines einzigen Anwendungsprogramms erlaubt.

Das Kopieren bzw. Verschieben kann auch mit der Maus durch drag&drop (über das Kontextmenü; rechte Maustaste) erfolgen. Da aber bei aufwendiger Navigation hierfür zwei neben- oder untereinander angeordnete Kopien des Explorers benötigt werden, soll an dieser Stelle nicht näher darauf eingegangen werden.

Abschließend sei zu diesem Thema noch erwähnt, daß im Startmenü des Desktop unter dem Menüpunkt *Suchen* vielerlei Suchmöglichkeiten zur Verfügung stehen.

3.6.5   Individuelle Anpassungsmöglichkeiten

Hier sollen nur einige, häufiger genutzte Anpassungsmöglichkeiten kurz skizziert werden.

3.6.5.1   *Anpassungen der Oberfläche*

Wie schon oben erwähnt, sollten häufig benötigte Programme unmittelbar auf dem Desktop zur Verfügung stehen. Tatsächlich können entsprechende Icons mittels des Explorers leicht erzeugt werden: Das gewünschte ausführbare Programm wird im Explorer aufgesucht, mit gedrückter rechter Maustaste auf den Desktop gezogen und die nach Loslassen der Maustaste erscheinende Option *Verknüpfungen hier erstellen* ausgewählt. Ist die Lage des Programms nicht bekannt, so kann sie natürlich über die Suchfunktion (Startmenü, s.o.) ermittelt werden. Erwähnenswert scheint in diesem Zusammenhang, daß über den Explorer auch eine Verknüpfung für ihn selbst erstellt werden kann.

Die bereits erstellten Icons können auf dem Desktop beliebig durch Ziehen mit der linken Maustaste verschoben werden. Darüber hinaus ist es möglich, mit dem

Kontextmenü (rechte Maustaste) die Icons nach verschiedenen Kriterien automatisch auszurichten.

Das Hintergrundbild wie auch den Bildschirmschoner des Desktop kann man ebenfalls mit dem Kontextmenü verändern (Menüpunkt: *Eigenschaften*).

3.6.5.2   *Sonstige Möglichkeiten*

Wie schon oben angedeutet, kann es sich keinesfalls um eine erschöpfende Aufzählung handeln.

- Ein neuer Drucker läßt sich über das Startmenü einrichten. Benötigt wird der Punkt *Einstellungen-Drucker*. Durch Doppelklick auf *Neuer Drucker* wird der Assistent für die Druckerinstallation gestartet, dem man dann folgen kann.

- Neue Software kann ebenfalls über das Startmenü installiert werden. Benötigt wird *Einstellungen-Systemsteuerung*. Ein Doppelklick auf das Icon *Software* mit nachfolgendem Anklicken von *Installieren* leitet den Prozess ein.

- Ebenfalls über die Systemsteuerung kann eine Vielzahl weiterer Einstellungen vorgenommen werden (z.B. Datum und Uhrzeit).

3.6.6   Hilfefunktion

Weiß man sich gar nicht mehr zu helfen, so steht, im Einklang mit den im Abschnitt 3.1 beschriebenen allgemeinen Anforderungen, eine mächtige Online-Hilfe zur Verfügung. Sie wird ebenfalls über das Startmenü aufgerufen. Sie erlaubt die Suche in einem alphabetisch geordneten Index, nach Sachgebieten und nach Stichwörtern und ist weitgehend selbsterklärend.

Allerdings muß vermerkt werden, daß die angebotenen Hilfetexte von sehr unterschiedlicher Qualität sind.

Auch bei der Stichwortsuche können erhebliche Hindernisse auftreten, falls das gesuchte Wort nicht genau benannt werden kann. Dies hängt allerdings mit schwierigen Problemen beim Information Retrieval zusammen, die auch heute noch weitgehend ungelöst sind. Insbesondere ist es bis jetzt nicht gelungen, ein Ähnlichkeitsmaß zu definieren, das es erlaubt, in Texten beliebiger Art effizient zu recherchieren. Vermutlich wird aber auch dem Laien einleuchten, daß es nahezu unmöglich ist, bei gegebenem Stichwort die hierfür relevanten Texte zu finden und möglichst noch nach ihrer Relevanz zu ordnen, wenn man keine a priori Kenntnisse über ihren Inhalt besitzt. Dieses Problem ist natürlich auch Internet Nutzern, die sich vergeblich mit Suchmaschinen abgemüht haben, in ähnlicher

Form wohlbekannt und wird im Kapitel über Textverarbeitung erneut aufgegriffen.

4 Textverarbeitung

In diesem Kapitel werden zunächst generische Eigenschaften von Textverarbeitungssystemen betrachtet. Insbesondere wird nach einem kurzen Rückblick der Einsatz moderner Beschreibungssprachen (SGML, XML, HTML) motiviert und beispielhaft erklärt.

Anschließend wird an Hand typischer Aufgabenstellungen, die beim Schreiben dieses Buchs auftraten, die grundlegende Funktionalität von MS Word erläutert. In diesem Zusammenhang wird auch kurz auf MS Powerpoint eingegangen.

Schließlich wird noch die Erstellung einer einfachen Homepage behandelt.

4.1 Historische Entwicklung

4.1.1 Unterschiedliche Systeme

Ursprünglich bestanden Textdateien aus einer Folge von Zeichen, die den eigentlichen Text und Steuerzeichen für das Format, in dem Textteile erscheinen sollten, enthielten. Es wurden im wesentlichen zwei Arten von Textverarbeitungssystemen (TS) unterschieden. Einerseits handelte es sich um *WYSIWYG*[4]-Systeme, zu denen auch MS Word gehört. Ihr großer Vorteil besteht darin, daß der Anwender bei der Bearbeitung der Textdatei im *Editor* sofort das aktuelle Erscheinungsbild des Dokuments auf dem Bildschirm sehen kann. Andererseits sind Systeme wie T_EX oder LAT_EX zu nennen. Bei ihnen wurde mit einem einfachen Editor (z.B. den in jeder Windows-Installation unter *Zubehör* mitgelieferten Produkten *Editor* oder *WordPad*) zunächst eine Beschreibung der Textdatei mittels einer *Auszeichnungssprache* (*Markup Language*) erzeugt, vgl. Abb. 14. Diese konnte dann in eine

---

[4] What you see is what you get

Interndarstellung überführt werden („Texen"), siehe Abb. 15, mit deren Hilfe schließlich das Bild des Dokuments in einem *Viewer,* vgl. **Abb. 16** erzeugt wurde.

```
\begin{document}

\title{Beispiele zu \LaTeX}
\author{Bernd-Jürgen Falkowski}
\date{Version vom \today}

\maketitle{}

Die Markup-Sprache \LaTeX\ eignet sich besonders
für \emph{wissenschaftliche Texte} mit Formeln, Zitaten, Fußnoten
etc. Den Umbruch erledigt das \LaTeX -System \glqq automatisch\grqq .
Auch Bilder lassen sich einfügen:

{\begin{figure}
   \centering
   \includegraphics[width=6cm]{PC-Bild.eps}
\end{figure}

Nun als Beispiel einer Formel den \textbf{Satz von Pythagoras}:
$$a^2 = b^2 + c^2$$


\end{document}
```

Abb. 14: T$_E$X-Dokumentenbeschreibung

Abb. 15: T$_E$X-Dokument (Interndarstellung)

Abb. 16: T_EX Dokument im Viewer

4.1.2 Behandlung von Objekten

Mit steigenden Qualitätsanforderungen mußten auch andere Objekte, wie Grafiken, Zeichnungen, Tabellen und Diagramme etc. in den Text aufgenommen werden (in **Abb. 16** ist ja auch bereits eine Grafik enthalten). Der Begriff Objekt ist hier im Sinn objektorientierter Oberflächen zu verstehen. Folglich verfügen die Objekte (die in Klassen gleichartiger Exemplare aufgeteilt sind) über eigene *Methoden*, die nach Auswahl per Menü zur Ausführung gebracht werden können, vgl etwa, Abb. 17 für verschiedene Methoden (Menü Unterpunkte von *Zellen einfügen*) eines Exemplars der Klasse Tabelle bei MS Word.

Abb. 17: Methoden der Klasse Tabelle

Darüber hinaus sind ihnen *Eigenschaften* zugeordnet (man denke hier beispielsweise an die Koordinaten einer Fensterecke). Diese Objekte können nun entweder
unmittelbar in ein Dokument eingebettet sein (*embedding*) oder über Adressver-
weise eingebunden werden (*linking*). Im ersteren Fall können sie auch in komfor-
tabler Weise (durch Nutzung der Maus) im Dokument nachbearbeitet werden, was
etwa bei T$_E$X nicht ohne weiteres möglich ist. Leider werden Dokumente, die
diese Technik (in der Microsoft Welt als *Object linking and embedding (OLE)*
bezeichnet) nutzen, häufig in Dateien gespeichert, die komplizierte proprietäre
Strukturen aufweisen. Dadurch wird ein Austausch solcher Dateien zwischen
Systemen verschiedener Hersteller stark erschwert.

Zur Vermeidung der resultierenden Probleme greift man im wesentlichen auf die
bereits bei T$_E$X benutzten Methoden zurück. Seit 1988 besteht nämlich der ISO-
Standard *Information Processing – Text and Office Systems – Standard Generalized Markup Language (SGML)* [ISO88], in dem Regeln für die Konstruktion von
Dokumentenbeschreibungssprachen festgelegt sind.

Dieser Standard führte weiter zur Entwicklung von *HTML* und *XML*.

4.2   Motivation von Beschreibungssprachen

Zunächst war der Einsatz von Markup Languages, wie z.B. bei T_EX, dadurch motiviert, daß die resultierenden Dateien leicht portiert werden können. Aus der Beschreibung (Quelle, siehe auch Abb. 14) wird nämlich ein dvi file (*device independent file,* vgl. Abb. 15) generiert. Diese Interndarstellung ist noch proprietär. Aus ihr kann jedoch durch Nutzung von DVI-Treibern der jeweiligen Drucker das fertige Dokument erzeugt werden. Alternativ hierzu kann auch durch spezielle Software (DVIPS) ein Postscript File generiert werden Dadurch konnten die Konvertierungsprobleme (zumindest in der Theorie) weitgehend gelöst werden, was manchem Sofwarehersteller aus offensichtlichen Gründen möglicherweise gar nicht angenehm war. Als Nachteil war jedoch noch zu vermerken, daß sich die Beschreibungen weitgehend auf die Form des Dokuments bezogen und daß, wo Beschreibungen des Inhalts vorlagen, diese mit solchen der Form vermischt wurden.

In einem WYSIWYG System wie MS Word dagegen wird über das Menü direkt die Interndarstellung manipuliert, die der Anwender jedoch üblicherweise nicht zu Gesicht bekommt. Man vergleiche hierzu auch einen Ausschnitt aus einer Word Datei (Original WYSIWYG Bild in Abb. 18), die nicht mit dem Word Editor sondern mit dem erwähnten Zubehör Editor betrachtet wird (Abb. 19). Word Dateien sind jedoch nicht in einem leicht zu portierenden Format gespeichert.

Abb. 18: Word Datei im Editor

Abb. 19: Word Datei im Zubehör Editor

Als eine Weiterführung und Verbesserung des in T_EX verfolgten Ansatzes kann das aus SGML entwickelte XML gesehen werden. Mit XML kann nicht nur die Formatierung des Dokuments, sondern auch sein Inhalt beschrieben werden, was insbesondere unter *Information Retrieval* Aspekten von Bedeutung ist. Es kann sogar eine vollständige Trennung der Beschreibung von Form und Inhalt erreicht werden, indem man die Formatierung über *Style Sheets* abwickelt. Man denke hierbei auch an den in der Programmierung ganz allgemein gültigen Grundsatz, daß Applikation und Oberfläche getrennt werden sollten, um etwaige Änderungen zu vereinfachen. Im Einklang damit erlauben Style Sheets im Kontext der Textverarbeitung mühelose Änderungen der Formatierung gleichartiger Textbausteine.

Der Nachteil, den Beschreibungssprachen ursprünglich hatten (vergleiche hierzu alte T_EX Versionen), nämlich, daß zunächst „programmiert" werden mußte und man erst nach der Übersetzung der Quelle die druckfertige Version des Textes sehen konnte, kann heute durch die Nutzung einer WYSIWYG Schnittstelle vermieden werden. So hat also eine Verschmelzung der beiden ursprünglichen Ansätze (vgl. 4.1.1) stattgefunden.

4.3　Grammatiken

Der für die Beschreibungssprachen grundlegende Grammatikbegriff soll in diesem Abschnitt weitgehend informell an einem Beispiel erläutert werden.

Die folgende Visitenkarte (Abb. 20) wurde mit dem Textverarbeitungssystem MS Word erzeugt:

HTS HighTech Solutions

Dr.-Ing. Hans-Werner Heiden

-Abteilungsleiter Vertrieb-

Am Wiesenweg 12

D 18435 Stralsund

Tel.: +49 (0) 3831-555666

Fax: +49 (0) 3831-555777

Handy: 0173-1909988

Abb. 20: Visitenkarte mit Word erzeugt

Ein erster Versuch eine solche Visitenkarte formal zu beschreiben, könnte wie folgt verlaufen.

VISITENKARTE: FIRMA LZF PERSON LZF [FUNKTION LZF] [AD-RESSE LZF] KONTAKTE

Der Doppelpunkt bedeutet: „besteht aus".

LZF bedeutet: Leerzeichenfolge mit mindestens 2*n (n>0) Leerzeichen (lz)

Die anderen in Großbuchstaben beschriebenen Elemente (rechts vom Doppelpunkt) sind Strukturelemente der Visitenkarte, die, wie LZF, jedoch noch weiter erklärt werden müssen (*Nichtterminale*).

Wahrscheinlich ist die Angabe der Funktion einer Person, wie auch der Adresse auf der Karte optional, deshalb wurden beide in eckige Klammern gesetzt. Ähnliches gilt für Titel etc., s.u.

FIRMA: AKRONYM LZF FIRMENNAME

PERSON: [AKADEMISCHER_TITEL LZF] NAME

ADRESSE: [STRASSE LZF] [LAND lz] PLZ LZF ORT

KONTAKTE: KONTAKT_PAAR [LZF KONTAKTE]

(wenigstens ein Kontaktpaar muß angegeben werden)

KONTAKT_PAAR: KONTAKT_TYP:KONTAKT_NUMMER.

(im folgenden steht ANF für alphanumerische Zeichenfolge, während TEXT1(2) Zeichenfolgen mit unten definierten Zeichen anzeigen)

AKRONYM: ANF

FIRMENNAME: ANF

NAME: TEXT1

FUNKTION: TEXT1

AKADEMISCHER_TITEL: TEXT1

LAND: D

PLZ: ZI ZI ZI ZI ZI

ORT: TEXT1

STRASSE: TEXT1

KONTAKT_TYP: TEXT1

KONTAKT_NUMMER: TEXT2.

(jetzt werden insbesondere LZF, ANF, TEXT1 und TEXT2 auf terminale Zeichen
zurückgeführt)

LZF: lz lz [LZF]

TEXT1:   Z1 [TEXT1]

TEXT2:   Z2 [TEXT2]

ANF: AZ [ANF]

AZ: ZI | BU | lz

Z1:   BU | - | . | lz

Z2:   ZI | + | - | (|) | . | lz

ZI: 0 | 1 | 2 | ... | 9

BU: a | b | c| ... | z | A | B | C | .... | Z

Der Leser sollte keine Mühe haben, zu verifizieren, daß mittels der oben beschriebenen Grammatik auch die in Abb. 21 erscheinende Visitenkarte erzeugt werden
kann, indem ausgehend vom Nichtterminal VISITENKARTE wiederholt Nich-
terminale durch Nichtterminale oder Terminale gemäß den angegebenen Regeln
ersetzt werden, bis die Zeichenkette ausschließlich aus terminalen Zeichen besteht
(wenn man vom Format der Zeichen absieht).

BioTransform GmbH
Angela Mertens

D 88045 Friedrichshafen

Tel.: +49 (0) 7541-555777

Handy: 0171-1907788

Abb. 21: Visitenkarte durch Grammatik erzeugt

Allerdings könnte auch ebenso gut die in Abb. 22 dargestellte Visitenkarte mit den Regeln der Grammatik erzeugt werden:

```
BioTransform GmbH  Angela Mertens  D 88045  Fried-
richshafen  Tel.:+49 (0) 7541-555777  Handy:0171-
1907788
```

Abb. 22: Visitenkarte durch Grammatik erzeugt

Da aus der terminalen Zeichenkette, die die Visitenkarte darstellt, keinerlei Strukturinformation mehr entnommen werden kann (beispielsweise kann ja nicht einmal festgestellt werden, welche Teilzeichenkette denn nun der Name ist, da das entsprechende nichtterminale Zeichen ja nicht mehr auftaucht), wird durch diese einfache Grammatik leider nur die äußere Form der Karte (und dies auch noch in höchst unzureichender Weise) beschrieben. Auch die künstliche Trennung von Strukturelementen durch Folgen von mindestens zwei Leerzeichen kann nicht zufriedenstellen. Allerdings könnten etwa verschiedene Alphabete und Schriftgrößen benutzt werden, um eine gewünschte Formatierung zu erreichen. Diese Vermischung von Formatierung und einer Art inhaltlicher Kennzeichnung ist jedoch, wie oben bereits ausgeführt, ebenfalls nicht wünschenswert.

4.4 SGML

Die *Standard Generalized Markup Language (SGML)* liefert einen Standard, nach dem Dokumentenbeschreibungssprachen entwickelt werden sollten, um Dokumente, wie oben angedeutet, formal und inhaltlich angemessen beschreiben zu können und dadurch den Dokumentenaustausch zu erleichtern.

4.4.1   Dokumentenstruktur und Edieren von Dokumenten

Die Grammatik einer Klasse von Dokumenten wird in SGML *Document Type Definition (DTD)* genannt. Die rechte Seite einer Regel trägt die Bezeichnung *Content Model*. Die Regeln werden in SGML ein wenig anders als oben angegeben formuliert. Außerdem werden die einzelnen Strukturelemente mit sogenanntem *Markup*[5] versehen, um verschiedene Strukturelemente voneinander abzugrenzen und so die Strukturinformation zu erhalten. Ein Strukturelement wird dabei durch zwei Bezeichner eingeklammert, z.B.

> <name>*Gabriele Hofmann*</name>.

Ein Textverarbeitungssystem, dem die Regeln der zugehörigen Grammatik bekannt sind, kann daher feststellen, welche Art Element zwischen den „Klammern", englisch *tags*[6] genannt, steht. In SGML besteht die Möglichkeit, ein Element am Anfang (z.B. <*body*>) und am Ende (z.B. </*body*>) oder nur am Anfang mit einem Tag zu versehen. Die rechte „Klammer" würde im letzteren Fall vom Tag des nächsten Elements ersetzt, d.h., das Strukturelement erstreckt sich bis zum Erscheinen irgendeines nächsten Tags.

Steht das Zeichen „—" für ‚Tag muss gesetzt werden' und „*O*" für ‚Tag kann gesetzt werden', dann kann beispielsweise die Regel in der obigen Grammatik der Klasse VISITENKARTE

> NAME: TEXT1.

nach SGML durch die Regel

> <!*ELEMENT name*   — *O*   (*#text*)   >

ersetzt werden. Man beachte auch, daß die verschiedenen Formen des Textes wegen der Strukturinformation nicht mehr unterschieden werden müssen.

Ein nach dieser Regel formulierter Name wäre dann beispielsweise durch

> <name>*Hans-Werner Heiden*

gegeben.

Aus der Regel der Klasse VISITENKARTE

ADRESSE: [STRASSE LZF] [LAND LZF] PLZ LZF ORT

wird

> <!*ELEMENT adresse*   — —   (*strasse?, land?, plz, ort*)   >

---

[5]   engl.: markup; dt.: sinngemäß „markieren", hier etwa: „mit Zusatzinformationen zur Semantik der Strukturelemente versehen"

[6]   etwa: "Schildchen"

Aus [LAND LZF] wird beispielsweise *land?* , mit derselben Bedeutung.

„*" bedeutet in SGML eine Wiederholgruppe mit beliebig vielen Wiederholungen, also auch 0 Wiederholungen.

„+" bedeutet in SGML eine Wiederholgruppe mit mindestens einer Wiederholung.

Die Grammatik der Klasse VISITENKARTE in SGML, wie oben beschrieben, umgesetzt, ergibt die (etwas vereinfachte) SGML-Grammatik für den Dokumententyp *visitenkarte*.

Auf eine detailierte Darstellung wird hier verzichtet, da unten noch die in diesem Fall ganz ähnliche DTD für XML (sie beinhaltet nur einige zusätzliche Tags, die in XML, wie oben ausgeführt, nicht unterdrückt werden dürfen) präsentiert wird.

4.4.2   Speichern von Dokumenten

In eine Textdatei gespeichert, ergibt sich wieder eine Folge von Zeichen, die aber durch das Markup des Textes, nämlich die eingefügten Tags, für ein TS zur Verarbeitung von Dokumenten des Typs (oder der Klasse*)* *visitenkarte* eines beliebigen Herstellers eindeutig interpretierbar wird, vgl Abb. 23.

```
<visitenkarte><firma><akronym>HTS<firmenname>HighTech Soluti
ons</firma><person><akademischer_titel>Dr.-Ing.<name>Hans-Werner
Heiden</pe
rson><funktion>-Abteilungsleiter Vertrieb-<adresse><strasse>Am Wi
esenweg 12<land>D<plz>18435<ort>Stralsund</adresse><kontakte><ko
ntakt_paar><kontakt_typ>Tel.:<kontakt_nummer>+49 (0) 3831-
55566</kontakt_paar><kontakt_paar><kontakt_typ>
Fax:<kontakt_nummer>+49 (0) 3831-
555777</kontakt_paar><kontakt_paar><kontakt_typ> Han
dy:<kontakt_nummer>0173-1909988</kontakt_paar></konta
kte></visitenkarte>
```

Abb. 23: Beschreibung einer Visitenkarte (SGML)

4.5   XML

XML steht für *eXtensible Markup Language*. Die Sprache XML wurde, 1996 beginnend, als eine einfachere und flexiblere Version (echte Teilmenge) von

SGML entwickelt. Ihre Version 1.0 wurde als *W3C*[7] Empfehlung 1998 herausgegeben.

XML dient der Beschreibung der Dokumentenstruktur und der zugehörigen Textdaten. Das Erscheinungsbild eines Dokuments wird mit Style Sheets erzeugt, die unabhängig von der Dokumentenstruktur und den Textdaten aufgebaut werden.

4.5.1   Grammatik der Klasse *Visitenkarte*

XML wird am Beispiel des Exemplars einer Visitenkarte erläutert. Es wird wieder die Visitenkarte Heiden der Abb. 20 verwendet. Die Grammatik der Klasse Visitenkarte in XML umgesetzt ergibt die DTD für den Dokumententyp *visitenkarte*. Dabei wurde aus Formatierungsgründen noch das Nichtterminal *ortschaft* zusätzlich eingeführt

Beispiel (DTD der Klasse *visitenkarte*):

```
<!DOCTYPE visitenkarte [

<!ELEMENT visitenkarte (firma, person, funktion?, adresse?, kontakte)>

<!ELEMENT firma (akronym, firmenname)>

<!ELEMENT person (akademischer_titel?, name)>

<!ELEMENT adresse (strasse?,ortschaft)>

<!ELEMENT ortschaft (land?, plz, ort)>

<!ELEMENT kontakte kontakt_paar+>

<!ELEMENT kontakt_paar (kontakt_typ, kontakt_nummer) >

<!ELEMENT kontakt_typ (#text)>

<!ELEMENT kontakt_nummer (#text)>

<!ELEMENT akronym (#text)>

<!ELEMENT firmenname (#text)>

<!ELEMENT name (#text)>

<!ELEMENT akademischer_titel (#text)>

<!ELEMENT land (#text)>

<!ELEMENT plz (#text)>
```

---

[7]   W3C: World Wide Web Consortium

```
<!ELEMENT ort (#text)>
<!ELEMENT strasse (#text)  >
]
```

Als Exemplar dieser Klasse werde die Visitenkarte der Abb. 20 dargestellt:

Beispiel (XML-Dokument Visitenkarte):

```
<?xml-stylesheet href="visitenkarte_style.css" type="text/css" ?>
<visitenkarte>
        <firma>
                <akronym>HTS</akronym>
                <firmenname>HighTech Solutions</firmenname>
        </firma>
        <person>
                <akademischer_titel>Dr.-Ing.</akademischer_titel>
                <name>Hans-Werner Heiden</name>
        </person>
        <funktion>-Abteilungsleiter Vertrieb-</funktion>
        <adresse>
                <strasse>Am Wiesenweg 12</strasse>
                <ortschaft>
                <land>D </land><plz>18435 </plz><ort>Stralsund</ort>
                </ortschaft>
        </adresse>
        <kontakte>
                <kontakt_paar>
                        <kontakt_typ>Tel.:</kontakt_typ>
                        <kontakt_nummer>
                        +49 (0) 3831-555666</kontakt_nummer>
```

</kontakt_paar>

<kontakt_paar>

<kontakt_typ> Fax: </kontakt_typ>

<kontakt_nummer>

+49 (0) 3831-555777</kontakt_nummer>

</kontakt_paar>

<kontakt_paar>

<kontakt_typ> Handy: </kontakt_typ>

<kontakt_nummer>0173-1909988</kontakt_nummer>

</kontakt_paar>

</kontakte>

</visitenkarte>

Die erste Zeile des Dokuments enthält die Zuordnung des zugehörigen Style Sheet Files visitenkarte_style.css zum XML-Dokument und den Hinweis, dass es sich um ein *CSS Style Sheet File*, vgl. [Håk], handelt.

4.5.2   Visualisieren und Formatieren von Dokumenten

Im Beispiel (XML-Dokument Visitenkarte) ist keine Information zur Visualisierung der Visitenkarte enthalten. Die Visualisierung ist auch nicht Bestandteil des als Datei gespeicherten Dokuments, sondern eine Leistung des zugehörigen Style Sheets. Als Beispiel wird hier zunächst ein CSS Style Sheet eingeführt, das Positionierung, Art, Farbe und Größe der Schrift, Hintergrundfarbe etc. festlegt. Einzelheiten sind dem folgenden Beispiel zu entnehmen.

Beispiel (Style Sheet File zum XML-Dokument Visitenkarte):

```
/*-------------------------------------------------------------*/

visitenkarte {display: block}

firma {display: block}

person {display: block}

funktion {display: block}

strasse {display: block}

kontakt_paar {display: block}
```

ortschaft {display: block}

/--*/*

visitenkarte   {font-family: Times, Garamont;

*   font-style: normal; background: yellow;*

*   color: black; padding: 1em}*

firma {color: red}

akronym { color: blue; font-size: 3em; font-weight: bold}

firmenname{font-size: 2em}

person {font-size: 1.5em; font-weight: bold}

akademischer_titel {margin-left: 2em}

funktion {margin-left: 5em; font-size: 1.2em; font-weight: normal}

adresse {font-size: 1em; font-weight: normal}

strasse {margin-top: 1em}

ortschaft {margin-bottom: 1em; font-weight: bold}

kontakte {font-size: 1em; font-weight: normal}

Die Visualisierung des XML Dokuments mit CSS Style Sheet unter Einsatz des *Netscape Navigators 6.1* ist in Abb. 24 wiedergegeben.

Abb. 24: Visualisierung der Visitenkarte mit CSS Style Sheet

4.6   HTML

HTML (*Hypertext Markup Language*) ist eine *Dokumentenbeschreibungssprache*, die zum Verfassen von Internetseiten dient. Sie wird durch eine DTD zu SGML erzeugt.

Hypertext ist ein Begriff für Dokumente mit *nichtlinearer* (*nicht sequentieller*) *Struktur*, die Querverweise (sogenannte *Hyperlinks* oder kurz *Links*) enthalten. Links verbinden eine *Quelle* (markierte Stelle in einem Dokument) mit einem *Ziel* (Bild, Wort, Grafik oder ein anderes Element auf einer *Web-Site*[8]). Per Mausklick auf die Stelle wird die Verbindung zur Ziel-Web-Site hergestellt, die dann auf dem Bildschirm erscheint. Über Links angesteuerte Sites können auf dem gleichen Server oder auf einem weit entfernten Rechner liegen.

Bei HTML handelt sich wieder um eine Markup Language, mit der u.a. die Rolle von Elementen im Dokument beschrieben wird. Typische Beispiele für solche Beschreibungen sind etwa:

- Ein Textstück ist eine Überschrift auf oberster Ebene.

- Ein Textstück ist eine Überschrift auf untergeordneter Ebene.

- Ein Textstück ist eine normale Textzeile.

Im Unterschied zu sequentiell aufgebauten Textdokumenten ermöglicht es HTML, Dokumente über Links mit einer Netzstruktur zu versehen. Durch Klicken auf eingebaute Links des Quelldokuments wird der Leser direkt zur Zielstelle (dieses oder möglicherweise eines ganz anderen, physisch weit entfernten Dokuments) geführt. Bei HTML handelt es sich um einen Sprachansatz zum Verfassen von Dokumenten, die über einen *Internet-Browser*[9] eines beliebigen Herstellers auf dem Bildschirm eines Interessenten sichtbar gemacht werden sollen. Im Hintergrund steht demnach wieder der Wunsch nach einem problemlosen Austausch von Dokumenten über das Internet auf der Basis einer standardisierten Dokumentenbeschreibungssprache.

In HTML beschriebene Dokumente zielen aber in erster Linie darauf ab, das Erscheinungsbild eines Dokuments zu dokumentieren, und nicht etwa darauf, inhaltliche Strukturelemente identifizierbar zu machen.

Die HTML-Sprache soll hier nicht detailliert eingeführt werden. Für Interessenten sei z.B. auf [selfht] verwiesen. Das Beispiel einer Visitenkarte in Abb. 20 als HTML-Datei für das Internet verfasst, hätte folgende sprachliche Ausprägung (Exemplar der Klasse HTML-Dokument).

---

[8]   engl.: Web-Site; dt. etwa Seite im World Wide Web

[9]   Browser: Suchprogramm zum Durchsuchen von Internet-Dokumentenbeständen; von engl browse: dt. etwa im übertragenen Sinn „abgrasen" , „durchforsten", „suchen"

Beispiel (Exemplar einer Visitenkarte als HTML-Dokument):

```
<html>
<head>
    <meta name="Author" content="Martha Mühlbauer">
    <title>Visitenkarte Heiden</title>
</head>
<body>

<h1>  HTS <font size=+2>HighTech Solutions</font></h1>
<h2>Dr.-Ing. Hans-Werner Heiden</h2>
<h3>
          
-Abteilungsleiter Vertrieb-
</h3>
Am Wiesenweg 12
<br><b>D 18435 Stralsund</b>
<pre>
Tel.: +49 (0) 3831-555666
Fax: : +49 (0) 3831-555777
Handy: 0173-1909988
</pre>
</body>
</html>
```

Auch hier werden tags verwendet, um Elemente des Dokuments abzugrenzen und ihnen ggfs. Rollen im Dokument zuzuweisen. Einige sollen erläutert werden:

Tags	Erläuterung
<html> ...</html>	Klammerung des ganzen Dokuments
<head> ... </head>	Verwaltungsangaben, auf die Suchmaschinen Bezug nehmen können
<body> ... </body>	Klammerung des eigentlichen Textes des Dokuments
<b> ... </b>	fett
* *	neue Zeile
<h1> ... <h3>	header (Überschrift) verschiedener Ebenen
<font size=+2>HighTech Solutions</font>	Formatangaben für den angegebenen Text, abweichend vom Format von <h1>
<pre> ... </pre>	preformatted, d.h., formatiert, wie im Quelltext angegeben.
* *	Codierung des Leerzeichens

Die tags geben aber offenbar keine Hinweise auf die Funktion eines Strukturelements im Sinne einer inhaltlich motivierten Dokumentenstruktur.

Ein Recherchesystem oder eine Suchmaschine hätte somit keine Anhaltspunkte dafür festzustellen, welche Firma in diesem Dokument enthalten ist oder wie die Person heißt, die dem Dokument zugeordnet ist. Eine Suchmaschine, die eine Volltextsuche nach der Zeichenkette „*HighTech Solutions*" durchführt, würde in diesem Dokment zwar fündig, könnte aber diese Zeichenkette nicht inhaltlich interpretieren.

Hinzu kommt, daß auch Formatierungsanweisungen im HTML-Dokument auftauchen.

Der eigentliche Zweck von HTML-Dokumenten, nämlich Hyperlinks einfügen zu können, soll hier wenigstens im Ansatz demonstriert werden. Die *URL*[10] der angegebenen Firma soll in die Internet-Visitenkarte mit aufgenommen werden. Aus der Überschrift <h1> wird dann:

---

[10] URL: Uniform Resource Locator (Adresse im World Wide Web)

```
<h1> 
<A HREF="http://HighTech-Solutions.de/index.html">HTS</A>
<font size=+2>HighTech Solutions</font>
</h1>
```

Dem Text „HTS" ist nun die URL-Adresse

http://HighTech-Solutions.de/index.html

zugeordnet. Bei Doppelklick auf HTS wird die Anfangsseite (index.html) dieser Adresse angezeigt.

Die Visualisierung dieses Dokuments im Netscape Navigator hätte folgendes Ergebnis:

Abb. 25: Dokument im Netscape Navigator (links ohne, rechts mit Hyperlink)

Man sieht am HTML-Dokument der Visitenkarte, dass schon wenig komplexe Internetseiten nur unter Mühen mit einem einfachen Editor zu erstellen sind. Allerdings gibt es WYSIWYG-Werkzeuge, wie Netscape Composer oder MS Front Page, die das Verfassen und Edieren unterstützen und zum Schluß das fertige HTML-Dokument liefern. Auch MS Word kann das Verfassen von HTML-Dokumenten unterstützen. Dabei ist jedoch zu beachten, daß das so erzeugte HTML-Dokument Formatierungsanweisungen enthält.

4.7   Von XML zu HTML

Wesentlich besser als das oben beschriebene Vorgehen zum Erzeugen eines HTML-Dokuments ist natürlich eine Trennung von Form und Inhalt, sowie eine inhaltliche Beschreibung des HTML-Dokuments. Dies kann beispielsweise erreicht werden durch Verwendung eines XML-Dokuments, das dann mittels XSLT (Teil von XSL) durch ein entsprechendes Style Sheet formatiert und in ein HTML-Dokument überführt wird, vgl. die entsprechenden Beispiele (das HTML-Dokument im Beispiel unten wurde mit dem UNICORN XSLT Processor, version 1.03.00 erstellt). Nach Betrachtung des Ergebnisses im Browser, vgl. Abb. 26, sollte der Inhalt des Style Sheets, trotz seines Umfangs, weitgehend selbsterkärend sein.

Bemerkenswert erscheint jedenfalls, daß XSL Style Sheets äußerst flexibel einsetzbar sind: Im Beispiel konnte die Entstehung der Visitenkarte mittels des Style Sheets im Browser visualisiert werden. Dabei wurde der Übersichtlichkeit wegen auf weitere Formatierungen, die natürlich möglich sind, verzichtet.

Beispiel (XSL Style Sheet):

```xml
<?xml version="1.0"?>
<xsl:stylesheet
 xmlns:xsl="http://www.w3.org/1999/XSL/Transform"
 version="1.0">
  <xsl:template match="/">
    <HTML>
      <BODY>
        <xsl:apply-templates/>
      </BODY>
    </HTML>
  </xsl:template>
  <xsl:template match="visitenkarte">
      <b>Ich befinde mich an der Stelle visitenkarte.
        Bearbeite jetzt ihre Teile.</b><br/>
      <xsl:apply-templates/>
  </xsl:template>
```

```
<xsl:template match="firma">
    <b>Ich stehe bei firma.
       Bearbeite jetzt ihre Teile.</b><br/>
    <xsl:apply-templates/>
</xsl:template>
<xsl:template match="akronym">
    <b> Es folgt das akronym:</b><br/>
    <xsl:apply-templates/>
    <br/>
</xsl:template>
<xsl:template match="firmenname">
    <b> Jetzt kommt der firmenname:</b><br/>
    <xsl:apply-templates/>
    <br/>
</xsl:template>
 <xsl:template match="person">
    <b>Ich stehe bei person.
       Bearbeite jetzt ihre Teile.</b><br/>
    <xsl:apply-templates/>
</xsl:template>
<xsl:template match="akademischer_titel">
    <b> Es folgt akademischer_titel:</b><br/>
    <xsl:apply-templates/>
    <br/>
</xsl:template>
<xsl:template match="name">
    <b> Es folgt name:</b><br/>
    <xsl:apply-templates/>
    <br/>
</xsl:template>
```

```
<xsl:template match="funktion">
        <b> Es folgt funktion:</b><br/>
        <xsl:apply-templates/>
        <br/>
    </xsl:template>
<xsl:template match="adressse">
        <b>Ich stehe bei adresse.
           Bearbeite jetzt ihre Teile.</b><br/>
        <xsl:apply-templates/>
    </xsl:template>
<xsl:template match="strasse">
        <b> Es folgt strasse:</b><br/>
        <xsl:apply-templates/>
        <br/>
    </xsl:template>
<xsl:template match="ortschaft">
        <b> Es folgen die Teile von ortschaft:</b><br/>
        <xsl:apply-templates/>
        <br/>
    </xsl:template>
<xsl:template match="land">
        <b> Es folgt land:</b><br/>
        <xsl:apply-templates/>
        <br/>
    </xsl:template>
<xsl:template match="plz">
        <b> Es folgt plz:</b><br/>
        <xsl:apply-templates/>
        <br/>
    </xsl:template>
```

```
<xsl:template match="ort">
        <b> Es folgt ort:</b><br/>
        <xsl:apply-templates/>
        <br/>
   </xsl:template>
<xsl:template match="kontakte">
        <b>Ich stehe bei kontakte.
          Bearbeite jetzt ihre Teile.</b><br/>
        <xsl:apply-templates/>
   </xsl:template>
  <xsl:template match="kontakt_paar">
        <b>Ich stehe bei kontakt_paar.
          Bearbeite jetzt seine Teile.</b><br/>
        <xsl:apply-templates/>
   </xsl:template>
<xsl:template match="kontakt_typ">
        <b> Es folgt kontakt_typ:</b><br/>
        <xsl:apply-templates/>
        <br/>
   </xsl:template>
<xsl:template match="kontakt_nummer">
        <b> Es folgt kontakt_nummer:</b><br/>
        <xsl:apply-templates/>
        <br/>
   </xsl:template>
   <xsl:template match="text()">
     <xsl:value-of select="."/>
   </xsl:template>
</xsl:stylesheet>
```

Beispiel (HTML-Dokument Visitenkarte):

<HTML><BODY><b>Ich befinde mich an der Stelle visitenkarte.

Bearbeite jetzt ihre Teile.</b>

<b>Ich stehe bei firma.

Bearbeite jetzt ihre Teile.</b>

<b> Es folgt das akronym:</b>
HTS

<b> Jetzt kommt der firmenname:</b>

HighTech Solutions

<b>Ich stehe bei person.

Bearbeite jetzt ihre Teile.</b>

<b> Es folgt akademischer_titel:</b>
Dr.-Ing.

<b> Es folgt name:</b>
Hans-Werner Heiden

<b> Es folgt funktion:</b>
-Abteilungsleiter Vertrieb-

<b> Es folgt strasse:</b>
Am Wiesenweg 12

<b> Es folgen die Teile von ortschaft:</b>

<b> Es folgt land:</b>
D

<b> Es folgt plz:</b>
18435

<b> Es folgt ort:</b>
Stralsund

<b>Ich stehe bei kontakte.

Bearbeite jetzt ihre Teile.</b>

<b>Ich stehe bei kontakt_paar.

Bearbeite jetzt seine Teile.</b>

<b> Es folgt kontakt_typ:</b>
Tel.:

<b> Es folgt kontakt_nummer:</b>

+49 (0) 3831-555666

<b>Ich stehe bei kontakt_paar.

Bearbeite jetzt seine Teile.</b>

<b> Es folgt kontakt_typ:</b>
 Fax:

<b> Es folgt kontakt_nummer:</b>

+49 (0) 3831-555777

<b>Ich stehe bei kontakt_paar.

Bearbeite jetzt seine Teile.</b>

<b> Es folgt kontakt_typ:</b>
 Handy:

<b> Es folgt kontakt_nummer:</b>
0173-1909988

</BODY></HTML>

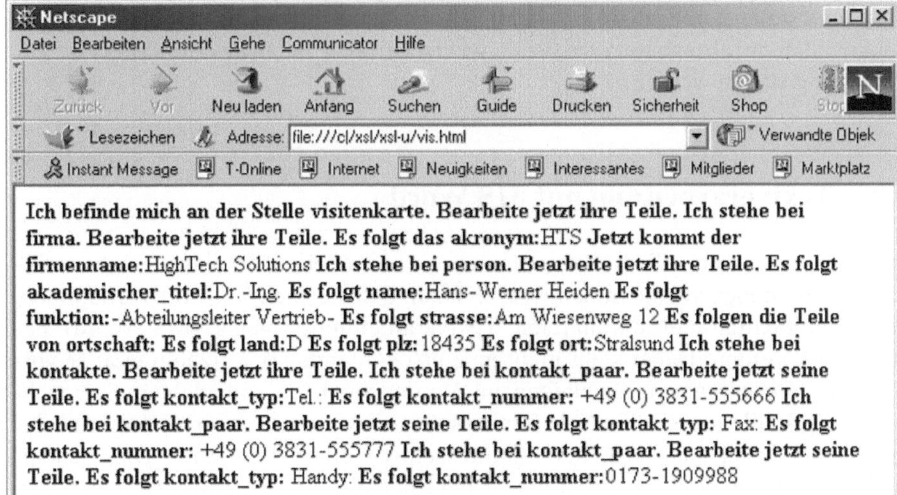

Abb. 26: Visualisierung des HTML-Dokuments Visitenkarte im Browser

4.8   Betriebswirtschaftliche Überlegungen

Leider wird im kommerziellen Bereich immer noch kein Textverarbeitungssystem
angeboten, das allen Anforderungen, die sich aus den eben angestellten Betrachtungen ergeben, entspricht. In einer modernen Büroumgebung wird jedoch meist
MS Word genutzt. Diese Tatsache ist wohl weniger auf die Qualität des Produkts
als vielmehr darauf zurückzuführen, daß die Firma Microsoft auf diesem Gebiet,
warum auch immer, Marktführer ist: Beispielsweise waren bei der Erstellung
dieses Buches bei großen Dateien wiederholt Abstürze zu verzeichnen. Hinzu
kommt, daß das System ständig verändert und damit leider häufig auch ver-
schlechtert wird, wie die aktuellen Default-Einstellungen in drastischer Weise
belegen.

Greift man aber etwa auf T_EX zurück, was im wissenschaftlichen Bereich durchaus sinnvoll wäre, so ist gut qualifiziertes Personal für dieses System nur schwer
zu finden. Hinzu kommt, daß die Einbindung von Grafiken nicht so komfortabel
vorgenommen werden kann, wie etwa bei MS Word. Als Konsequenz ergibt sich,
daß der Anwender jedenfalls eine Entscheidung treffen muß, die seine individuellen Bedürfnisse am besten befriedigt. Allgemeingültige Empfehlungen lassen sich
gegenwärtig kaum abgeben.

Mittel- langfristig zeichnet sich jedoch ab, daß an einer Markup-Sprache, wie
XML, wohl kein Weg vorbeiführen wird. Die Vorteile bei der Archivierung (oder
genauer beim Information Retrieval), wie auch die Möglichkeiten zur systematischen Änderung durch Trennung von Form und Inhalt dürften die Nachteile der
aufwendigen Erstellung der Dokumente doch aufwiegen. Für Unternehmen aller
Art ist natürlich auch der mühelose Dokumentenaustausch zwischen TS verschiedenster Art von großer Bedeutung, da ansonsten Abhängigkeiten von einzelnen
Systemherstellern mit unvorhersehbaren Konsequenzen entstehen könnten. Hinzu
kommt, daß in absehbarer Zeit sehr wahrscheinlich auch bessere Editoren zur
Verfügung stehen werden.

4.9   Textverarbeitung mit MS Word

In diesem Abschnitt soll an Aufgaben, wie sie beim Schreiben dieses Buchs anfie-
len und von denen angenommen werden kann, daß sie auch sonst oft vorkommen,
die Funktionalität eines konkreten Textverarbeitungssystems (MS Word) demonstriert werden. Dabei steht nicht eine erschöpfende (!) Aufzählung aller vorhandenen Gestaltungsmöglichkeiten im Vordergrund. Es soll vielmehr versucht
werden, grundlegende Eigenschaften des Systems soweit zu erläutern, daß der
intelligente Leser sich nach der Lektüre selbst weiterhelfen kann. Dies scheint
auch deshalb sinnvoll, da erfahrungsgemäß nur ein kleiner Prozentsatz der vorhandenen Möglichkeiten häufig genutzt wird.

4.9.1   Fensteraufbau und Sichten von MS Word

Nach dem Aufruf des Programms erscheint das in Abb. 27 dargestellte Fenster,
das in der beim Betriebssystem MS Windows üblichen Weise, s.o., manipuliert
werden kann. Die Titelleiste enthält den aktuellen Dokumentennamen. Die Menüleiste bietet dem Anwender eine Auswahl von Funktionen an, die in Form von
Symbolen auch in den Funktionsleisten nochmals zu finden sind. Wird der Cursor
mit der Maus auf ein Symbol positioniert, so erscheint eine Erklärung. Allgemein
gilt: Nicht jede über Menüs zu erreichende Funktion ist auch in einer Symbolleiste
enthalten. Der Nutzer kann jedoch vorhandene Symbolleisten an seine Bedürfnisse
anpassen und auch eigene Symbolleisten erzeugen. Die Lineale dienen der Orien-
tierung auf dem Dokument. Neben dem Textbereich links befindet sich eine Zone,
die zum Markieren von Zeilen, Absätzen oder des ganzen Dokuments dient.

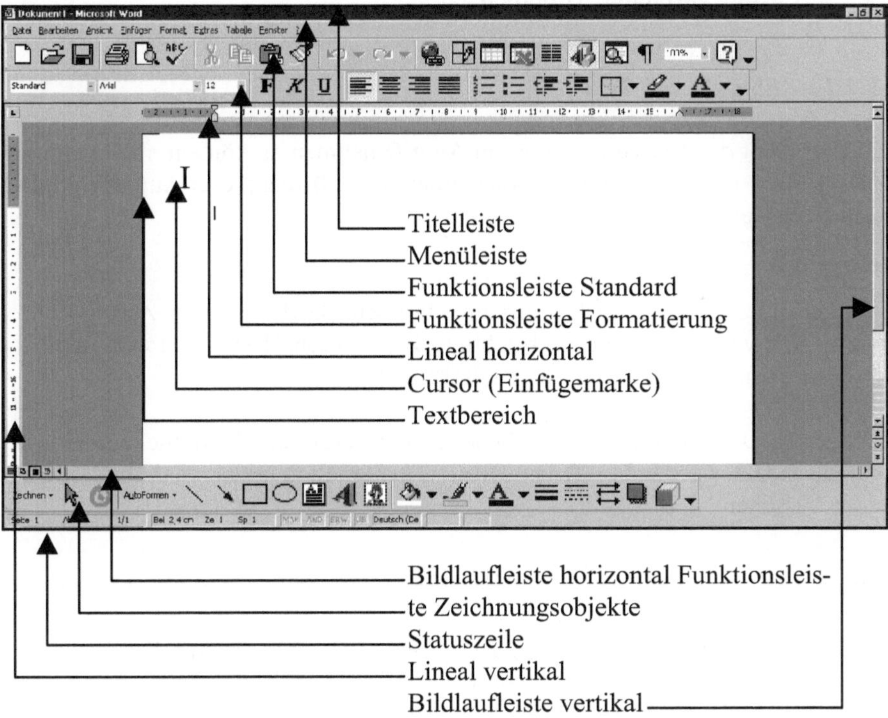

Abb. 27: MS Word Fenster

Ein Word-Dokument kann in verschiedenen Arten am Bildschirm gezeigt werden. Die wichtigsten Sichten sind

- Normalansicht

- Seiten-Layout

- Gliederungsansicht

Die entsprechende Sicht kann eingestellt werden über den Menüpunkt *Ansicht - Normal* bzw. *-Seitenlayout* bzw. *-Gliederung*

oder über die Funktionssymbole links unten im Word-Fenster.   

In Abb. 27 ist die Sicht „Seitenlayout" gezeigt, in der man meistens arbeiten wird.

4.9.2   Lösung einfacher Aufgaben

4.9.2.1   *Eingabe von Text*

Um überhaupt die Textverarbeitung in Angriff nehmen zu können, muß natürlich zunächst Text ins System eingegeben werden. Die Lösung dieser Aufgabe wird an Hand eines Beispieltexts beschrieben.

Beispieltext:

Einzugebender Text ist fortlaufend zu schreiben, da das System Zeilenwechsel automatisch vornimmt. Nur beabsichtigte Zeilenwechsel sind durch Betätigung der *Enter* Taste, wie an dieser Stelle geschehen,

einzugeben. Dabei können eingegebene Zeilenwechsel durch Anklicken des ¶ Symbols sichtbar gemacht werden. Dieser Text erhält dann das in Abb. 28 dargestellte Aussehen.

Einzugebender·Text·ist·fortlaufend·zu·schreiben,·da·das·System·Zeilenwechsel·
automatisch·vornimmt.·Nur·beabsichtigte·Zeilenwechsel·sind·durch·Betätigung·
der·ENTER·Taste,·wie·an·dieser·Stelle·geschehen,¶

einzugeben.·Dabei·können·eingegebene·Zeilenwechsel·durch·Anklicken·des· ¶ ·
Symbols· sichtbar· gemacht· werden.· Dieser· Text· erhält· dann· das· in· Abb.· 2·
dargestellte·Aussehen.¶

Abb. 28: Beispieltext mit Anzeige von Zeilenwechsel

Hinsichtlich der vorgegebenen Standardeinstellung sollte noch angemerkt werden, daß häufig rote Schlangenlinien unter Wörtern auftauchen. Sie entstehen wegen der automatischen Rechtschreibprüfung entweder dadurch, daß ein Wort falsch geschrieben wurde oder dadurch, daß es dem System nicht bekannt ist. Dieser oft störende Effekt kann vermieden werden , indem man unter dem Menüpunkt *Extras–Optionen-Rechtschreibprüfung und Grammatik* die *Rechtschreibprüfung während der Eingabe* ausschaltet.

4.9.2.2 *Eingabe von Sonderzeichen*

Gelegentlich werden Symbole oder Sonderzeichen benötigt, die die Tastatur nicht bereitstellen kann. Sie können, nach Positionierung des Cursors an der richtigen Stelle, über den Menüpunkt *Einfügen-Symbol* eingefügt werden. Einige Beispiele sind im nach Anklicken des Menüpunkts erscheinenden Dialogfeld, vgl. Abb. 29, dargestellt.

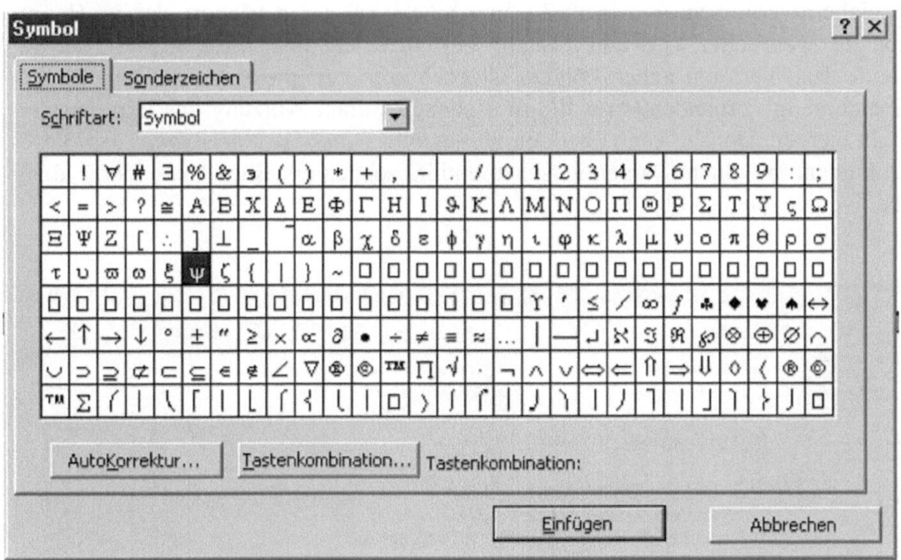

Abb. 29: Sonderzeichen

4.9.2.3 *Korrektur von Zeichen*

Auch bei sorgfältigem Vorgehen werden während der Eingabe des Texts gelegentlich Fehler auftreten, die oft erst im Nachhinein bemerkt werden. Zur Korrektur der Fehler wird also eine Navigation im Text erforderlich. Hierfür kann der Cursor durch die Maus oder die Pfeiltasten bewegt werden. Bei größeren Dokumenten sollte jedenfalls auch, um Zeitverluste zu vermeiden, die Bildlaufleiste genutzt werden (alternativ hierzu kann der Menüpunkt *Bearbeiten-Gehe zu* mit Angabe der gewünschten Seitennummer genutzt werden). Zeichen können dann wie folgt korrigiert werden.

- Cursor links neben das falsche Zeichen setzen

- Mittels *Entf*-Taste das Zeichen entfernen

- Das richtige Zeichen einfügen

Vorsicht: Die *Einfg*-Taste dient der Umschaltung zwischen Einfügemodus (standardmäßige Voreinstellung) und Überschreibemodus. Ihre Bezeichnung ist in mnemotechnischer Hinsicht daher ziemlich ungünstig gewählt worden.

4.9.2.4 Speichern/ Öffnen von Dateien

Hat man als wenig geübter Anfänger (meist unter Nutzung von zwei Fingern) endlich eine etwas größere Menge Text eingegeben, so sollte man keinesfalls das Speichern vergessen. In diesem Zusammenhang sei daran erinnert, daß im Hauptspeicher gearbeitet wird und deshalb, bei einem etwaigen Stromausfall, der gesamte Text verloren gehen könnte. Ist noch kein geeignetes Verzeichnis für die Speicherung vorhanden, so sollte dies zunächst unter Nutzung des Explorers erstellt werden. Danach kann über den Menüpunkt *Datei-Speichern unter* das Word-Dokument mit einem Namen versehen und im soeben erstellten Verzeichnis abgelegt werden, siehe Abb. 30.

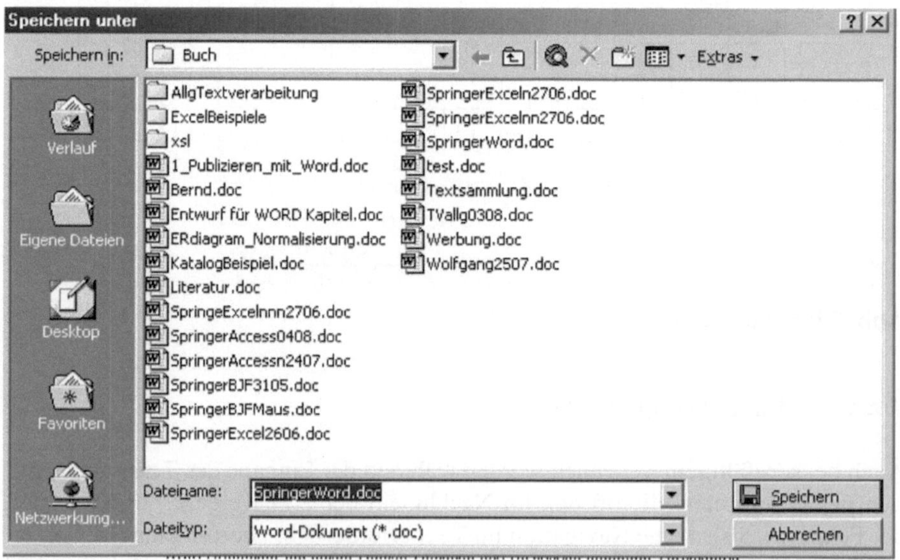

Abb. 30: Speichern von Dateien

Es sei nochmals erwähnt, daß das gewünschte Verzeichnis durch Anklicken des Pfeils bei *Speichern in* in Abb. 30, wie üblich, ausgewählt werden kann, während der Name durch Überschreiben des Namens im Feld *Dateiname* eingefügt wird.

Außerdem sei noch vermerkt, daß über den Menüpunkt *Datei-Öffnen* analog eine gewünschte Datei geöffnet werden kann.

Schließlich sei darauf hingewiesen, daß es möglich ist, unter dem Menüpunkt *Extras-Optionen-Speichern* eine automatische Speicherung des Dokuments in einstellbaren Zeitabständen zu bewirken.

4.9.2.5 Korrektur und Bearbeitung größerer Textstücke

Ausschneiden und Einfügen (Cut&Paste), Kopieren

Im Zeitalter der Schreibmaschine gestaltete sich die Korrektur und Bearbeitung größerer Textstücke ziemlich mühsam. Üblicherweise wurde mit Schere, Klebstoff und größeren Mengen Papier gearbeitet. Zu korrigierende Textstücke konnten dabei mit Papier, das den korrigierten Text enthielt, überklebt werden. Zu verschiebende Texte wurden ausgeschnitten und dann wieder an der richtigen Stelle eingeklebt. Heute können diese Verfahren im Rechner mit Hilfe eines Zwischenspeichers wesentlich einfacher realisiert werden. Zu korrigierender Text wird mit der Maus markiert (linke Maustaste) und kann dann über den Menüpunkt *Bearbeiten-Ausschneiden* einfach entfernt werden. Soll ein anderer Text, der bereits in irgendeinem Dokument vorhanden ist, stattdessen eingefügt werden, so wird er markiert und über *Bearbeiten-Kopieren* in die Zwischenablage geschrieben. Danach kann er, nach Positionierung des Cursors an der korrekten Stelle, über *Bearbeiten-Einfügen* eingefügt werden. Das entsprechende Paradigma wird in Anspielung auf das frühere Verfahren mit *cut&paste* bezeichnet.

Markieren von Text kann in vielfältiger Weise erfolgen. Einige zusätzliche Möglichkeiten sind in der folgenden Tabelle aufgelistet.

Wirkung (auf)	Vorgehen
Wort	Doppelklick auf Wort
Satz	*Strg*+Klick auf ein Zeichen im Satz
Zeile	Klick im Markierungsbereich auf Zeilenhöhe
Absatz	Doppelklick im Markierungsbereich
Markierung aufheben	Klick irgendwo im Text

Auch das Kopieren kann nach Markierung anders als oben beschrieben erfolgen. Beispielsweise führen auch Anklicken des Symbols *Kopieren* oder die Tastenkombination *Strg+C* zum Erfolg.

Ähnliches gilt für Einfügen. Nach korrekter Positionierung des Cursors führen hier analog Anklicken des Symbols *Einfügen* bzw. die Tastenkombination *Strg+V* zum Ziel.

Suchen und Ersetzen

Häufig steht in diesem Zusammenhang der Anwender vor der Aufgabe, einen oft vorkommenden Begriff in einem längeren Textstück zu suchen oder durch einen anderen zu ersetzen. Hier bietet Word Hilfestellung. Nach Aufruf des Menüpunkts *Bearbeiten-Suchen* erscheint das Dialogfenster in Abb. 31, in dem nur noch der Suchbegriff bzw. Suchbegriff und Ersetzungsbegriff, vgl. Abb. 32, einzugeben ist bzw. sind.

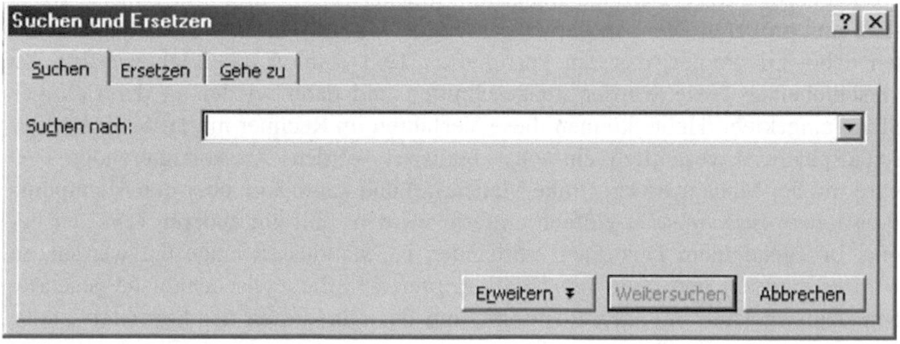

Abb. 31: Suchen

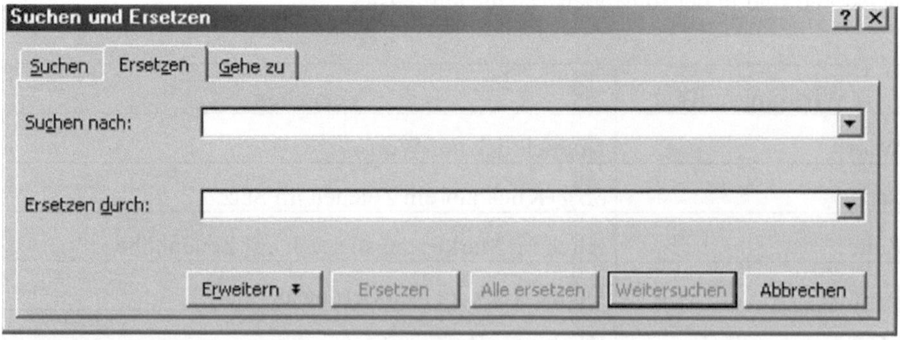

Abb. 32: Suchen und Ersetzen

4.9.2.6 Texte drucken

Nachdem jetzt bereits einfache Texte erstellt werden können, ist es, insbesondere bei der Korrektur, von Bedeutung, sie auch ausdrucken zu können (Korrekturlesen am Bildschirm stellt sich als mühsam und daher zeitaufwendig und fehleranfällig heraus). Soll nur ein bestimmter Teil des Dokuments gedruckt werden, so ist er zu markieren. Alternativ hierzu können die entsprechenden Seiten angegeben werden, vgl. hierzu auch das Dialogfeld in Abb. 33, das nach Anklicken des Menüpunkts *Datei-Drucken* erscheint.

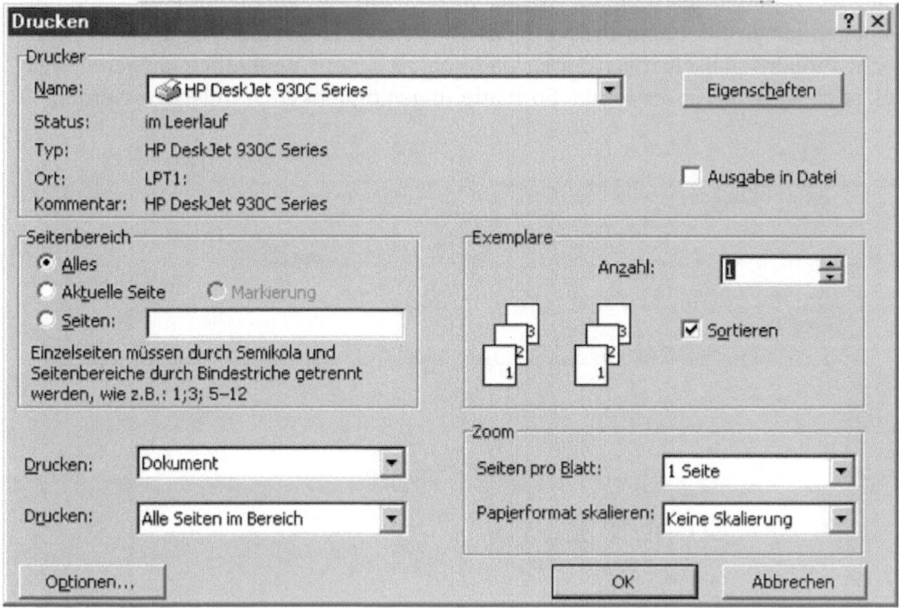

Abb. 33: Drucken

4.9.2.7 Textformatierung

Zeichenformatierung

Die wesentlichen Möglichkeiten der Zeichenformatierung sind durch Wahl von

-   Schriftgrad (Größe), Schriftschnitt (Fettegrad, Neigung), Schriftart

-   Zeichenbreite

-   Schriftfarbe

gegeben.

Bei den Schriftarten wird zwischen Serifenschrift und serifenloser Schrift unterschieden. Serifenschriften sind z.B. Times New Roman und `Courier`, während Arial serifenlos ist. Man erkennt an den Beispielen deutlich die Serifen als kleine Abschlußstriche an den End- und Eckstücken der Buchstaben. Sie erleichtern die Lesbarkeit bei längeren Texten in „Normalgröße". Serifenlose Schriften sind bei sehr viel größeren (oder kleineren) Schriftgraden dagegen besser lesbar. Sie werden daher häufig für Überschriften verwendet.

Daneben werden bei den Schriftarten auch Proportional- und Nicht-Proportional-Schriften unterschieden. Bei ersteren haben die Zeichen unterschiedliche Breite (die Breite des Zeichens ist an die Breite des Buchstabens angepaßt, wobei beispielsweise ein „i" als schmaler Buchstabe und ein „w" als breiter Buchstabe gilt). Dagegen haben bei Nicht-Proportional-Schriften alle Zeichen die gleiche Breite. Nicht-Proportionalschriften führen dadurch zu einem wesentlich längeren Text, vgl. auch Abb. 34, in der einige Formatierungsmöglichkeiten illustriert werden.

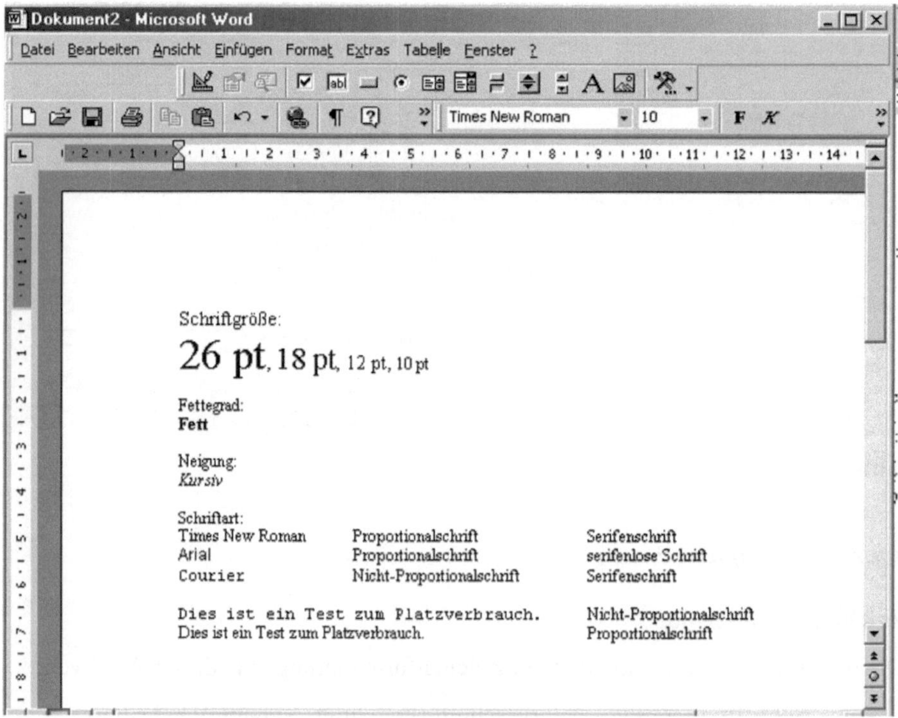

Abb. 34: Zeichenformatierung

Die Formatierung erfolgt durch entsprechende Auswahl in der Symbolleiste, wobei Größe und Schriftart über eine Drop-down-Liste angeboten werden, während die anderen benötigten Symbole entweder selbsterklärend sind oder nach längerem Halten des Cursors auf dem entsprechendem Symbol eine Erklärung geliefert wird. Das Symbol für die Schriftfarbe ist in Abb. 34 nicht sichtbar, kann aber durch Klicken auf den Doppelpfeil in der Symbolleiste hinzugefügt werden.

Abschließend sei noch vermerkt, daß die Formatierung des Textes sowohl während der Eingabe (durch Einschalten der gewünschten Formate) als auch nachträglich erfolgen kann. Dann muß der zu formatierende Textteil allerdings markiert werden.

Absatzformatierung

Unter einem Absatz wird hier kein inhaltlicher Block, sondern eine durch eine Absatzmarke (durch Eingabe von *Enter* erzeugt) abgeschlossene Texteinheit verstanden.

Ähnlich der Zeichenformatierung kann die Absatzformatierung während der Eingabe oder nachträglich erfolgen. Im letzteren Fall ist der Absatz (bzw. sind die Absätze, falls mehrere gleichzeitig formatiert werden sollen) natürlich ebenfalls zu markieren. Die Formatierungsmöglichkeiten hinsichtlich Abständen/Einzügen können über den Menüpunkt *Format-Absatz* eingestellt werden, vgl. Abb. 35.

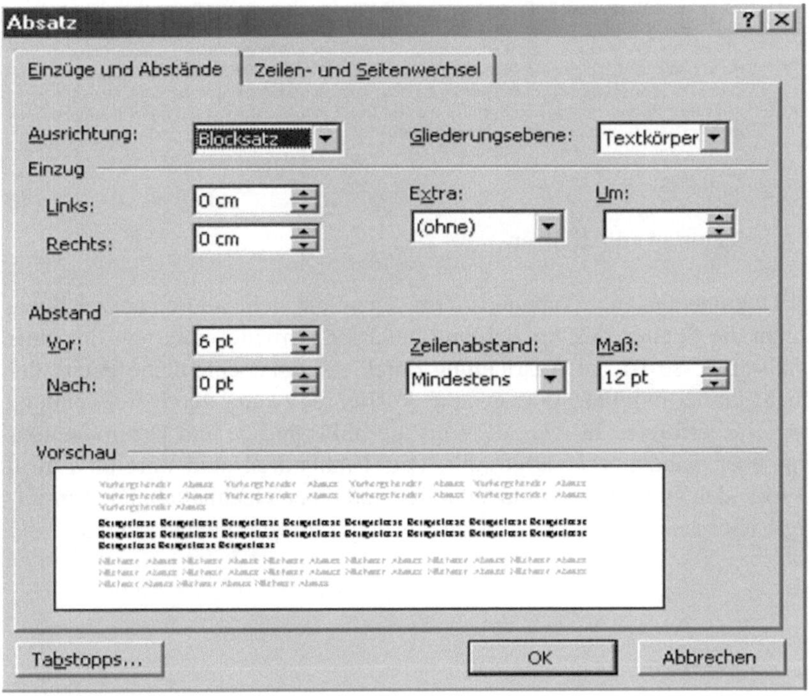

Abb. 35: Absatzformatierung

In Dialogfeld der Abb. 35 kann auch die Ausrichtung eingestellt werden. Häufig wird diese Einstellung jedoch über Markierung und Anklicken der entsprechenden Symbole in der Symbolleiste erfolgen. Die Möglichkeiten hinsichtlich der Ausrichtung werden in Abb. 36 dargestellt.

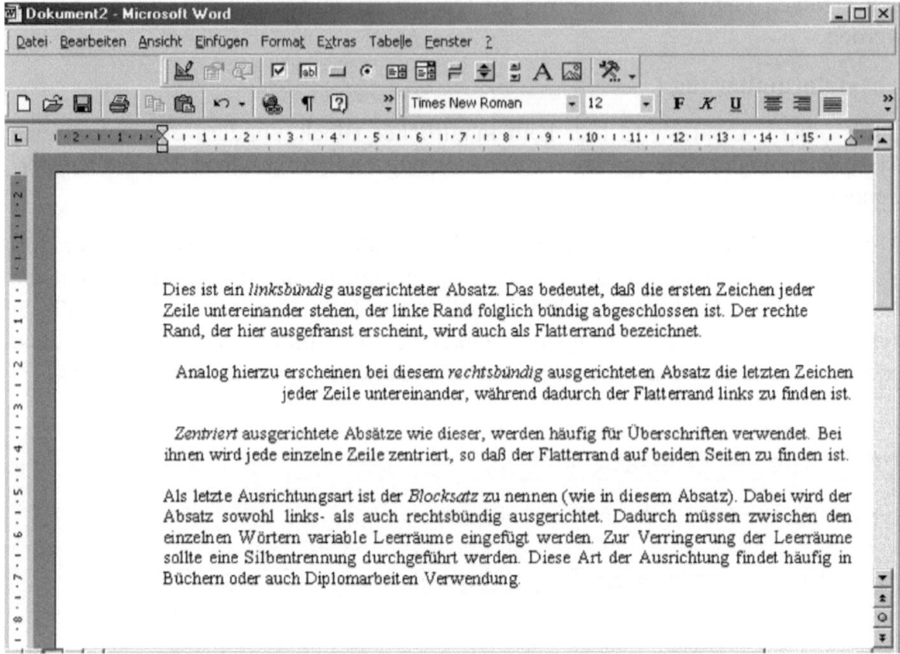

Abb. 36: Ausrichtung von Absätzen

Oft sind in Dokumenten auch Tabellen zu erzeugen, die sich dadurch auszeichnen, daß bei ihnen die Spalten der Ausrichtung bedürfen. Arbeitet man nun mit einer Proportionalschrift, so ist die Ausrichtung durch die unterschiedliche Breite der Zeichen nicht immer möglich. Eine genaue Ausrichtung kann durch Verwendung von *Tabulatoren* erfolgen. In Abb. 37 wird die linksbündige und Dezimalpunktausrichtung über Tabulatoren dargestellt. Die Tabulatoren sind dort im Lineal sichtbar: Es handelt sich um zwei linksbündige und einen Dezimaltab. Die Einstellung erfolgte über den Menüpunkt *Format-Absatz-Tabstopps* gemäß Abb. 38.

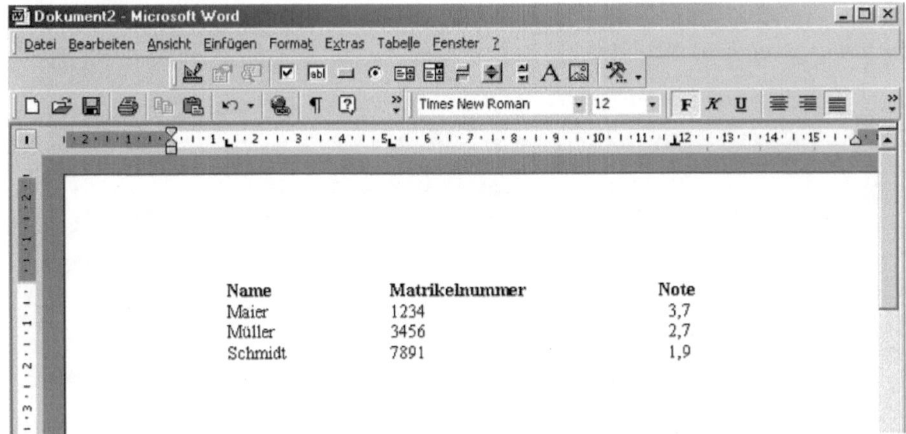

Abb. 37: Tabulatoren

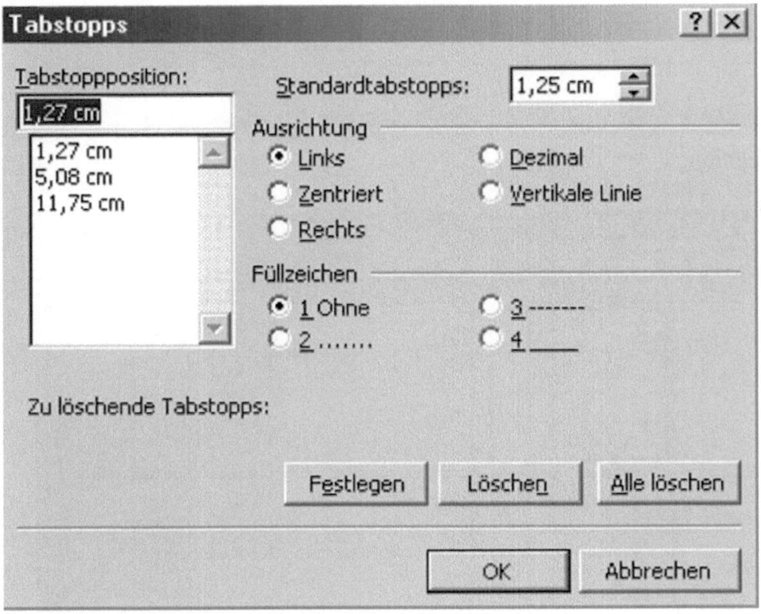

Abb. 38: Einstellung von Tabulatoren

Aufzählungen und Numerierungen

Aufzählungen und Numerierungen werden häufig eingesetzt, um Argumente oder auch einzelne Vorgehensschritte bei der Lösung einer Aufgabe oder innerhalb eines Beweises übersichtlich darzustellen. Sie beziehen sich auf einzelne Absätze. Ein Beispiel ist in Abb. 39 dargestellt, während die Auswahl der Aufzählungsart über das in Abb. 40 sichtbare Dialogfeld (Menüpunkt *Format-Numerierung und Aufzählungszeichen*) erfolgte.

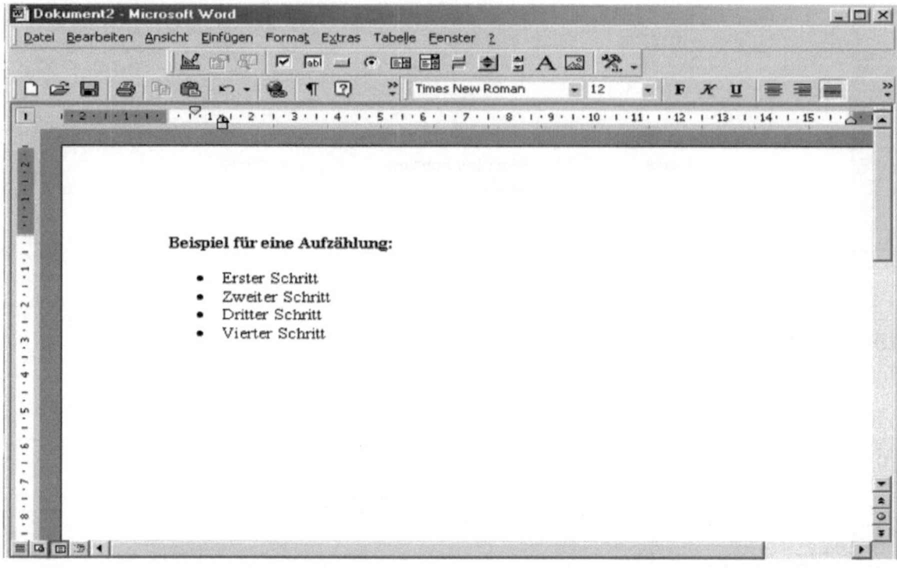

Abb. 39: Aufzählung

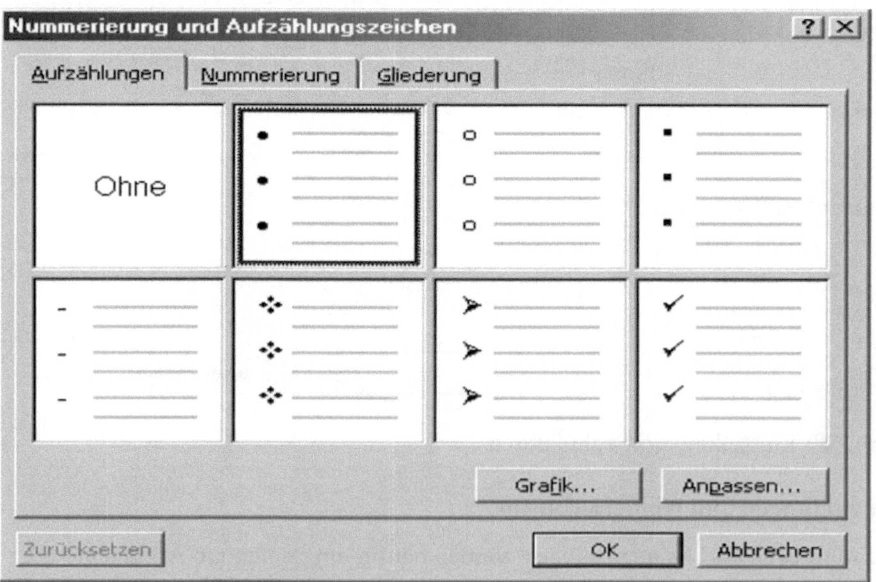

Abb. 40: Einstellung der Aufzählungsart

Seitenformatierung

Die Seitenformatierung kann sich auf alle oder einzelne Seiten eines Dokuments beziehen (im letzteren Fall muß jedoch mit *Abschnitten*, die hier nicht behandelt werden, gearbeitet werden). Sie legt das Aussehen der Seiten fest (Seitenränder, Hoch- oder Querformat, etc.). Das Aussehen kann in der Seitenlayout-Ansicht überprüft werden. Die Formatierung der Seiten wird über den Menüpunkt *Datei-Seite einrichten* gemäß Abb. 41 eingestellt. Soll die Seite mehrere Spalten erhalten, so kann dies über den Menüpunkt *Format-Spalten* gemäß Abb. 42 erreicht werden.

Seitenumbrüche weden gewöhnlich automatisch erzeugt. Soll jedoch ein Seitenwechsel erzwungen werden, so kann dies über den Menüpunkt *Einfügen-Manueller Wechsel* durch Aktivierung der Option *Seitenwechsel* erfolgen. Allerdings sollten erzwungene Seitenwechsel erst ganz zu Ende der Bearbeitung des Dokuments eingefügt werden, da sich automatische Seitenwechsel ihnen anpassen und so unerwünschte Veränderungen stattfinden könnten.

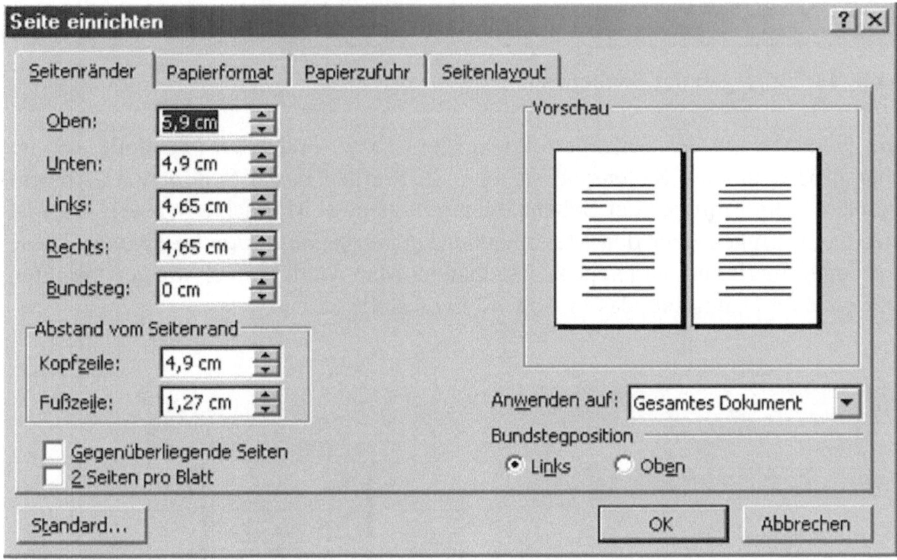

Abb. 41: Seitenformatierung

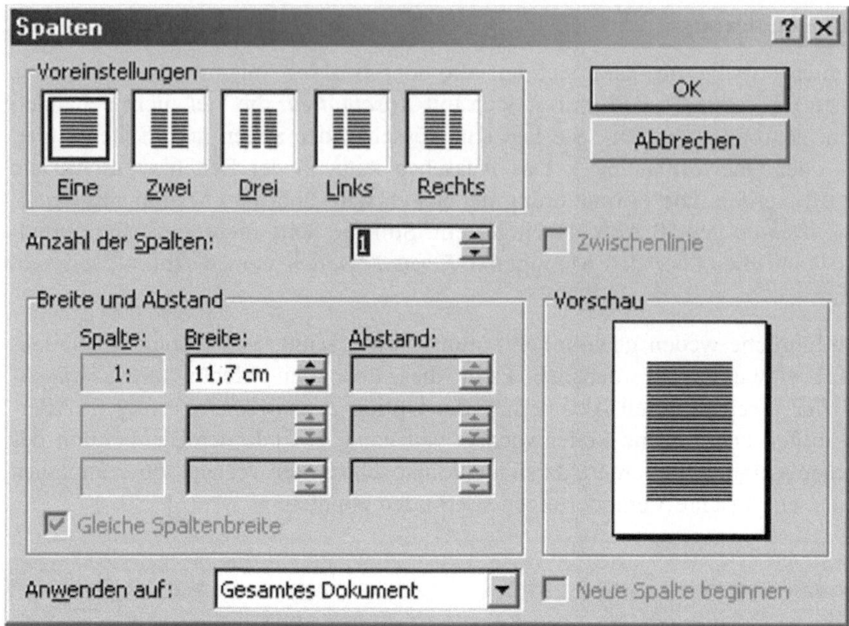

Abb. 42: Festlegen der Spaltenzahl

Die Numerierung der Seiten erfolgt in Kopf- bzw. Fußzeilen (Textteile, die im oberen bzw. unteren Seitenrand stehen). Sie werden in der Seitenlayout-Ansicht sichtbar. Zum Einfügen der Seitenzahlen gibt es zwei Möglichkeiten. Als erste ist hier das Einfügen über den Menüpunkt *Einfügen-Seitenzahlen* zu nennen. Diese Art der Numerierung ist leicht zu handhaben: Man wählt einfach die gewünschten Optionen im Dialogfeld, das in Abb. 43 dargestellt ist, aus.

Abb. 43: Einfügen von Seitenzahlen

Allerdings sind so Seitenzahlen beispielsweise nicht formatierbar und können auch nicht gelöscht werden.

Alternativ hierzu kann der Menüpunkt *Ansicht-Kopf- und Fußzeile* ausgewählt werden, vgl. Abb. 44.

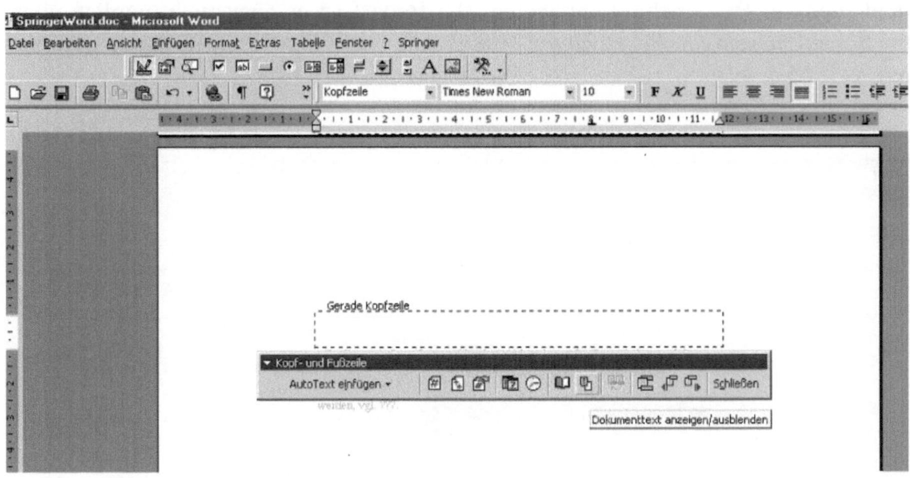

Abb. 44: Kopf- und Fußzeile

Der gestrichelte Rahmen zeigt die Kopf- bzw. Fußzeile an. Die Seitenzahl kann dann über Anklicken des benötigten Symbols (selbsterklärend) in der Zeile *Autotext einfügen* eingegeben und formatiert werden. Dieser Modus kann über die Schaltfläche *Schließen* wieder verlassen werden. Interessant ist hier auch die Funktion *STYLEREF*, mit der Kapitelüberschriften, falls sie entsprechend markiert wurden, nach Angabe der gewünschten Formatvorlage (z. B. „Überschrift 1", „Überschrift 2" ..., siehe 4.9.3.1) in der Kopfzeile automatisch erzeugt werden können. Die Eingabe erfolgt über ein mit *Strg+F9* aufgerufenes Feld.

Die Seitenzahlen können wieder gelöscht werden, indem man im Kopf/Fußzeilenrahmen die entsprechenden Angaben löscht (nur einmal für das gesamte Dokument, falls es sich um einen einzigen Abschnitt handelt).

4.9.2.8 *Vermischtes (Abbildungen, Fußnoten, Querverweise, Sortieren)*

Abbildungen

In wissenschaftlichen Arbeiten, wie auch in diesem Buch, kommen üblicherweise zahlreiche Abbildungen vor, die natürlich zur Identifikation beschriftet werden müssen. Dabei sollte die Numerierung, obwohl das natürlich möglich ist, keines-

wegs von Hand vorgenommen werden. Wird nämlich im Laufe der Arbeit noch
die eine oder andere Abbildung, die vielleicht vergessen wurde, ergänzt, so wären
alle danach auftretenden Beschriftungen konsistent zu ändern. Diese höchst müh-
same und fehleranfällige Arbeit kann vermieden werden, indem man den Menüpunkt *Einfügen-Beschriftung* nach geeigneter Positionierung des Cursors nutzt.
Dabei werden im in Abb. 45 sichtbaren Dialogfeld verschiedene Standardmög-
lichkeiten zur Beschriftung angeboten. Bei Bedarf ist es aber auch möglich über
die Schaltfläche *Neue Bezeichnung* eine eigene Form der Beschriftung zu definieren, vgl. Abb. 46.

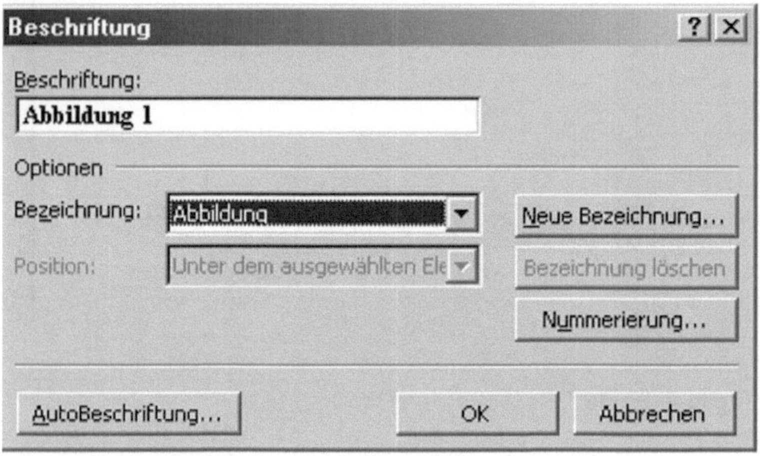

Abb. 45: Beschriften

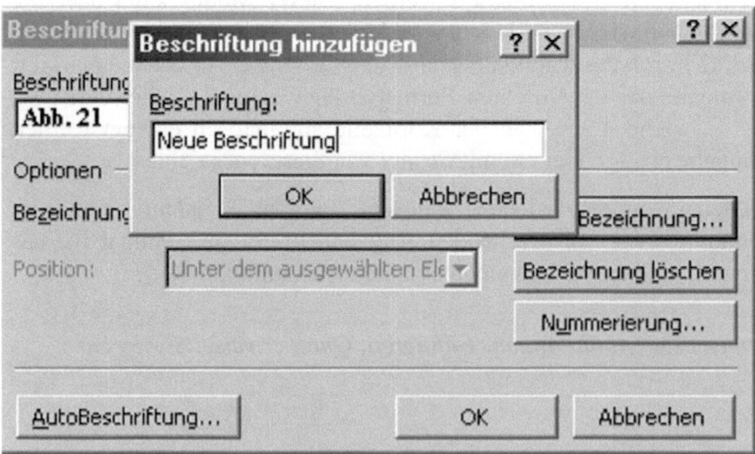

Abb. 46: Neue Beschriftung definieren

Fußnoten

Ähnliche Überlegungen, wie für Abbildungen, gelten natürlich auch für Fußnoten. Sie werden über den Menüpunkt *Einfügen-Fußnote* erzeugt, vgl. Abb. 47 zum entsprechenden Dialogfeld, und durch Belassen der Voreinstellung *Autowert* automatisch nummeriert.

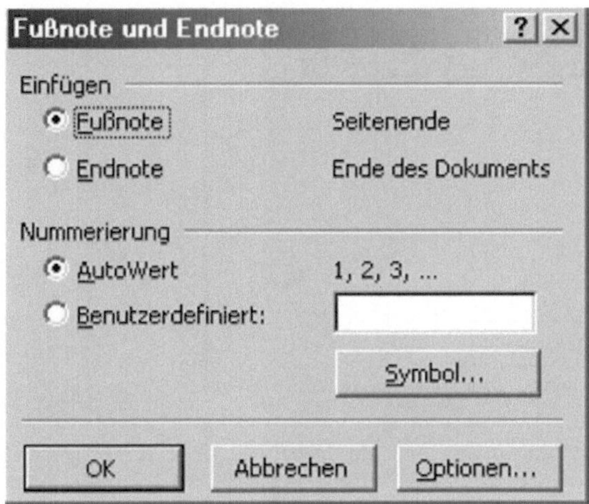

Abb. 47: Fußnoten

Querverweise

Bei Querverweisen tauchen wiederum ganz ähnliche Überlegungen auf: Bezieht man sich beispielsweise auf die Abbildung mit der aktuellen Nummer 1 im Text, so wird dieser Bezug (und alle anderen Bezüge auf Abbildungen) nicht mehr stimmen, falls nachträglich eine neue Abbildung als erste aufgeführt wird. Auch hier bietet Word Hilfestellung. In diesem Zusammenhang ist der Menüpunkt *Einfügen-Querverweis* relevant. Das entsprechende Dialogfeld ist in Abb. 48 dargestellt. Statt den Querverweis von Hand einzufügen, wird also einfach die Abbildung mit der entsprechenden Nummer im Dialogfeld ausgewählt, so daß dann auch Querverweise gegebenenfalls automatisch aktualisiert werden können.

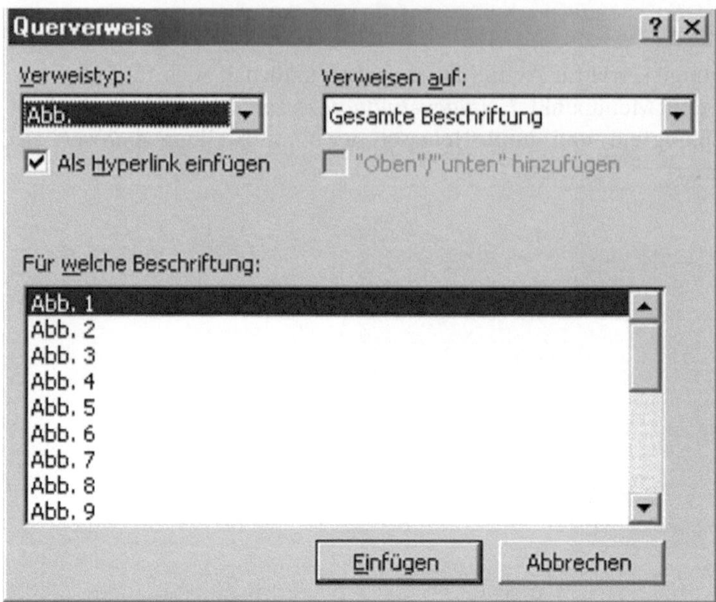

Abb. 48: Querverweise

Sortierung

Bei größeren wissenschaftlichen Arbeiten muß häufig eine umfangreiche Literaturliste erstellt werden, die natürlich gemäß der lexikografischen Ordnung zu sortieren ist. Hier bietet die in Word vorhandene Sortierfunktion Unterstützung. Mit ihr ist es nämlich möglich, durch einen Absatzwechsel gekennzeichnete Texteinheiten gemäß einer zu definierenden Ordnungsrelation (aufsteigend oder absteigend) anzuordnen. Hat man also etwa die Literaturliste in der Form

AutorB: Titel2

AutorC: Titel3

AutorA: Titel1

gegeben. So ist nur die Liste zu markieren, der Menüpunkt *Tabelle-Sortieren* aufzurufen und das entsprechende Dialogfeld gemäß Abb. 49 auszufüllen. Das (natürlich erwartete) Ergebnis ist in Abb. 50 dargestellt.

Es sollte allerdings beachtet werden, daß, falls innerhalb der einzelnen Titel des Verzeichnisses Absatzwechsel auftreten, das Ergebnis möglicherweise nicht den Erwartungen entspricht.

Abb. 49: Sortieren

Abb. 50: Sortierergebnis

4.9.3 Lösung komplexer Aufgaben

4.9.3.1 *Automatische Numerierung von Überschriften (Gliederung)*

Die Formatierungen bestimmter Textelemente können in sog. *Formatvorlagen* gespeichert werden, um eine einheitliche Formatierung im gesamten Dokument sicherzustellen (man vergleiche hierzu auch die oben beschriebenen Style Sheets). Wird keine besondere Formatvorlage an ein Textelement zugewiesen, so findet die Formatvorlage *Standard* Anwendung.

Hier sollen insbesondere bereits vorhandene Formatvorlagen für Überschriften benutzt werden, um automatisch eine Gliederung zu erzeugen. Betrachtet man das Beispiel in Abb. 51, so ist unmittelbar ersichtlich, daß die markierte Überschrift der Ebene 2 durch Auswahl dieser Ebene in der Symbolleiste gekennzeichnet wurde. Analog wurden alle anderen Überschriftsebenen ausgewählt. Die automatische Numerierung konnte durch Anklicken des Menüpunkts *Format-Numerierung und Aufzählungszeichen* und Auswahl der gewünschten Gliederungsart gemäß Abb. 52 erzeugt werden.

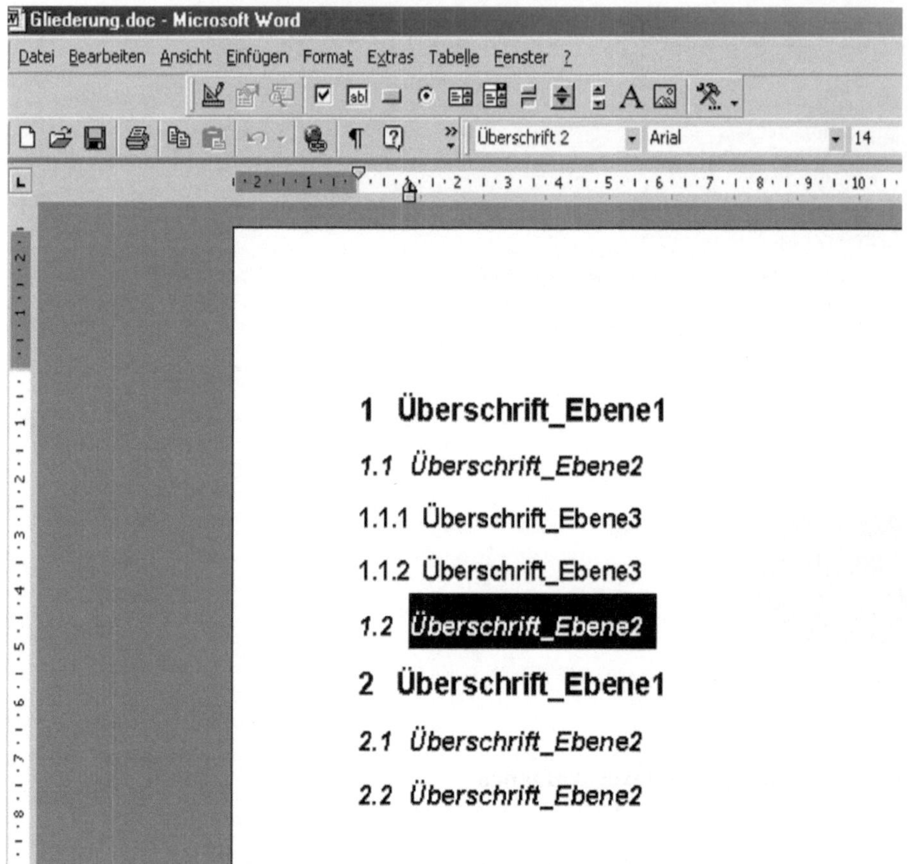

Abb. 51: Automatische Gliederung

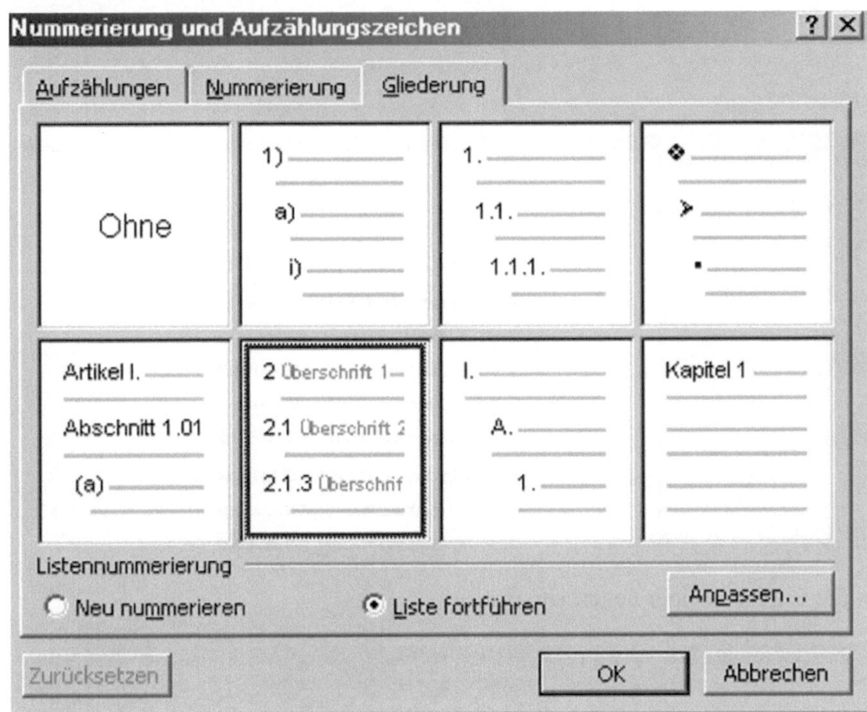

Abb. 52: Gliederungsart auswählen

Soll nun beispielsweise nachträglich eine neue Überschrift der Ebene 1 ganz am Anfang eingefügt werden, so kann dies geschehen, ohne daß die vorhandene *Numerierung* berücksichtigt werden muß. Sie wird nämlich automatisch angepaßt, wie aus Abb. 53 ersichtlich.

Besonders interessant sind in diesem Zusammenhang auch Querverweise. Ist nämlich in der ursprünglichen Gliederung beispielsweise ein über den Menüpunkt *Einfügen-Querverweis* eingefügter Querverweis vorhanden, so wird dieser ebenfalls automatisch angepaßt (allerdings erst nachdem das Dokument gespeichert und dann wieder geöffnet wurde), vgl. hierzu Abb. 54 für die ursprüngliche Version und Abb. 55 für die entsprechend angepaßte Version nach Einfügen der neuen Überschrift.

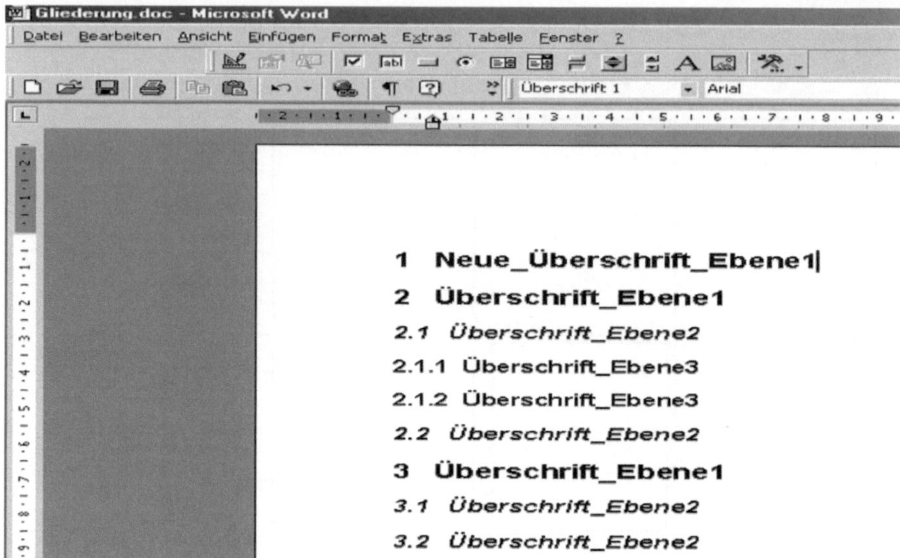

Abb. 53: Einfügen einer neuen Überschrift

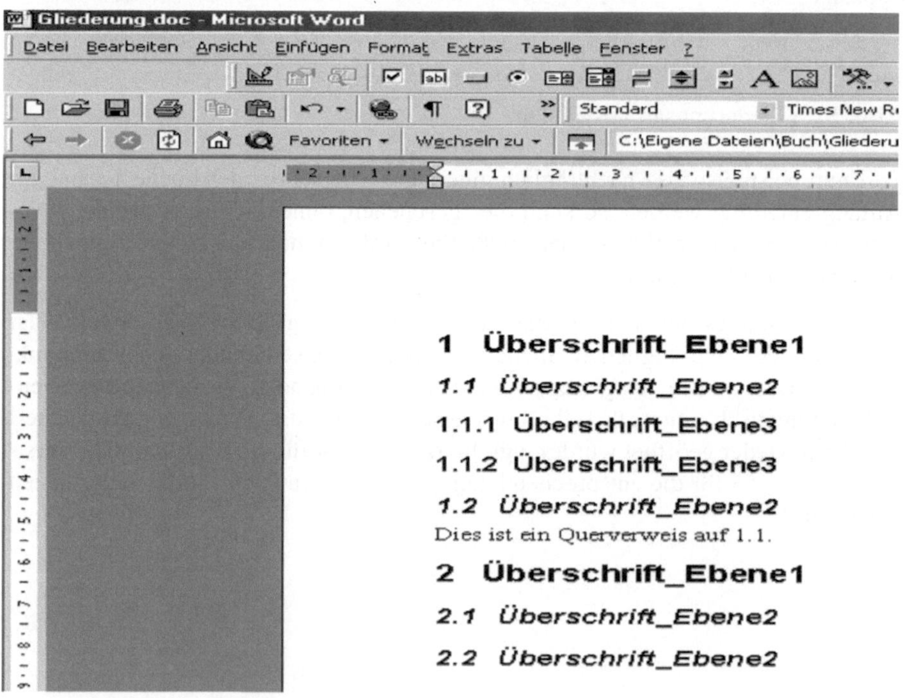

Abb. 54: Einfügen eines Querverweises

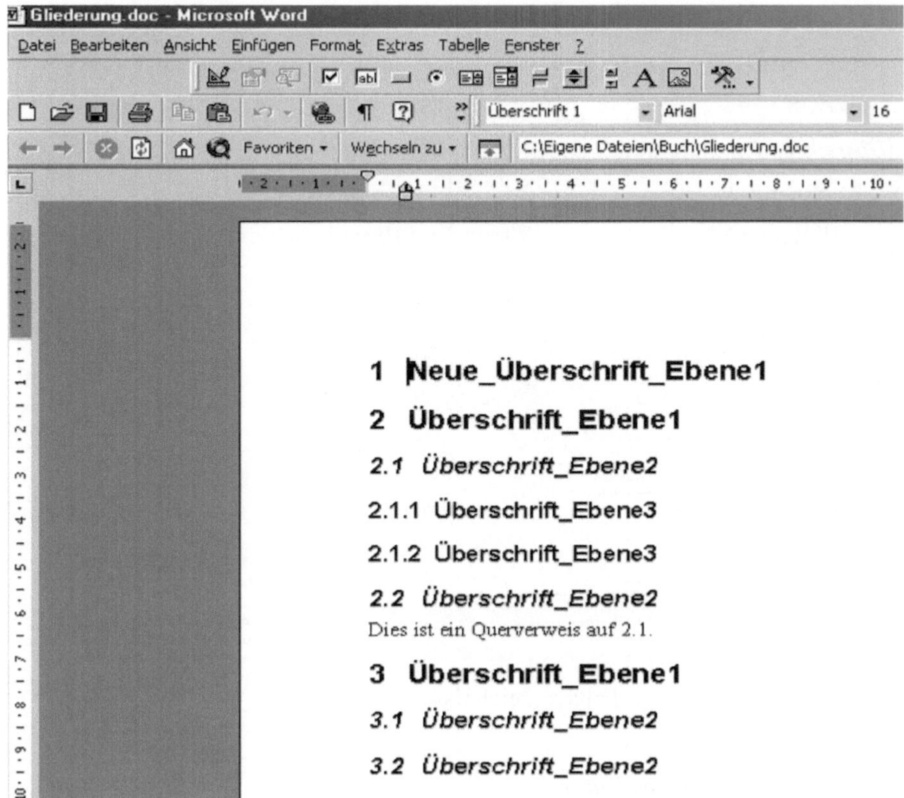

Abb. 55: Aktualisierter Querverweis nach Einfügen einer neuen Überschrift

4.9.3.2   Erstellen eines Inhaltsverzeichnisses

Mit den soeben diskutierten Hilfsmitteln läßt sich auch ein Inhaltsverzeichnis erstellen. Allerdings muß hier berücksichtigt werden, daß das Inhaltsverzeichnis auf spätere Änderungen nicht, wie vielleicht erwartet, automatisch reagiert.

Zunächst muß der Cursor an die Stelle gesetzt werden, wo das Inhaltsverzeichnis eingefügt werden soll. Dann wird der Menüpunkt *Index und Verzeichnisse* mit der Registerkarte *Inhaltsverzeichnis* gemäß Abb. 56 benötigt, in der die gewünschten Optionen auszuwählen sind.

Das Inhaltsverzeichnis kann aktualisiert werden, indem der Cursor darin positioniert und F9 gedrückt wird. Dabei ist festzulegen, ob nur die Seitenzahlen aktualisiert werden sollen oder ein neues Verzeichnis erstellt werden soll.

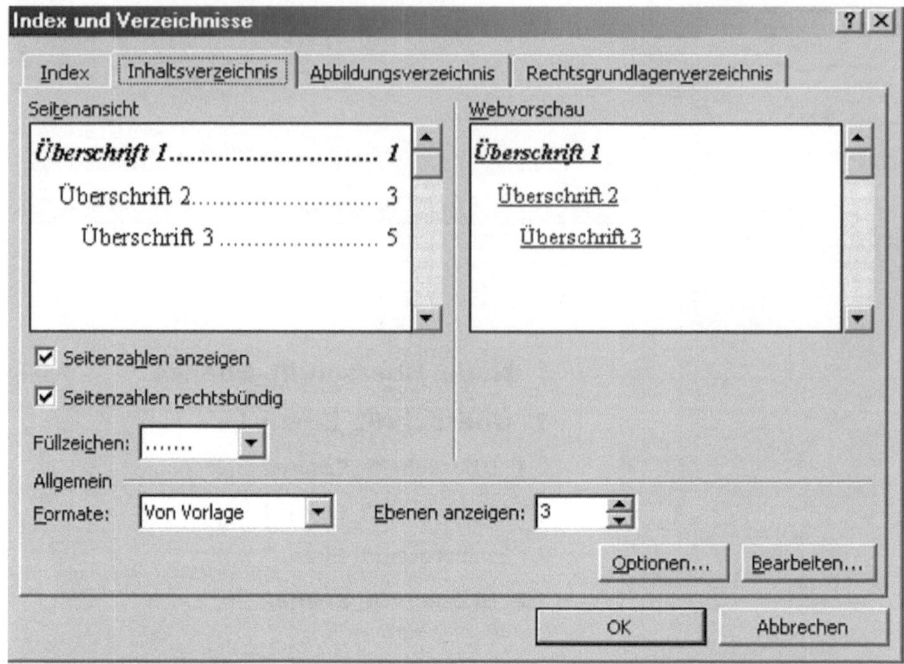

Abb. 56: Erstellen eines Inhaltsverzeichnisses

4.9.3.3   Erstellen eines Index

Um einen Index erstellen zu können, müssen zunächst die gewünschten Einträge entsprechend markiert werden. Die Aufnahme des Indexworts erfolgt am schnellsten durch gleichzeitiges Drücken der Tasten *Alt+Shift+X*, Ausfüllen des in Abb. 57 gezeigten Dialogfelds und Betätigen der Schaltfläche *Festlegen* oder *Alle festlegen* (fallls der Eintrag im gesamten Dokument gesucht und für jede Fundstelle ein Eintrag erstellt werden soll).

Im zweiten Schritt wird dann der eigentliche Index erstellt. Hierfür muß zunächst der Cursor an der gewünschten Einfügestelle stehen. Danach kann der Index über den Menüpumkt *Einfügen-Index und Verzeichnisse* nach Auswahl und Ausfüllen der gewünschten Registerkarte gemäß Abb. 58 generiert werden.

Erwähnenswert ist an dieser Stelle die Möglichkeit mit einer sog. Konkordanzdatei den Index über *AutoMarkierung* automatisch erstellen zu lassen. Dabei muß im entsprechenden Dialogfeld der Pfadname dieser Datei, die eine zweispaltige Tabelle enthält, angegeben werden. Die linke Spalte der Tabelle muß den Begriff enthalten, nach dem Word suchen soll, während die rechte Spalte den entsprechenden Indexeintrag enthalten muß.

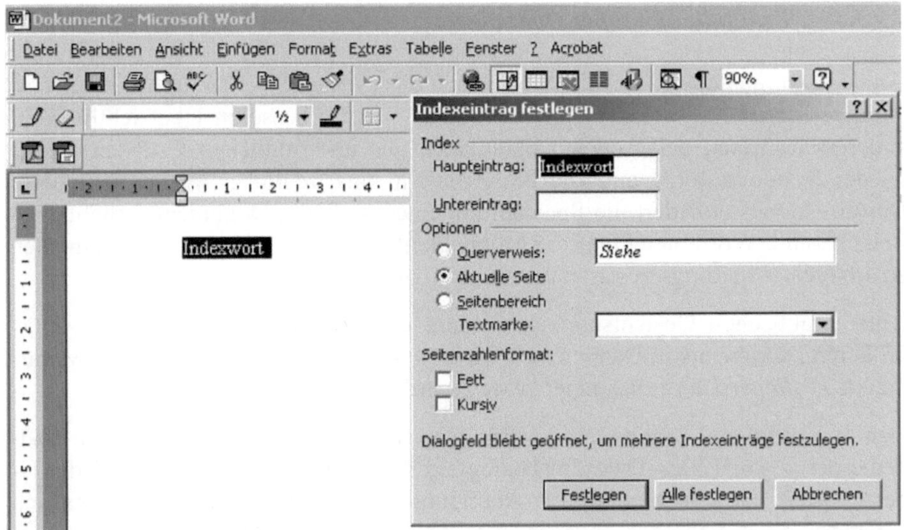

Abb. 57: Indexeintrag festlegen

Abb. 58: Index erstellen

4.9.3.4   Behandlung großer Dokumente

Große Dokumente, wie beispielsweise auch dieses Buch, werden üblicherweise in kleinere Einzelteile zerlegt. Dies dient einerseits der besseren Übersichtlichkeit, andererseits treten bei großen Dokumenten aus unerfindlichen Gründen immer wieder Systemabstürze auf, die die Arbeit in unerfreulicher Weise behindern. Darüber hinaus erfordert die Speicherung eines größeren Dokuments erheblichen Zeitaufwand. Word bietet hier die Möglichkeit mit Zentral- und Filialdokumenten zu arbeiten. Allerdings gestaltet sich in praxi auch dies nicht einfach.

Unter praktischen Gesichtspunkten scheint es vorteilhaft, die Einzelteile eines größeren Dokuments in Dateien zu speichern, die dann einfach mittels des Menüpunkts *Einfügen-Datei* zusammengesetzt werden.

Dabei ist nur der Cursor an der gewünschten Stelle zu positionieren und der Pfadname der gewünschten Datei im Dialogfeld der Abb. 59 anzugeben. Sind die Überschriften, Beschriftungen der Abbildungen und Querverweise automatisch erzeugt worden, wie oben angegeben, so erfolgt auch die Aktualisierung automatisch.

Bei dieser Art des Vorgehens erweist es sich jedoch als zweckmäßig, als Einzelteile des Dokuments ganze Kapitel vorzusehen, da dadurch die spätere Formatierung erleichtert wird.

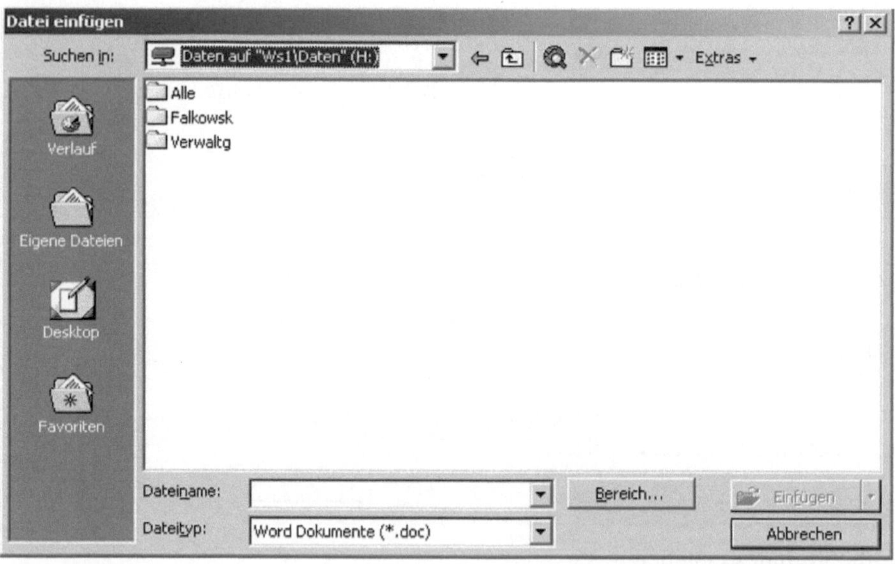

Abb. 59: Datei einfügen

4.9.3.5 Einfügen von Grafiken

Grafiken werden bei Word als Objekte eingebettet. Sie können z.B. aus Dateien eingefügt werden. Die relevanten Aspekte sollen hier jedoch, der Einfachheit halber, am Beispiel einer *Clip Art* Grafik demonstriert werden, die in Word bereits vorhanden ist. Das Einfügen wird erreicht über den Menüpunkt *Einfügen-Grafik-Clip Art* (Wissenschaft) nachdem zuvor der Cursor richtig positioniert wurde. Das Objekt kann nach dem Einfügen, wie in Abb. 60 und Abb. 61 geschehen, noch nachträglich behandelt werden (insbesondere kann es verzerrt bzw. in der Größe verändert werden).

Für das Erscheinungsbild wesentlich ist auch die Auswahl des Textflusses, deren Auswirkungen an zwei Beispielen in Abb. 60 und Abb. 61 erläutert werden. Der Leser wird keine Schwierigkeiten haben, sich nach einigen weiteren Experimenten zurechtzufinden.

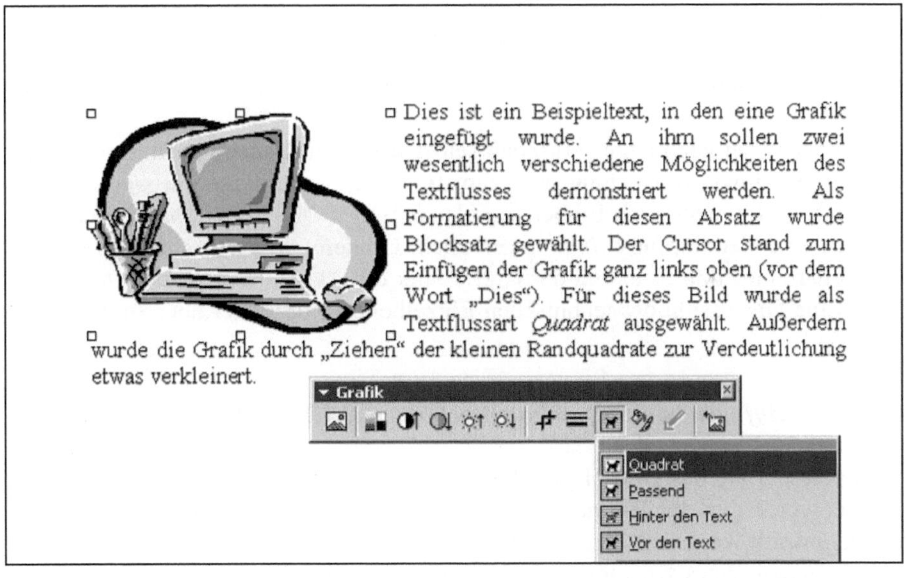

Abb. 60: Einfügen einer Grafik

Abb. 61: Textfluß

Abschließend sei noch angemerkt, daß selbstverständlich auch Grafiken aus einer
anderen Windows-Anwendung, wie zum Beispiel Excel, eingefügt werden können. Dabei ist sowohl eine Einbettung als statisches Objekt, wie hier geschehen,
als auch eine Verknüpfung (*linking*) möglich. Letztere Art der Einbettung ermöglicht sogar eine Aktualisierung der Grafik über die Aktualisierung der Ursprungs-
datei. Eine Diskussion der technischen Einzelheiten würde hier aber zu weit führen.

4.9.3.6   *Einfügen von Bildschirmausschnitten („Screen Dumps")*

Auch Ausschnitte des Bildschirms können als Objekte in Word-Dokumente eingebettet werden. In der Tat mußte diese Art der Einbettung im vorliegenden Buch
häufig gewählt werden. Allerdings muß man sich dazu, um ohne weitere Software
auszukommen, eines Kunstgriffs bedienen und darüber hinaus die meist vorhandene Zubehör-Software *Paint* nutzen.

Als Beispiel soll ein Ausschnitt des aktuellen Bildschirminhalts reproduziert werden.

Zunächst muß mittels der *Druck-Taste* der aktuelle Bildschirminhalt in die Zwischenablage kopiert und in die Paint-Anwendung wie üblich eingefügt werden.
Das Resultat wird in Abb. 62 gezeigt. Danach kann durch Klick auf das hell unterlegte Rechteck links oben in *Paint* und Öffnen eines entsprechenden Rahmens der
gewünschte Bildschirmausschnitt ausgeschnitten und eingefügt werden.

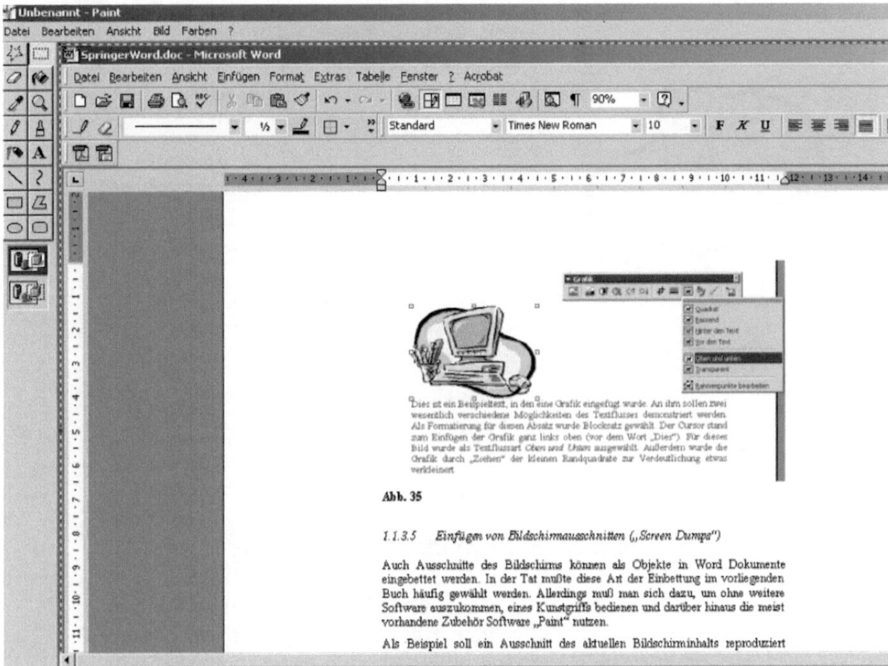

Abb. 62: Screen Dump

In der folgenden Abb. 63 ist der gewünschte Teil aus dem in Abb. 62 enthaltenen Bildschirminhalt ausgeschnitten worden. Zugegebenermaßen handelt es sich um ein recht komplexes Verfahren, bei dem aber keine zusätzliche Software (außer der erwähnten Zubehör-Software *Paint*) benötigt wird.

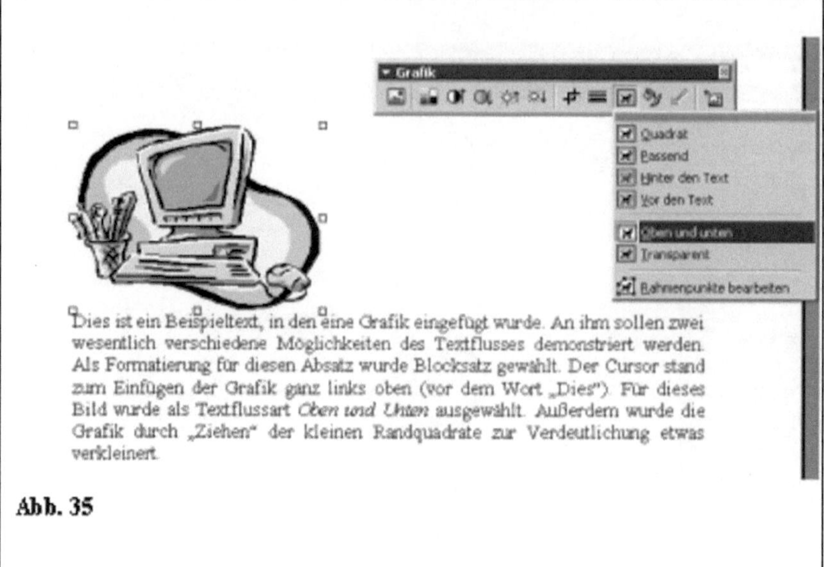

Abb. 63: Ausschnitt des Bildschirminhalts

4.9.3.7   *Einfügen von Formeln*

Formeln werden unter Word ebenfalls als Objekte in Dokumente eingefügt. Sie
können über den Formeleditor (Menüpunkt: *Einfügen-Objekt-Microsoft Formeleditor*) eingegeben und im Dokument manipuliert werden. Als Beispiel soll hier
die Konstruktion der Formel

$$\frac{\sqrt{a-b}}{\sqrt{a+b}} = \frac{\sqrt{a^2-b^2}}{a+b}$$

betrachtet werden. Nach dem Anklicken des Menüpunkts erscheint das in Abb. 64
dargestellte Bild.

Im schraffierten Rahmen wird dort die gewünschte Formel konstruiert, während in
der (einzigen) Symbolleiste des Formeleditors die verschiedensten Muster angeboten werden. In der Abb. 64 ist bereits das erste benötigte Muster (Bruch mit gera-
dem Bruchstrich) durch „Aufklappen" der Symbolleiste sichtbar gemacht worden.

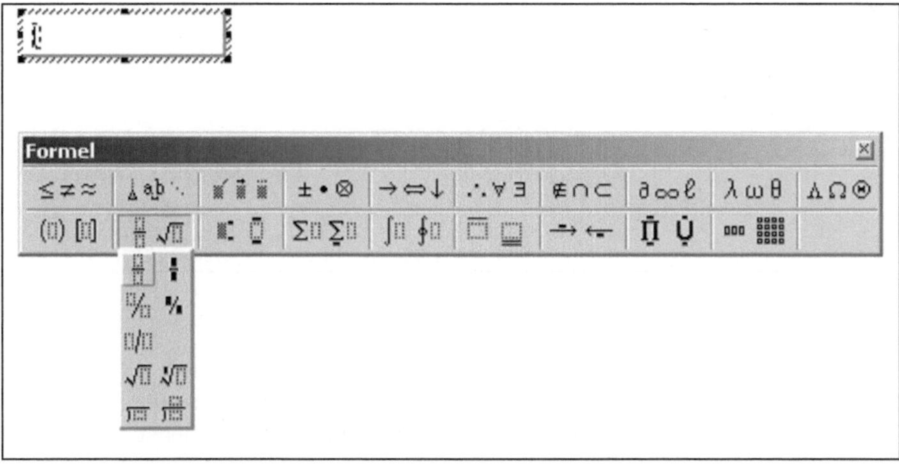

Abb. 64: Formelmuster

In der Abb. 65 erscheint das Bruchmuster im schraffierten Rechteck. Zum Erstellen der Formel müssen nun das obere und das untere leere Kästchen jeweils mit einem leeren Wurzelsymbol gefüllt werden, vgl. Abb. 66, in das jeweils die entsprechenden Buchstaben eingetragen werden. Der Rest der Formel wird ganz analog erstellt. Allerdings ist noch zusätzlich zu beachten, daß auch Hoch- und Tiefstellung von Zeichen durch Nutzung des entsprechenden Musters herbeigeführt werden muß (hierfür wird das Musterangebot, das unter dem dritten Symbol von links in der unteren Reihe der Symbolleiste steht, benötigt.

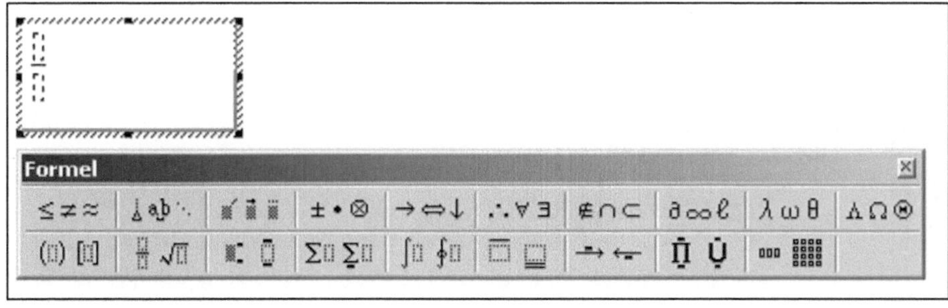

Abb. 65: Muster für einen Bruch

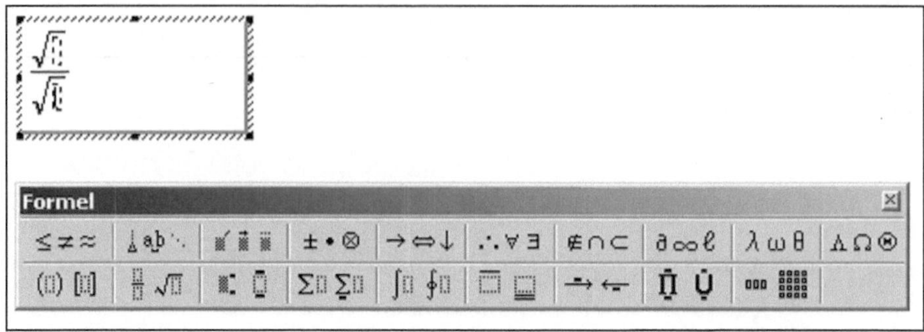

Abb. 66: Wurzelmuster im Bruch

Der Leser wird leicht mit dem verfügbaren Mustervorrat experimentieren können. Allerdings erfordert die Erstellung von Formeln zunächst eine genaue Strukturanalyse, damit der Einsatz der Muster in der korrekten Reihenfolge erfolgt.

Man beachte auch, daß mit dem Aufruf des Formeleditors automatisch die Word Menüleiste gegen die des Formeleditors ausgetauscht wird, vgl. Abb. 67, so daß Formatierungen des Formelobjekts mühelos möglich werden.

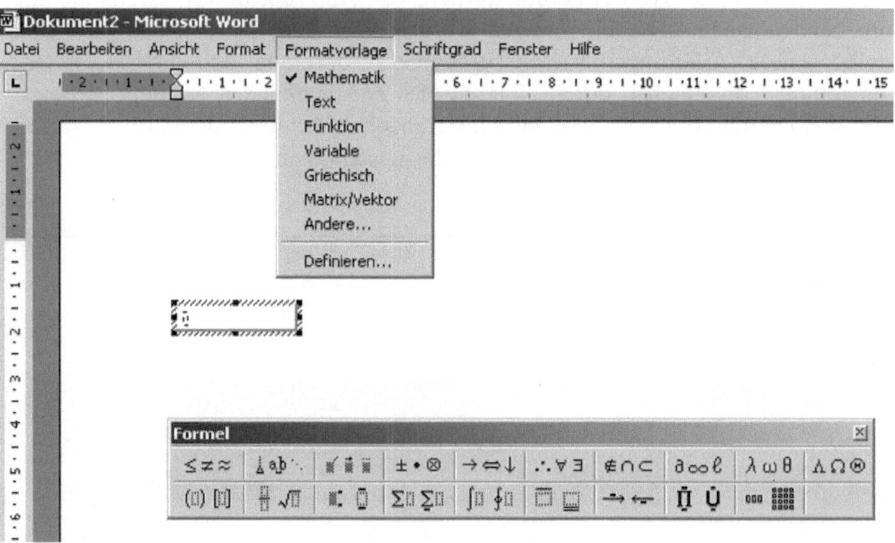

Abb. 67: Formatvorlagen im Formeleditor

Schließlich bedürfen noch einige Besonderheiten der Erwähnung:

- Die Formatierung innerhalb des Formeleditors erfolgt über den Menüpunkt *Formatvorlage*. Um eine weitgehend einheitliche Notation zu erreichen, sollten möglichst die verfügbaren Vorlagen genutzt werden. Daneben können auch individuelle Formatvorlagen über den Unterpunkt *Definieren* durch Ausfüllen des Dialogfelds in Abb. 68 konstruiert werden.

- Bei der Formatvorlage *Mathematik* ist die Eingabe von Leerzeichen nicht möglich. Sollen dennoch Leerzeichen eingegeben werden, so wird man zweckmäßigerweise zur Formatvorlage *Text* über den entsprechenden Menüpunkt wechseln, vgl. Abb. 67.

- Der Schriftgrad kann über den Menüpunkt *Schriftgrad-Definieren* durch Ausfüllen des Dialogfelds in Abb. 69 verändert werden.

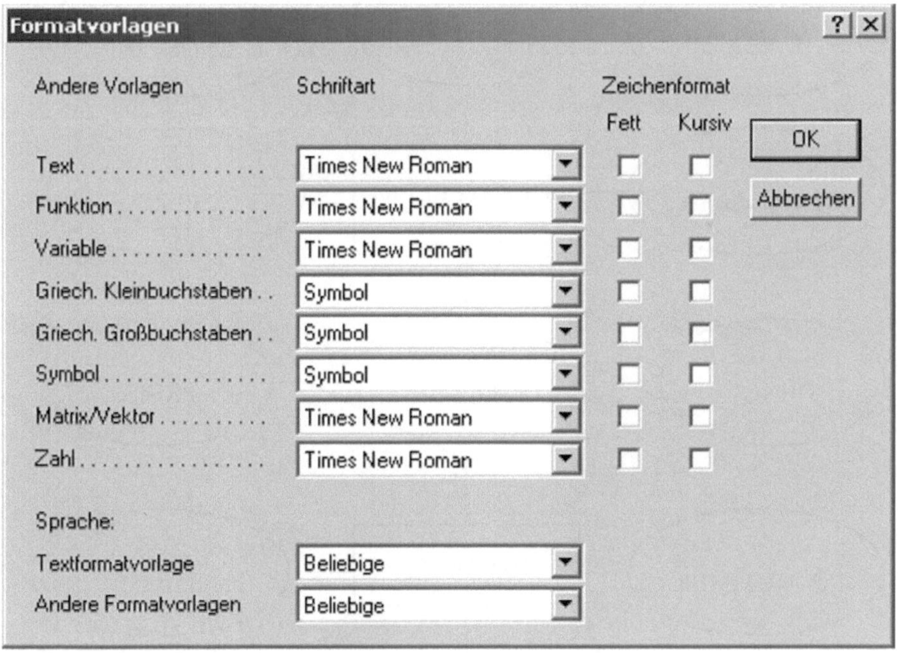

Abb. 68: Formatvorlagen definieren

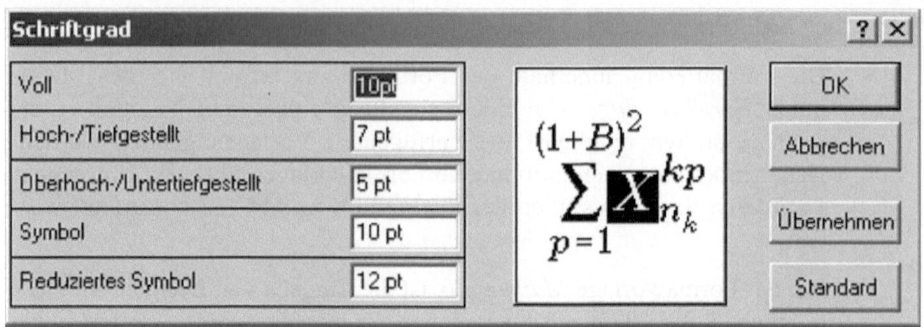

Abb. 69: Schriftgrad einstellen

4.9.3.8   *Einfügen von Zeichnungen*

Es soll zunächst das *Entity-Relationship-Diagramm* in Abb. 70 erstellt werden.

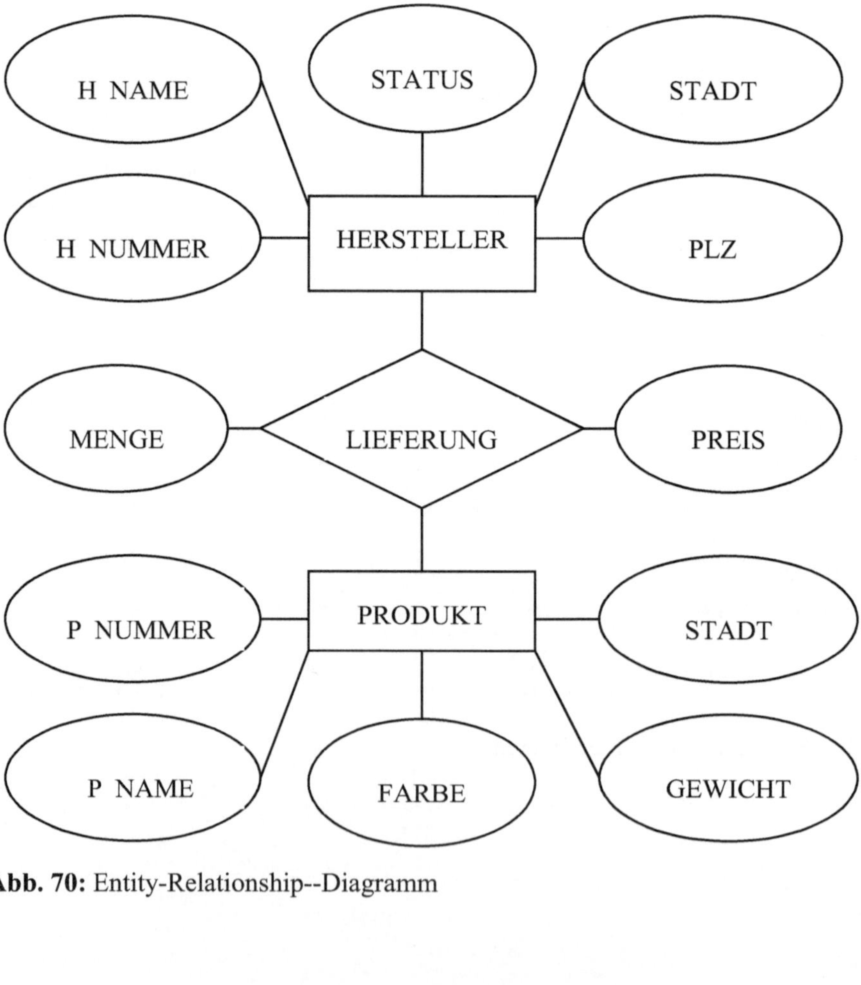

Abb. 70: Entity-Relationship--Diagramm

Zuerst wird die Symbolleiste des Grafik-Editors im normalen Word Fenster über den Menüpunkt *Ansicht-Symbolleisten-Zeichnen* zu den bereits vorhandenen hinzugefügt. Darüber hinaus empfiehlt es sich, um von vornherein eine gute Positionierung der Zeichnungsteile zu erreichen, über *Zeichnen-Gitternetz* (in der *Zeichnen-Symbolleiste*) gemäß Abb. 71 ein von Word angebotenes Raster sichtbar zu machen.

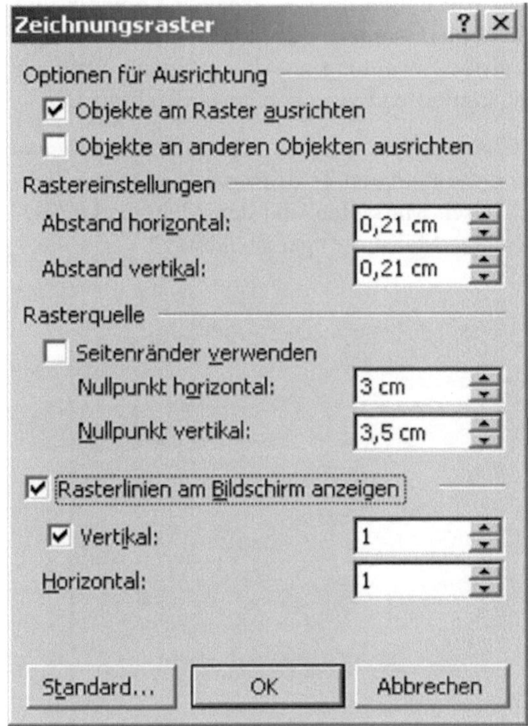

Abb. 71: Raster sichtbar machen

Die hier benötigten Standard-Zeichenelemente findet man in der *Zeichnen-Symbolleiste* (Rechteck und Ellipse in offensichtlicher Weise symbolisiert), bzw. unter dem Menüpunkt *Autoformen-Standard* (Raute). Sie können mit der Maus in der üblichen Weise (Ziehen mit gedrückter linker Maustaste) im Raster positioniert werden. Ein wichtiges Hilfsmittel ist hier auch die *Strg*-Taste. Hält man sie gedrückt, so beziehen sich Änderungen in der Größe des Zeichnungselements jeweils auf den Mittelpunkt. Beispielsweise kann dadurch eine Ellipse mit gedrückter linker Maustaste vergrößert oder verkleinert werden, ohne den Mittelpunkt zu verschieben.

In diesem Zusammenhang ist zu erwähnen, daß auch die *Shift*-Taste im Grafik-Editor eine besondere Bedeutung besitzt: Drückt man sie vor dem Zeichnen oder Verändern eines Elements, so wirken sich Änderungen nur in horizontaler, vertikaler und diagonaler Richtung aus. Damit lassen sich also leicht Quadrate und Kreise konstruieren sowie exakt waagrechte oder vertikale Verschiebungen erreichen.

Die fertiggestellten Zeichenelemente können markiert (durch Klicken auf ihren Rand) und dann bearbeitet und auch, wie üblich über *Bearbeiten-Kopieren* und *Bearbeiten-Einfügen*, verschoben und kopiert werden. Insbesondere dem Kopieren kommt dabei im obigen Diagramm große Bedeutung zu, da einmal im richtigen Format konstruierte Ellipsen nur noch kopiert und verschoben werden brauchen.

Schließlich wird der Text über *Textfelder* eingetragen. Sie können über *Einfügen-Textfeld* erzeugt werden. In ihnen sind die üblichen Textformatierungen möglich. Weitere Möglichkeiten ergeben sich durch Markieren und den Menüpunkt *Textfeld formatieren* des Kontextmenüs (rechte Maustaste) gemäß Abb. 72.

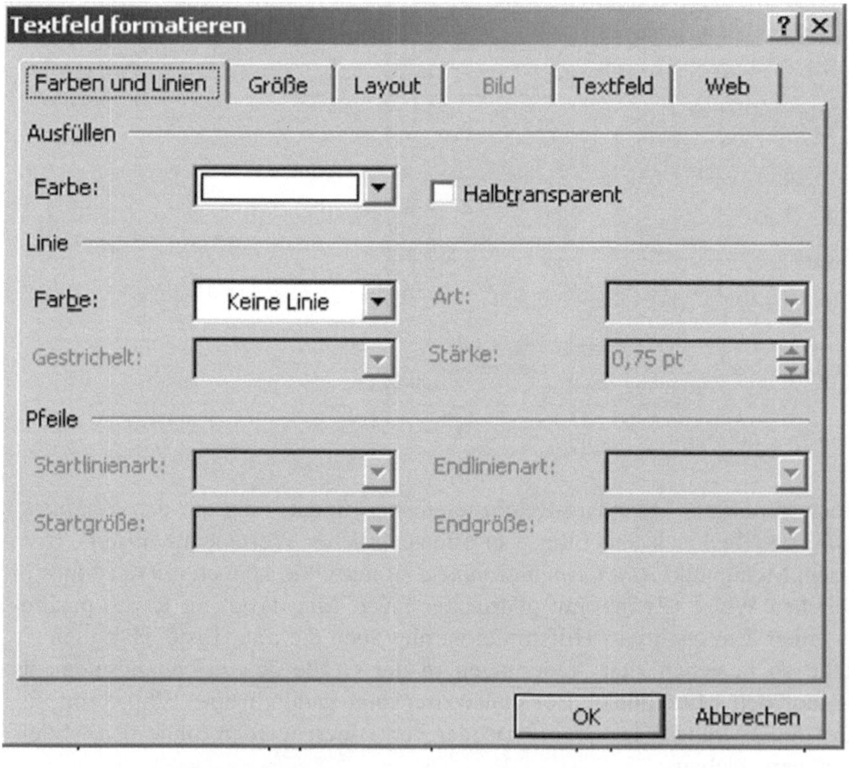

Abb. 72: Textfeld formatieren

Auch Textfelder können in der üblichen Weise kopiert und verschoben werden.

Der Nutzen des Gitternetzes wird in der folgenden schematischen Zeichnung einer Turing Maschine (die in ähnlicher Form in diesem Buch bereits auftauchte) deutlich, die ohne das Raster wohl kaum so perspektivisch genau hätte angefertigt werden können.

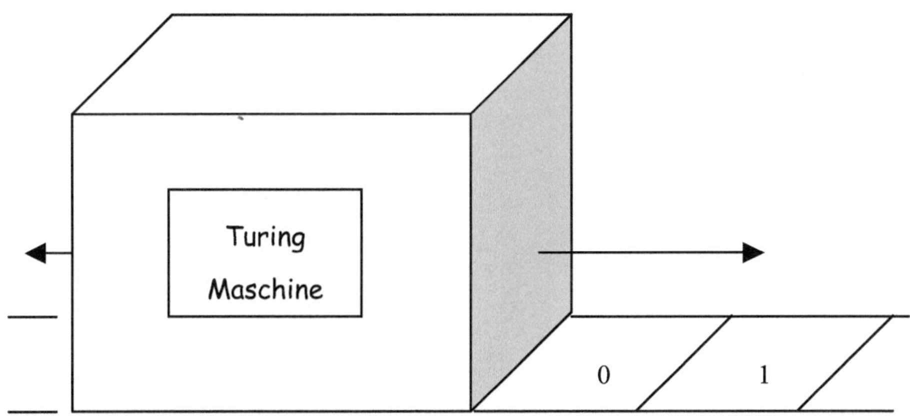

Abb. 73: Schematische Zeichnung

Der Würfel in Abb. 73, der die Turing Maschine schematisch darstellen soll, steht in der Symbolleiste als Standardform zur Verfügung, vgl. Abb. 74, während das „Band" durch Auszählen der Rasterpunkte erzeugt wurde.

Abb. 74: Standardformen

In Abb. 74 ist links unten ein weißer Pfeil sichtbar. Er dient dazu, die Elemente einer Zeichnung zu einem Ganzen zusammenzufassen, indem man mit seiner

Hilfe ein Rechteck um die gesamte Zeichnung legt und dann den Menüpunkt *Zeichnen-Gruppierung* aktiviert, vgl. Abb. 75. Dadurch können die Elemente der Zeichnung als Ganzes markiert und so auch kopiert werden, was sich als äußerst nützlich erweist.

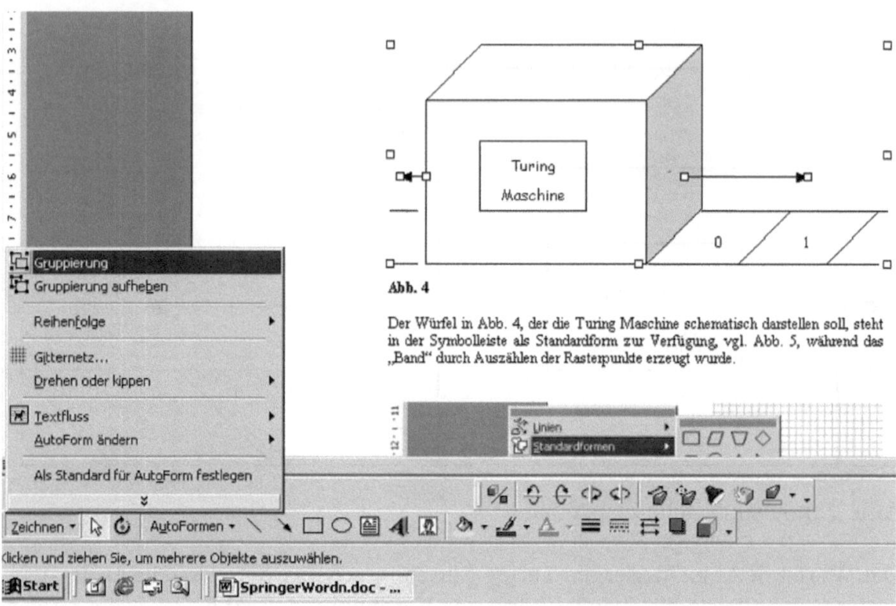

Abb. 75: Gruppierung

4.10   Präsentationen mit MS Powerpoint

In diesem Abschnitt soll am Beispiel von MS Powerpoint kurz die Funktionalität eines Systems zur Erstellung und Verwaltung von Präsentationen vorgestellt werden, weil es in engem Zusammenhang zur Textverarbeitung steht. Da die wesentlichen Elemente des Systems dem eben besprochenen MS Word stark ähneln, wird auf technische Einzelheiten kaum eingegangen. Stattdessen werden hauptsächlich an Hand einer fiktiven Präsentation allgemeine Hinweise zur Gestaltung von Präsentationen gegeben.

4.10.1   Eröffnungsfenster von MS Powerpoint

Ein Ausschnitt des beim Aufruf des Programms erscheinenden Fensters ist in Abb. 76 dargestellt. Es besitzt ein ganz ähnliches Aussehen, wie das von MS Word und sollte daher kaum einer weiteren Erläuterung bedürfen.

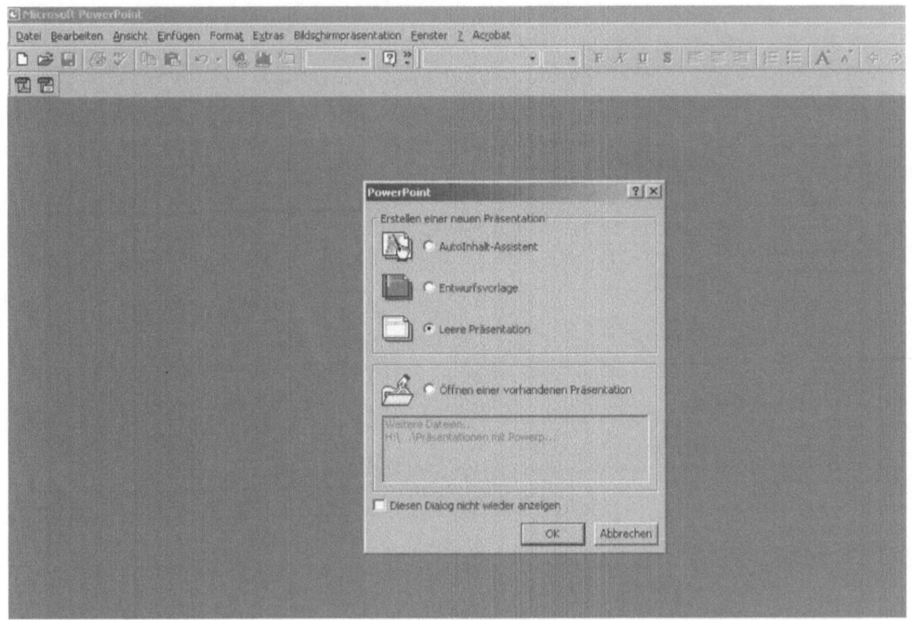

Abb. 76: Eröffnungsfenster MS Powerpoint

Wird *leere Präsentation* gemäß Abb. 76 mit ok bestätigt, so erscheint als nächstes das in Abb. 77 sichtbare Bild und damit kann die Erarbeitung der Präsentation bereits beginnen.

4.10.2   Erarbeitung der Präsentation

4.10.2.1   Titelfolie

Zunächst sollte eine Titelfolie erarbeitet werden. Dies geschieht, indem gemäß Abb. 77 das entsprechende Folienmuster ausgewählt wird. Dabei sollte beachtet werden, das rechts im Dialogfeld *Neue Folie* eine Beschreibung des aktuellen Musters eingeblendet ist. Das Muster für die Titelfolie ist Abb. 78 zu entnehmen. Durch Ausfüllen der entsprechenden Felder gemäß den in ihnen enthaltenen Anweisungen ergibt sich beispielsweise die Sicht der Abb. 79.

Man beachte in diesem Zusammenhang, daß Füllfarbe und Schriftfarbe , wie von Word bekannt, über Markierung und entsprechende Symbolauswahl erzeugt wurden. Die vorgegebene Schriftart und –größe wurden belassen, hätten aber auch, wie von Word bekannt, geändert werden können.

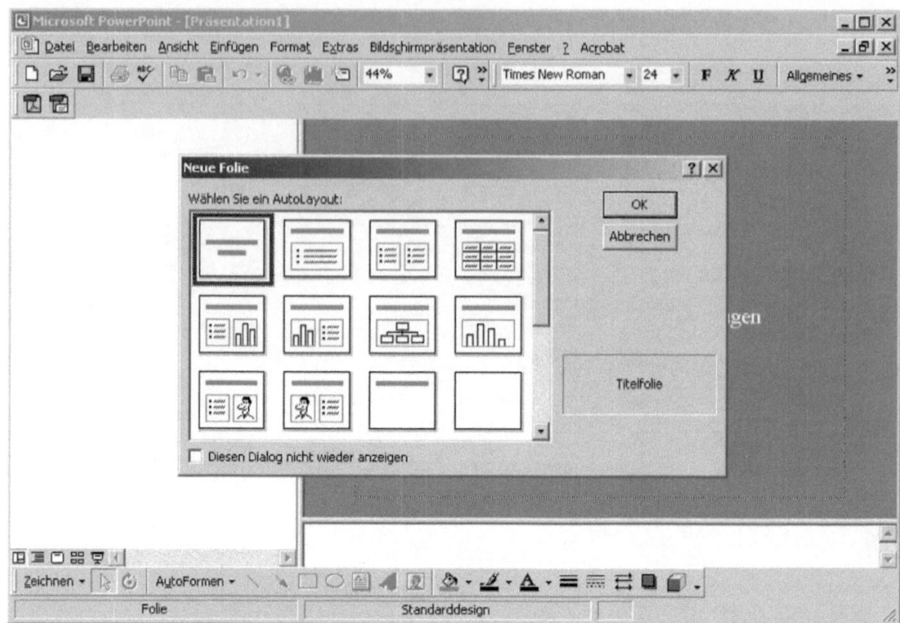

Abb. 77: Folienmuster wählen

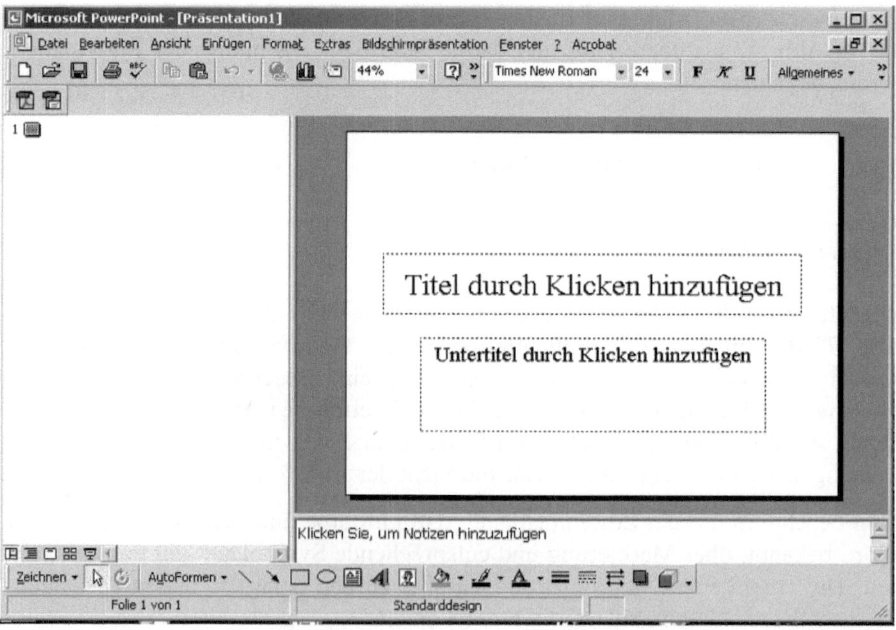

Abb. 78: Muster für Titelfolie

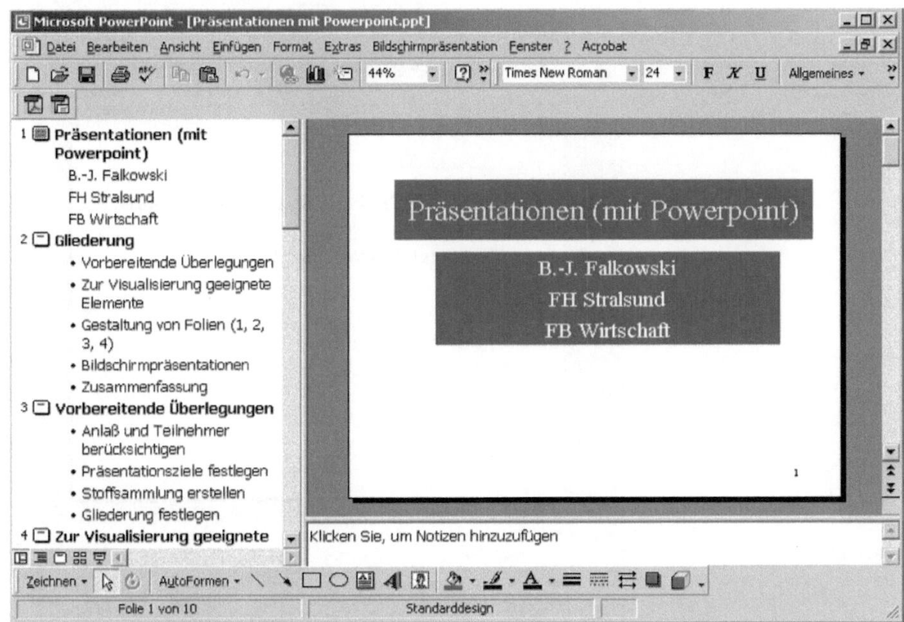

Abb. 79: Titelfolie

4.10.2.2 *Erstellung weiterer Folien und Gestaltungshinweise*

Die Erstellung weiterer Folien geschieht in ähnlicher Weise. Im Interesse einer weitgehend einheitlichen Gestaltung empfiehlt es sich, jeweils das benötigte Muster aus der Angebotspalette in Abb. 77, die nach Anklicken des Menüpunkts *Einfügen-Folie neu* erscheint, auszuwählen. Bei Bedarf kann der Nutzer auch ein leeres Folienmuster auswählen und selbst gestalten. Das nach Auswahl des zweiten Musters erscheinende Fenster wird in Abb. 80 gezeigt. Es dient als Vorlage für alle hier erstellten Musterfolien.

Die in Abb. 81 bis Abb. 89 gezeigten Folien wurden ähnlich der Titelfolie erstellt und enthalten Hinweise zur Gestaltung von Präsentationen. Dem Leser sei daher empfohlen, sich nicht nur mit ihrer äußeren Form, sondern auch mit ihrem Inhalt zu beschäftigen. Zu weiteren Gestaltungsdetails vgl. etwa [Jar], dem auch die meisten der hier angebotenen Hinweise entnommen wurden.

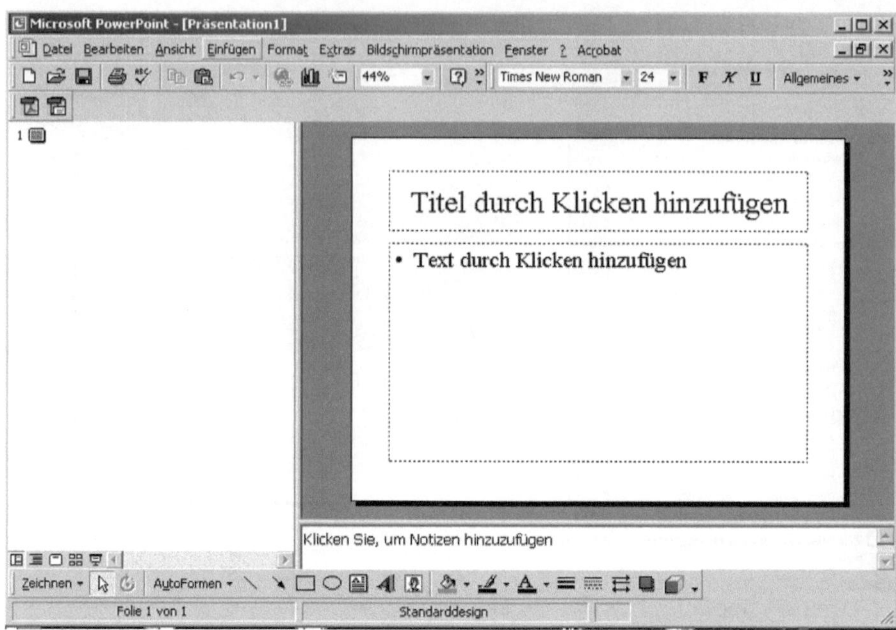

Abb. 80: Folienmuster

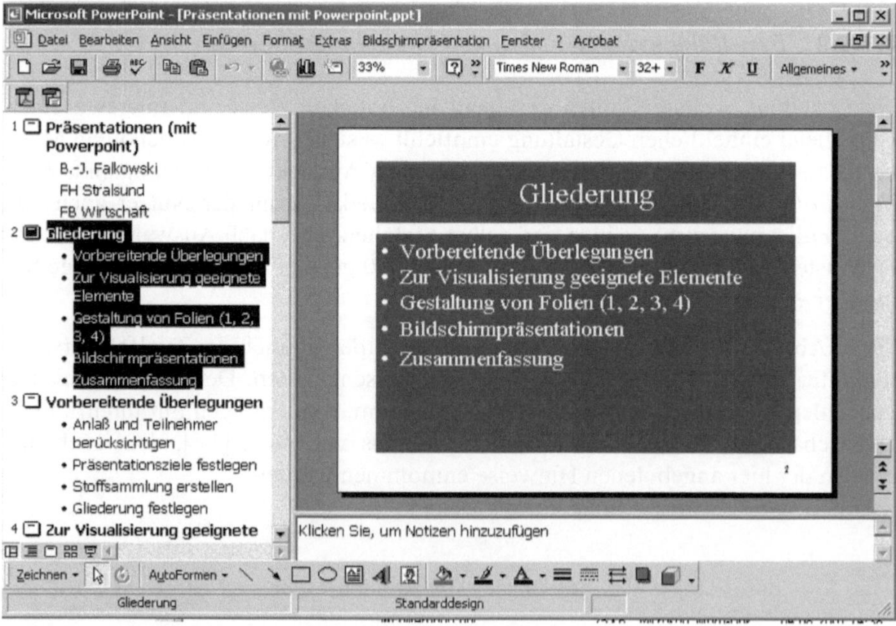

Abb. 81: Gliederung

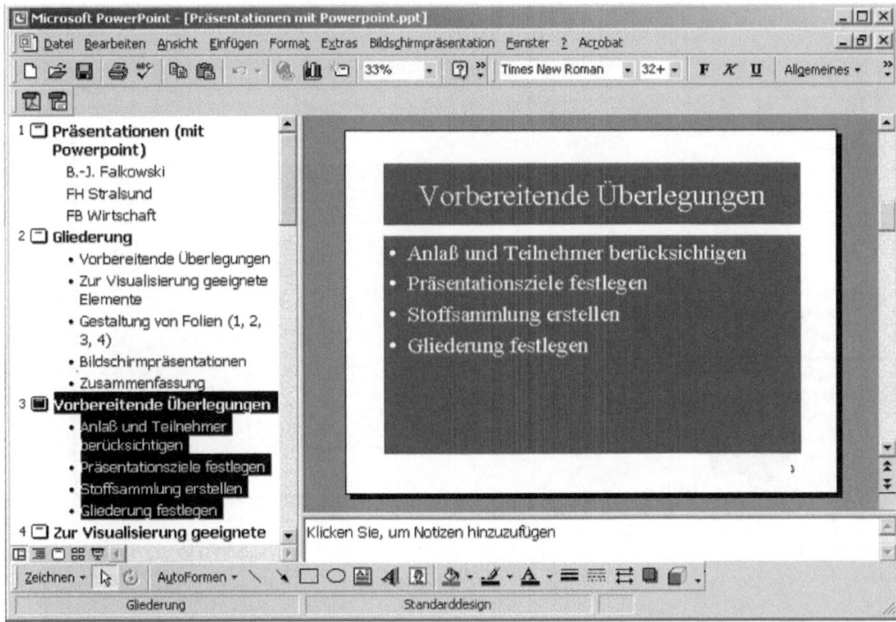

Abb. 82: Vorbereitende Überlegungen

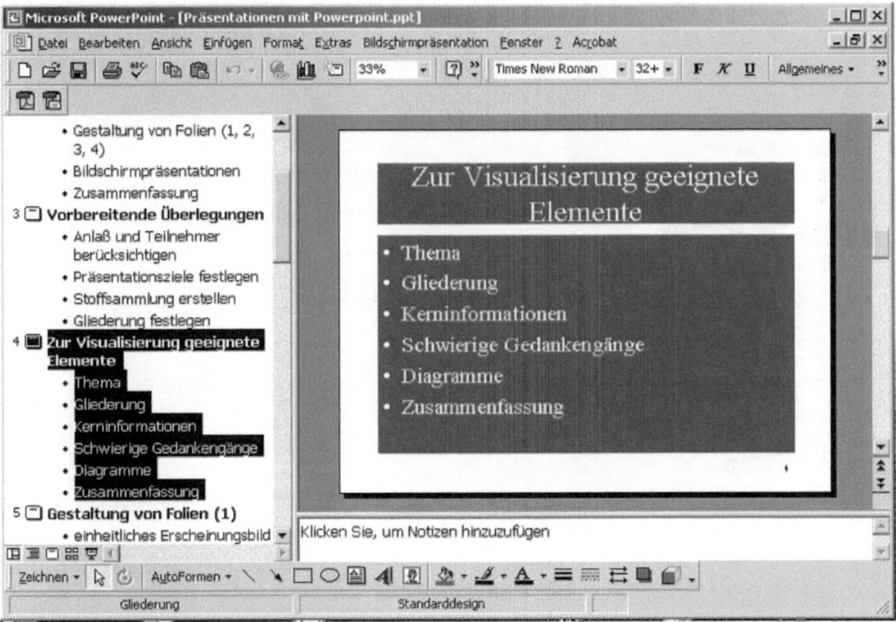

Abb. 83: Zur Visualisierung geeignete Elemente

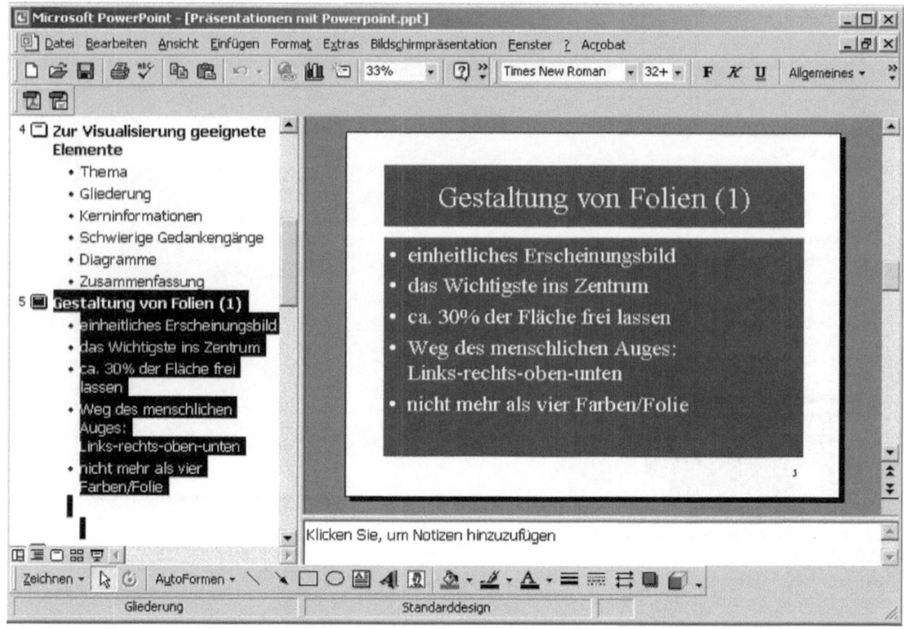

Abb. 84: Gestaltungshinweise (1)

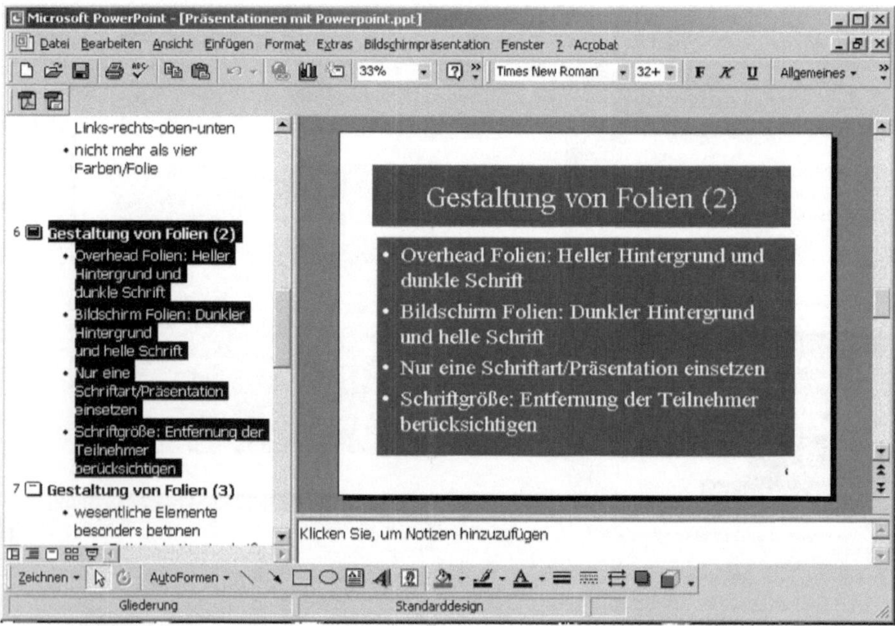

Abb. 85: Gestaltungshinweise (2)

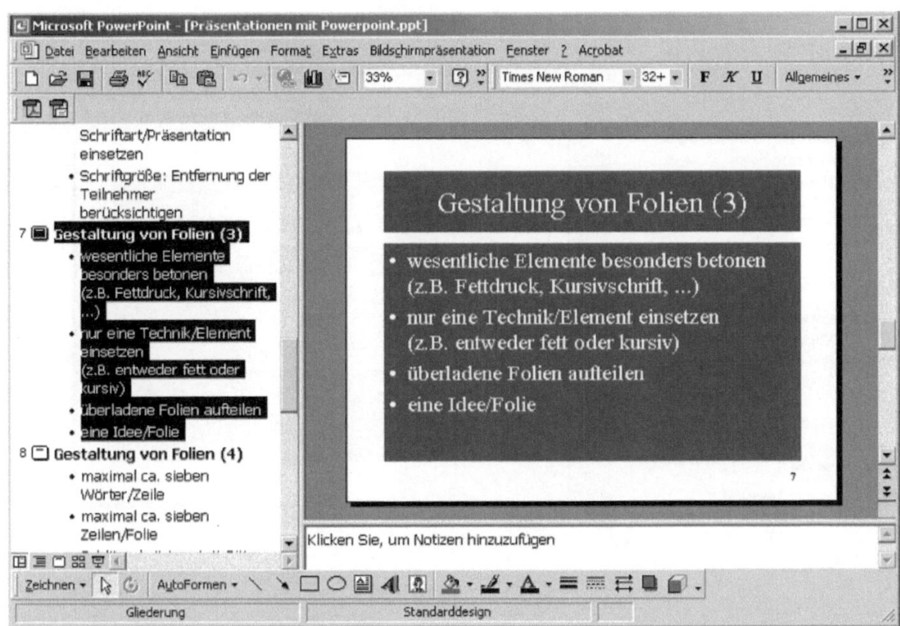

Abb. 86: Gestaltungshinweise (3)

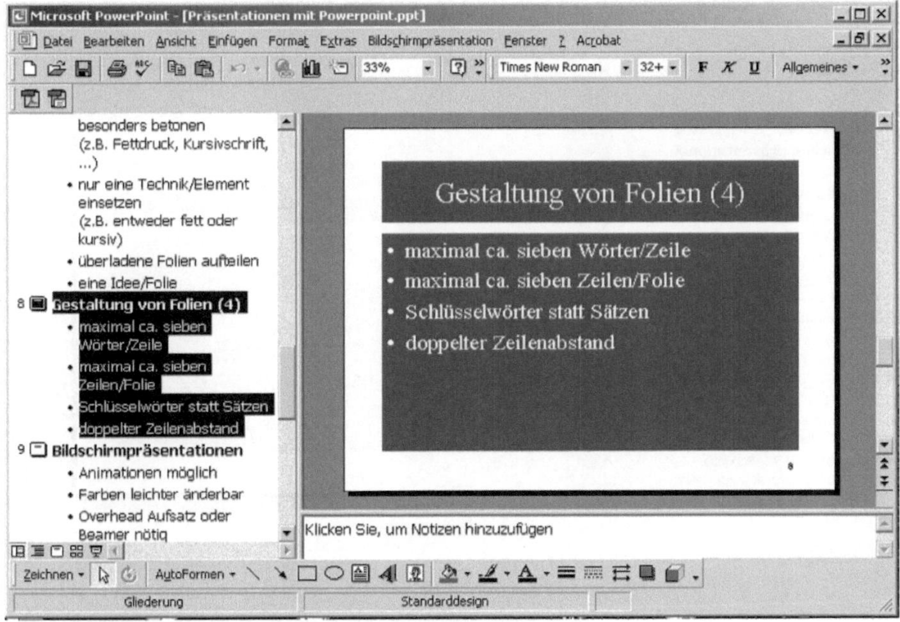

Abb. 87: Gestaltungshinweise (4)

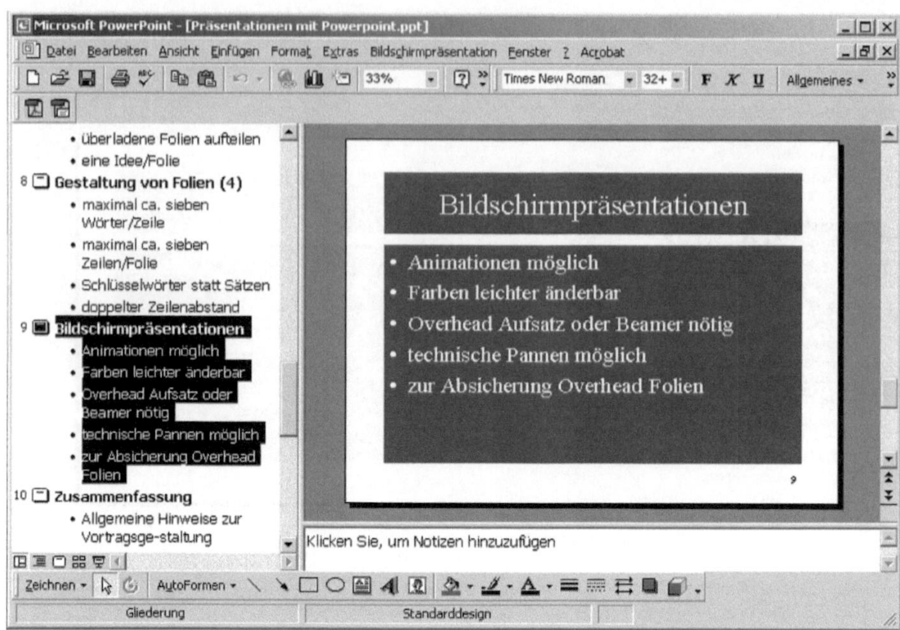

Abb. 88: Bildschirmpräsentationen

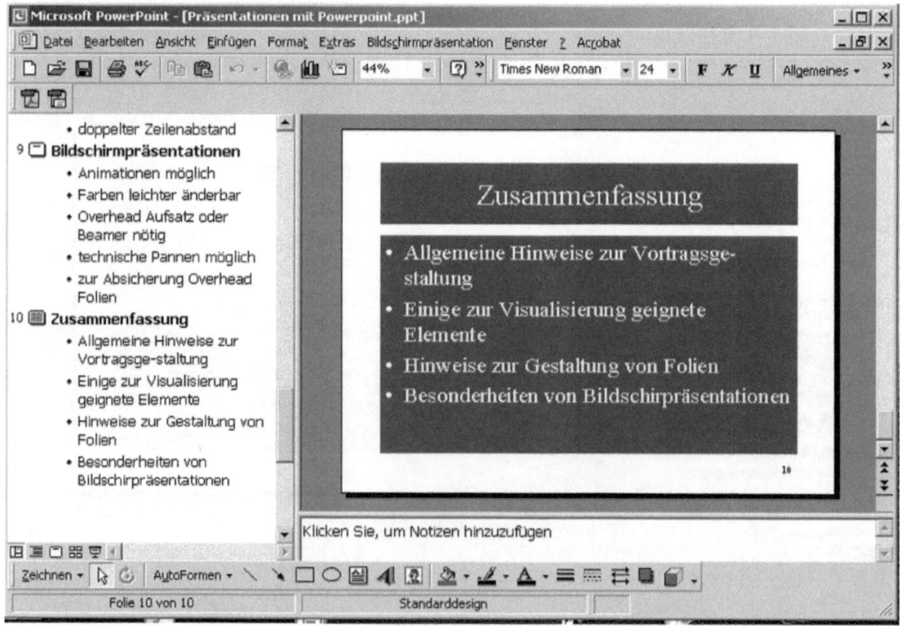

Abb. 89: Zusammenfassung

4.10.2.3   Folienansicht

Die Folien werden meistens in der Ansicht *Foliensortierung* bearbeitet. Dies ist auch die Standardansicht. Im Befehlsmenü kann unter dem Punkt *Ansicht* jedoch auch die Sortieransicht ausgewählt werden. In ihr erhält man einen Überblick über alle Folien, vgl. Abb. 90. Daneben dient sie hauptsächlich dazu, die Reihenfolge von Folien zu verändern (daher auch der Name): Soll beispielsweise eine Folie verschoben werden, so wird sie einfach mit der Maus angeklickt. Daraufhin erscheint sie mit einem Rahmen und kann mit der linken Maustaste auf die gewünschte Position gezogen werden. In der Sicht *Foliensortierung* können Folien auch auf die übliche Weise kopiert und gelöscht werden.

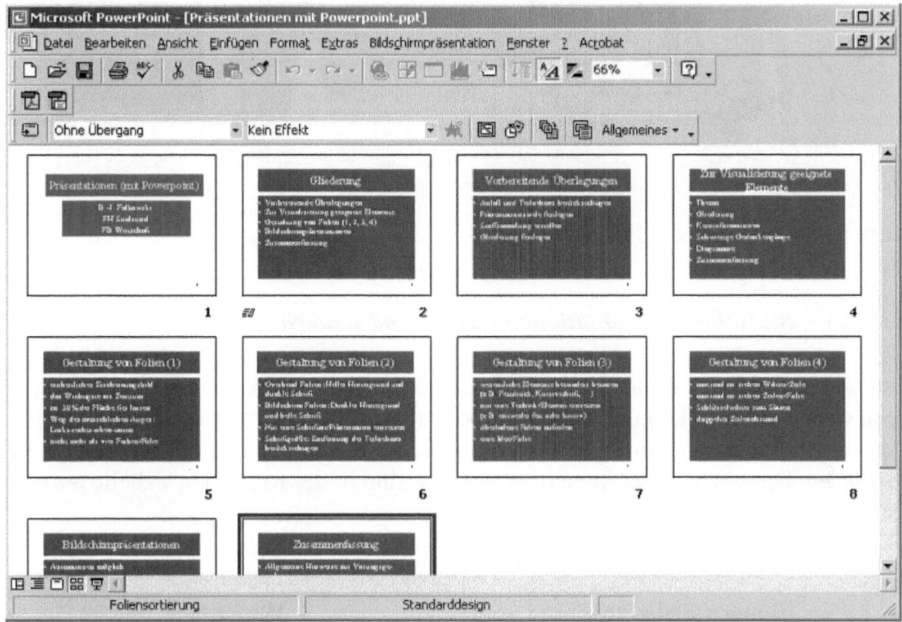

Abb. 90: Foliensortierung

4.10.2.4   Einheitliche Gestaltung von Folien

Ebenfalls unter dem Menüpunkt *Ansicht* (Unterpunkt *Master-Folienmaster*) kann eine einheitliche Formatierung hinsichtlich Schriftfarbe, Füllfarbe, Hintergrundfarbe, etc. festgelegt werden. Nach dem Anklicken erscheint das in Abb. 91 gezeigte Muster, das nur entsprechend formatiert werden muß.

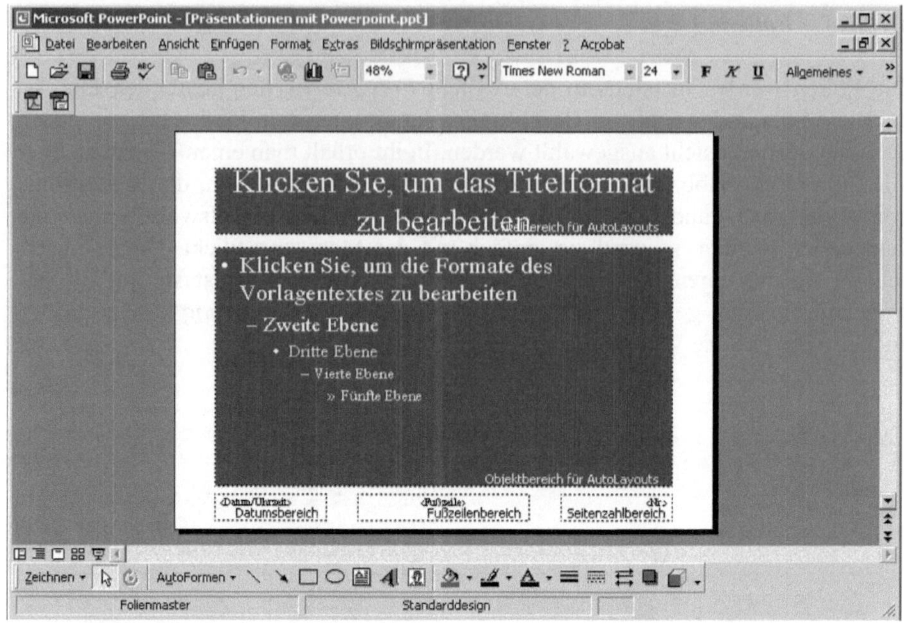

Abb. 91: Muster für die Formatierung

4.10.2.5 *Bildschirmpräsentationen starten und steuern*

Sind alle Folien erstellt und in der Foliensortieransicht in die richtige Reihenfolge
gebracht worden, so kann sofort die Präsentation aus Powerpoint gestartet werden.
Der relevante Menüpunkt ist *Bildschirmpräsentation-Bildschirmpräsentation
vorführen.* Die wichtigsten Steuerungsbefehle sind in der folgenden Tabelle aufgelistet.

Steuerungsbefehl	Wirkung
Pfeiltaste nach unten	Nächste Folie einblenden
Pfeiltaste nach oben	Vorhergehende Folie einblenden
Foliennummer (n) + *Enter*	Folie (n) einblenden
Esc	Beenden
Beide Maustasten 2 sec drücken	Zur Anfangsfolie zurück

4.10.2.6   Animationen

Bei Bildschirmpräsentationen können vielfältige Animationen vorgenommen werden. Hier sei, der Einfachheit halber, nur die Animation von Aufzählungen betrachtet. Dabei lassen sich die Aufzählungspunkte automatisch oder per Mausklick in die Folie einblenden.

Um die Animation zu erreichen, muß die relevante Folie in der Folienansicht erscheinen. Nach Auswahl des Menüpunkts *Bildschirmpräsentation-Benutzerdefinierte Animation* erscheint das Dialogfeld in Abb. 92.

Durch Anklicken des zu animierenden Elements (hier der Aufzählungstext) und *Animation starten bei Mausklick*, wird der gewünschte Effekt erreicht, von dem man sich auch durch eine Vorschau im kleinen Fenster der Abb. 93 rechts oben überzeugen kann.

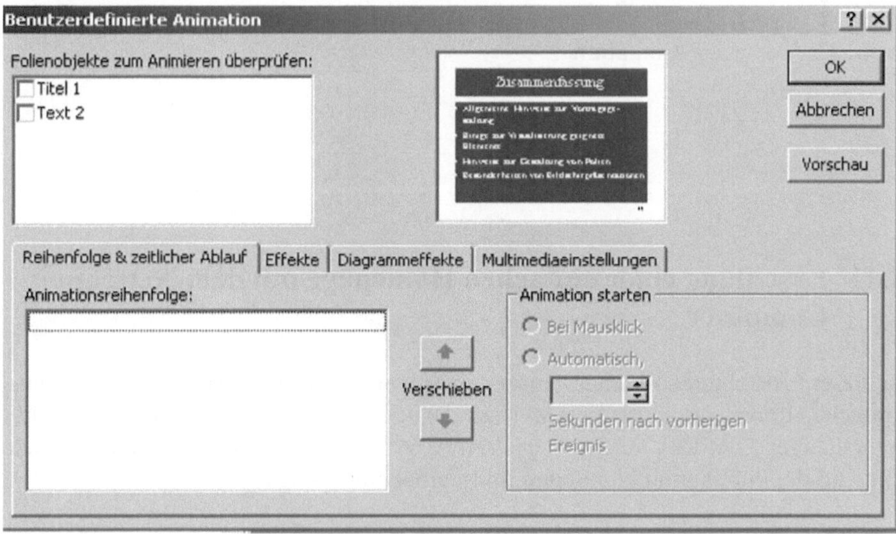

Abb. 92: Benutzerdefinierte Animationen

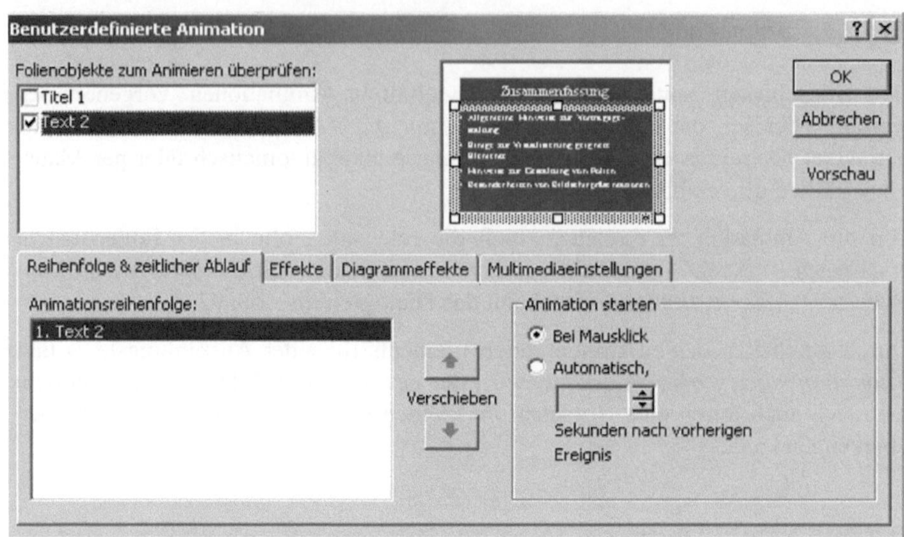

Abb. 93: Vorschau Animation

4.11 Erstellung einer einfachen Homepage mit dem Netscape Composer

In diesem Abschnitt soll unter Einsatz eines weit verbreiteten HTML-Editors eine einfache Homepage konstruiert werden. Dabei wird allerdings die Erstellung internetfähiger Grafiken nur kurz gestreift[11]. Am Ende des Abschnitts wird auch kurz auf die Publikation von Seiten im Internet eingegangen.

4.11.1 Vorbereitungen

Zunächst werden die benötigten Grafiken in einem passenden Verzeichnis (hier: .../MyPage1) gespeichert. Dabei wird häufig, wie auch hier, das *JPEG-Format* verwendet (Dateierweiterung: jpg), das sich durch eine hohe Komprimierung auszeichnet. Eingescannte Bilder aber auch z.B. Clip-Art-Grafiken unter Word müssen i.a. durch ein spezielles Grafik-Programm (z.B. *Paint*, besser: *Corel Pho-*

---

[11] Hier wurden einige durch Prof. Dr. Zschau erstellte Grafiken verwendet. Außerdem sind die konstruierten Seiten aus Lehrmaterialien der Kollegen Prof. Dr. Blakowski und Prof. Dr. Zschau mit deren frdl. Genehmigung abgeleitet worden.

to-Paint) zunächst ins gewünschte Format umgewandelt werden. Der Leser wird hierzu vermutlich einige Experimente durchführen wollen. Beispielsweise kann, wie auch unten in einem Fall geschehen, eine Clip-Art-Grafik aus Word mittels *Cut and Paste* in das Programm Paint eingefügt und danach im JPEG-Format (mit *Speichern unter*) abgelegt werden.

4.11.2   Die erste Seite der Homepage

Nach dem Aufruf des Netscape Communicators (am besten arbeitet man online, da dann auch gleich die erstellten Verknüpfungen (*links*) getestet werden können) und dem Aufruf des Composers über das Befehlsmenü *Communicator-Composer* gemäß Abb. 94, erscheint die Sicht des Composers, die ausschnittweise in Abb. 95 dargestellt ist. Auf dem leeren Blatt kann, ähnlich wie bei Word, die erste Seite der Homepage konstruiert werden.

Sei also angenommen, daß für einen Dozenten der FH Stralsund im Fachbereich Wirtschaft (Studiengang Wirtschaftsinformatik) mit den Initialen BJF eine einfache Homepage zu erstellen ist.

Auf der ersten Seite soll ein Bild erscheinen, gewisse Informationen über die Umgebung sollen auftauchen, und es sollen auch *Links* zu anderen Informationsquellen, die etwa (die FH) Stralsund und Mecklenburg-Vorpommern betreffen, gesetzt werden. Schließlich soll auch die Email-Adresse des Dozenten verfügbar gemacht werden.

Abb. 94: Netscape Composer aktivieren

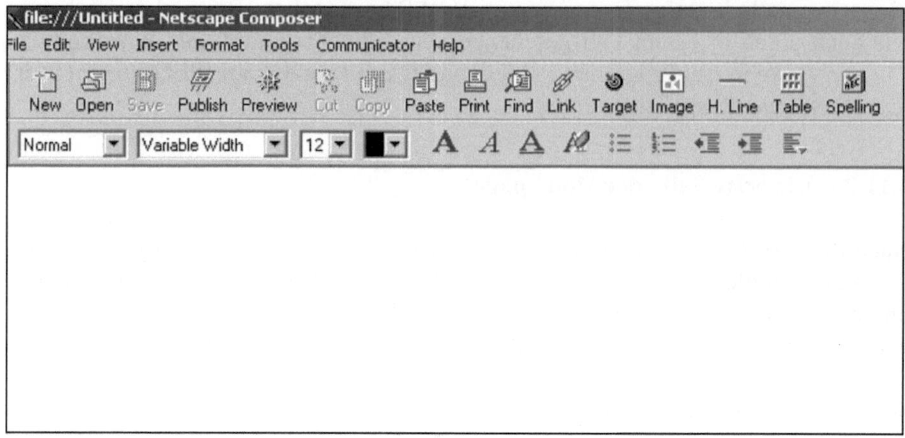

Abb. 95: Netscape Composer

Im Netscape Composer wird unmittelbar die Zeichenkette „Wirtschaftsinformatik" eingegeben und formatiert (hier Font: Arial, Size: 36, Color: Blau) über den
Menüpunkt *Format* gemäß Abb. 96. Zusätzlich wurde zentriert über den Unterpunkt *Align-Center* (da nur ein Bildausschnitt gezeigt wird, kommt die Zentrie-
rung in Abb. 96 nicht zum Ausdruck).

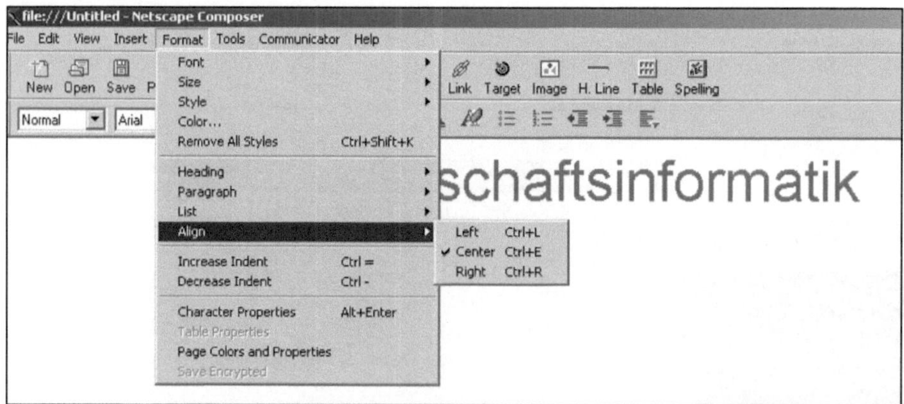

Abb. 96: Formatierung im Composer

Die Seitenfarbe kann über *Page Colors and Properties* gemäß Abb. 96 gewählt
werden. Die Farbe *(Blue on Orange)* kommt in Abb. 97 aber nicht zur Geltung.

Abb. 97: Teilergebnis

Als nächstes wird eine horizontale Trennlinie mit *Insert-Horizontal Line* eingefügt.

Die weiteren Informationen lassen sich gut innerhalb einer Tabelle darstellen.
Diese Darstellungsart wird in einfachen Homepages gern verwendet, da sie leicht
zu handhaben ist.

Die gewünschte Tabelle kann mit *Insert-Table* eingefügt werden. Das erscheinende Dialogfeld wird gemäß Abb. 98 ausgefüllt. Das Ergebnis wird in Abb. 99 angezeigt.

Mit den Pfeiltasten können jetzt die einzelnen Zellen der Tabelle erreicht und
gefüllt werden. Dabei wird die Schrift wie üblich formatiert (Arial, 14, blau).

Die Einträge in den Zellpositionen 2,1 bis 7,1 (linke Spalte) lauten *Studiengang
Winf, Fachbereich Wirtschaft, FH Stralsund, Stadt Stralsund, Mecklenb.-
Vorpommern, Kontakt.*

Die 1,1 Position (linke obere Ecke) wird mit *Insert-Image* gefüllt. Im erscheinenden Dialogfeld wird einfach der Pfadname des gewünschten Bildes (z.B.
...MyPage1/bjf.jpg) angegeben und das Bild ggfs. in der Größe angepaßt. Danach
wird in dieser Zelle unter dem Bild auch „BJF" eingetragen und formatiert.

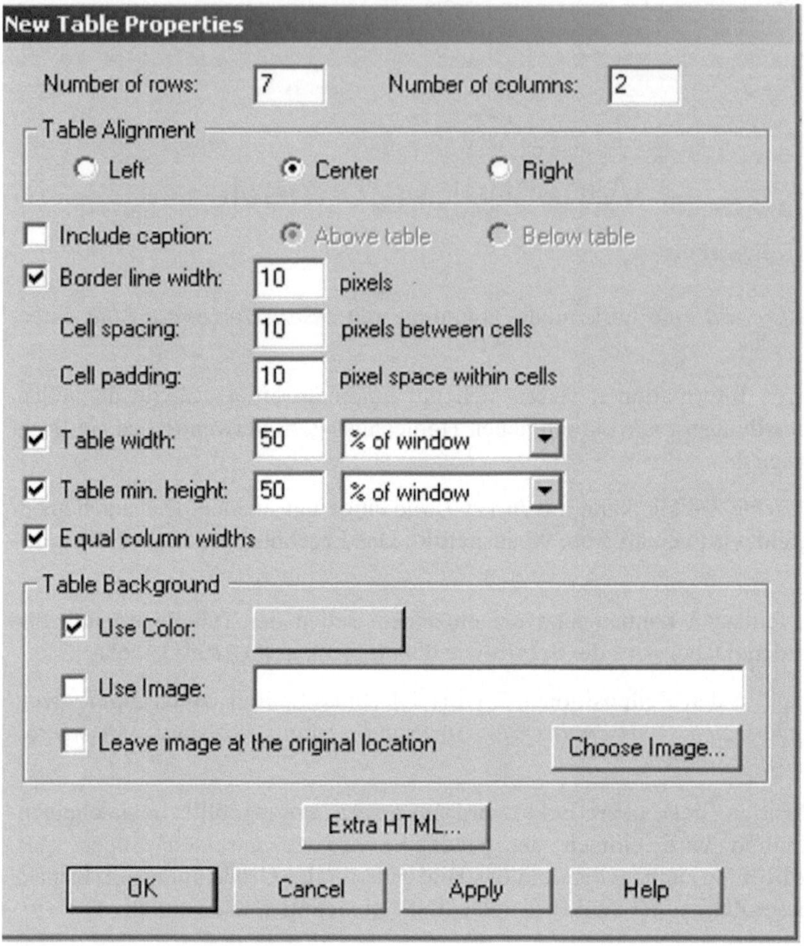

Abb. 98: Tabelle erstellen

Abb. 99: Leere Tabelle

Schließlich müssen, nachdem der Text in der 1,2 Position wie üblich erzeugt wurde, in der rechten Spalte jeweils über *Insert-Image* die gewünschten Grafiken durch Angabe ihrer Pfadnamen eingefügt werden. Nach Ausrichtung über *Format-Align* ergibt sich das in Abb. 100 als Ausschnitt dargestellte Bild.

Die Oberfläche der ersten Seite wird vervollständigt, indem mit *Insert-Horizontal Line* noch eine Trennlinie und darunter mit *Insert-Image* ein Pfeil, der zum Anfang der Seite zeigt, eingefügt werden. Der untere Teil der vollständigen Seite wird ausschnittweise in Abb. 101 gezeigt.

Abb. 100: Oberer Teil der ersten Seite

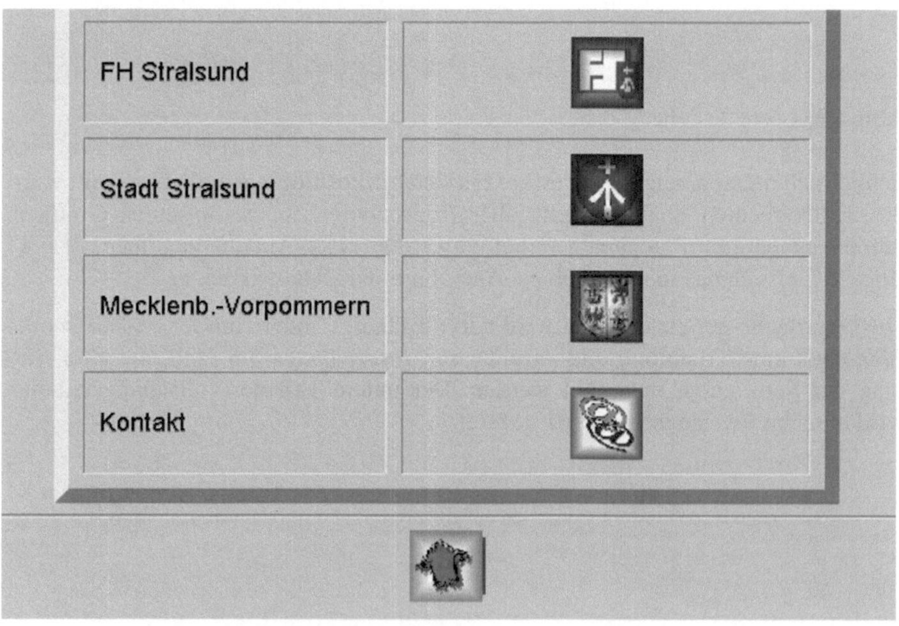

Abb. 101: Unterer Teil der ersten Seite

4.11.3 Die Region-Seite der Homepage

Diese Seite wird analog zur ersten Seite erstellt. Als Überschrift dient „Meine Region". Formatierungen und Farbauswahl erfolgen ansonsten wie auf der ersten Seite. Auch hier wird eine Tabelle eingefügt, die aber nur zwei Zeilen und eine Spalte enthalten soll. In dieser Tabelle wird in der ersten Zeile die Zeichenkette „Kreideküste Rügen" eingegeben und dann mit *Insert-Image* die gewünschte Grafik (hier rügen.jpg) in der zweiten Zeile plaziert. Auch der Abschluß der Seite erfolgt völlig analog zum Abschluß der ersten Seite. Das Endresultat wird ausschnittweise in Abb. 102 gezeigt. Es wurde in ...MyPage1/region.html gespeichert.

Abb. 102: Region-Seite

4.11.4 Einfügen von Zielen (Targets) und Verknüpfungen (Links)

Auf der ersten Seite soll nach Anklicken des Pfeils, vgl. Abb. 101 unten, zum Anfang der Seite gesprungen werden. Um dies zu erreichen wird ein Ziel (*Target*) mit *Insert-Target* links neben die Überschrift plaziert.

Auf der Region-Seite soll der Pfeil jedoch vermutlich bewirken, daß zur ersten Seite zurückgesprungen wird. Deshalb wird hier kein Ziel gesetzt. Die gewünschten Verknüpfungen können schließlich nach Markieren der relevanten Knöpfe mittels *Insert-Link* gemäß Abb. 103 für Ziele auf derselben Seite und gemäß Abb. 104 für andere Ziele erzeugt werden.

Die benötigten *Link-Einträge* für die Knöpfe der ersten Seite werden in der folgenden Tabelle beschrieben:

Markierter Knopf	Link Eintrag
Meine Region	Choose file: region.html
WINF	„http://www.fh-stralsund.de/Studium/WI/winf_grund.html"
Wirtschaft	„http://www.fh-stralsund.de/Allgemein/Fb/WI/index.html"
FH Logo	„http://www.fh-stralsund.de"
Wappen Stralsund	„http://Stralsund.de"
Wappen MV	„http://mvnet.de"
Kontakt-@	„mailto:Bernd.Falkowski@fh-stralsund.de"

Der einzige *Link*-Eintrag der Region-Seite wird analog mit dem Ziel index.html erstellt.

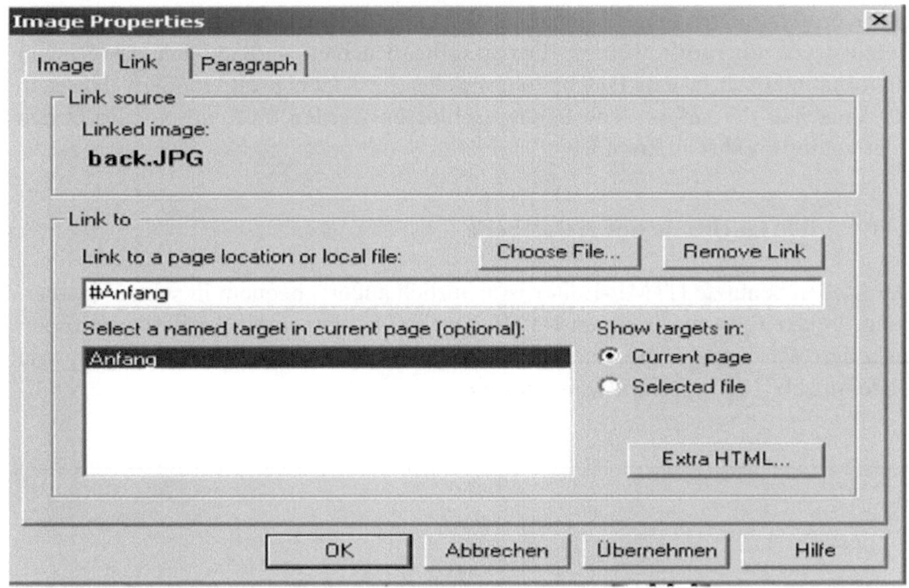

Abb. 103: Link-Einträge für Ziele auf derselben Seite

Abb. 104: Link-Einträge für andere Ziele

Die Korrektheit der eingetragenen Links kann über den *Preview-Knopf* in der Befehlsleiste überprüft werden. Dabei sollte beachtet werden, daß das System nicht automatisch in den Bearbeitungsmodus zurückwechselt, sondern daß nach der Vorschau die aufgerufene Seite geschlossen werden muß, um wieder in den Bearbeitungsmodus zu kommen.

4.11.5   Der Quellcode der ersten Seite

Der soeben benutzte HTML-Editor ist natürlich äußerst bequem in seiner Handhabung. Leider führt er zu einem HTML-Quellcode, dessen Nachteile bereits oben diskutiert wurden. Zur Illustration wird der über *View-Page Source* aufgerufene Code in Abb. 105 ausschnittweise gezeigt.

```
<!doctype html public "-//w3c//dtd html 4.0 transitional//en">
<html>
<head>
   <meta http-equiv="Content-Type" content="text/html; charset=iso-8859-1">
   <meta name="Author" content="Bernd Falkowski">
   <meta name="GENERATOR" content="Mozilla/4.78 [en] (Windows NT 5.0; U) [Netscape]">
   <title>index</title>
</head>
<body text="#000080" bgcolor="#FFC040" link="#0000FF" vlink="#008000" alink="#00FFFF">

<center><a NAME="Anfang"></a><font face="Arial,Helvetica"><font size=+4>Wirtschaftsinformatik</font></font>
<hr SIZE=4 WIDTH="100%"></center>

<p><br>
<center><table BORDER=10 CELLSPACING=10 CELLPADDING=10 COLS=2 WIDTH="50%" HEIGHT="50%" >
<tr>
<td>
<center><img SRC="bjf.jpg" height=131 width=149>
<p><font face="Arial,Helvetica"><font size=+1>BJF</font></font></center>
</td>

<td><u><font face="Arial,Helvetica"><font size=+2><a href="region.html">Meine
Region</a></font></font></u></td>
</tr>

<tr>
<td><font face="Arial,Helvetica"><font size=+1>Studiengang WINF</font></font></td>

<td>
<center><img SRC="winf.JPG" height=50 width=260></center>
</td>
</tr>

<tr>
<td><font face="Arial,Helvetica"><font size=+1>Fachbereich Wirtschaft</font></font></td>
```

Abb. 105: Ausschnitte des Quellcodes der ersten Seite

4.11.6   Veröffentlichung von Seiten

Es wir davon ausgegangen, daß dem Leser bereits ein Ordner auf einem Server zur Verfügung steht. Die Datenverwaltung auf dem Server kann von einem beliebigen

Rechner mit einfachem Internet-Zugang erfolgen. Das hierfür benötigte Protokoll ist FTP (*File Transfer Protocol*).

Hier wird das Hochladen einer Seite mittels FTPLeech, einer Software mit grafischer Oberfläche, die dem Explorer ähnelt, erläutert.

Nach Aufruf des Programms erscheint das in Abb. 106 gezeigte Bild. Demgemäß wird über den Menüpunkt *Local-Change Directory* zunächst das lokale Verzeichnis augewählt, in dem die zu publizierende Seite steht.

Die Verbindung zum Server kann dann über den Menüpunkt *File-Connect* hergestellt werden. Nach Anklicken erscheint das in Abb. 107 dargestellte Dialogfeld. Hier sind die FTP-Adresse des Servers, Username und Paßwort einzutragen, die vom Provider bereitgestellt werden (in Abb. 107 erscheinen die Daten für den Server der FH Stralsund und den Autor).

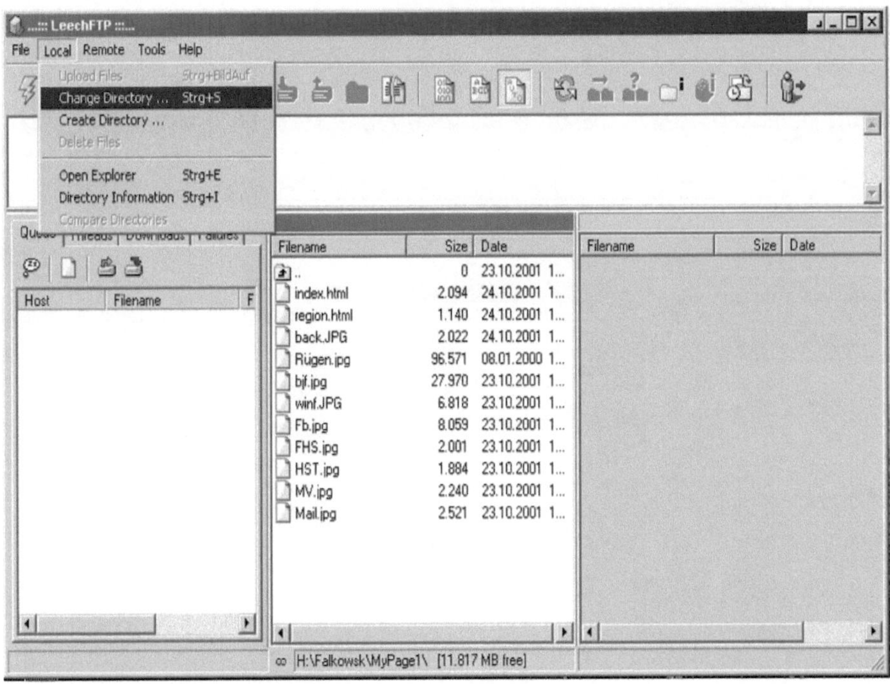

Abb. 106: LeechFTP

Abb. 107: Verbindung zum Server herstellen

Nach Eingabe der Daten wie in Abb. 107 erscheint das Dialogfeld der Abb. 108.

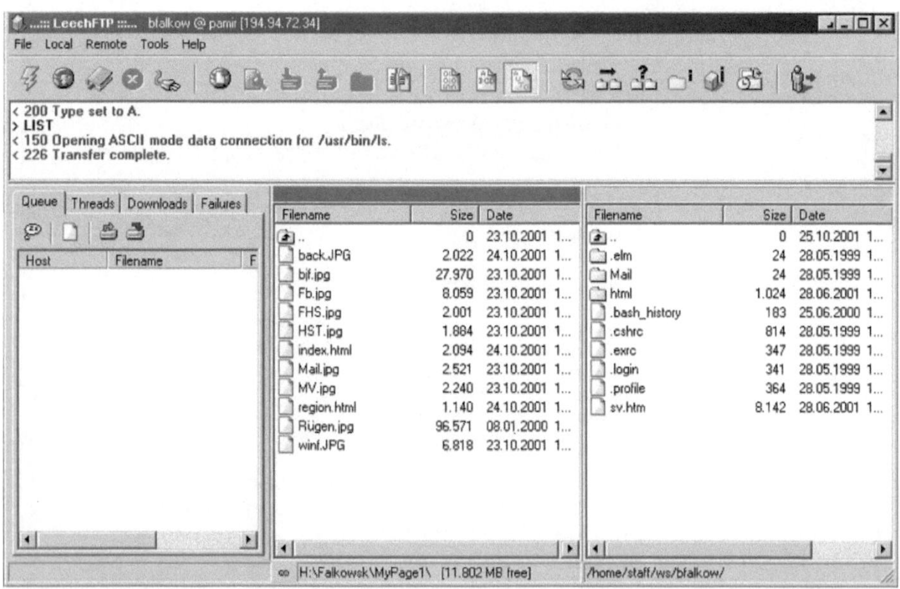

Abb. 108: Übertragung der Seite

Nach Auswahl des richtigen Verzeichnisses über *Remote-Change Directory* auf
dem Server kann die relevante Seite mit der Maus dorthin „gezogen" werden.
Sollte noch kein geeignetes Verzeichnis existieren, kann es mit *Remote-Create
Directory* erzeugt werden. Zu weiteren technischen Details wie auch anderen
FTP-Programmen sei auf [Han] verwiesen.

5 Tabellenkalkulation

In diesem Kapitel sollen zunächst die Anforderungen an eine moderne Tabellenkalkulation kurz dargestellt werden. Aus ihnen werden generische Eigenschaften für ein solches Software Produkt abgeleitet. Am konkreten Beispiel von MS Excel werden schließlich vielfältige betriebswirtschaftliche Aufgabenstellungen behandelt. Das Spektrum reicht hierbei von Was-wäre-wenn-Analysen über Beispiele aus der Wirtschaftsmathematik bis zu Linearen Optimierungsaufgaben. Dabei stehen Programmiertechniken im Vordergrund. Eine Demonstration der Datenbankfunktionalität (einschließlich der Einschränkungen) beendet das Kapitel und schafft die Überleitung zu Datenbank-Management-Systemen.

5.1 Allgemeine Anforderungen

Während ursprünglich von einer Tabellenkalkulation eigentlich nur gefordert wurde, daß sie die Erstellung und Verwaltung von Planungsübersichten, Kostenschätzungen oder Budgetberechnungen in tabellarischer Form ermöglichen sollte, vgl. hierzu etwa [Cla], so ist heute die Funktionalität einer modernen Tabellenkalkulation wesentlich weiter gefaßt. So muß sie sicherlich alle erdenklichen Hilfswerkzeuge zur Verfügung stellen, die die Lösung vielfältiger Probleme ermöglichen. Die Art der Probleme reicht dabei von statistischen Fragestellungen, über solche wirtschaftsmathematischer Art bis hin zu Optimierungsproblemen. Zusätzlich sollte die individuelle Aufzeichnung und sogar eigenständige Formulierung von Makros möglich sein. Schließlich sollte sie für kleinere Datenmengen auch als relationale Datenbank nutzbar sein.

Im Rahmen einer Büroumgebung sind heute auch Integrationsaspekte nicht zu vernachlässigen: Beispielsweise muß es möglich sein, aus einer Tabellenkalkulation eine grafische Darstellung ohne größere Mühe in ein Textsystem zu übernehmen. In dieser Aussage ist natürlich implizit die Forderung nach grafischen Darstellungsmöglichkeiten für Datenreihen enthalten.

5.2   Grobe Übersicht

Eine moderne Tabellenkalkulation bietet als „Arbeitspferd" innerhalb einer Büroumgebung in der Tat vielfältige Unterstützung für die anfallenden Aufgaben. Im
Einklang mit den oben beschriebenen Forderungen ergibt sich meist die folgende
(nur grob beschriebene) Funktionalität.

5.2.1   Arbeitsblätter

Die Arbeitsblätter einer Tabellenkalkulation enthalten üblicherweise ein vordefi-
niertes Raster (*Zellen*), das vom Benutzer in geeigneter Weise (Zahlen-oder Buch-
staben/Zahlenkoordinaten) referenziert werden kann. Jedes Rasterfeld kann mit
einer Definitonsvorschrift (*Formel*) versehen werden, die festlegt, wie der dort
befindliche *Wert* aus den Einträgen anderer Rasterfelder zu berechnen ist. Jeder
Eintrag bzw. jede Änderung eines Eintrags führen dann automatisch zur Neube-
rechnung aller davon abhängigen Werte. Man notiere in diesem Zusammenhang
auch, daß sich aus dieser Beschreibung der (logische) Aufbau der Zellen in mehreren Schichten zwingend ableitet.

5.2.2   Analysewerkzeuge

Im Rahmen von Absatzplanungen oder Ratenberechnungen sind häufig verschiedene Szenarien zu betrachten. Deshalb ist meist ein Werkzeug für die Unterstützung sog. *Was-wäre-wenn-Analysen* vorhanden, das dem Anwender die gesamte
Rechenarbeit abnimmt. Allerdings wird natürlich vorausgesetzt, daß bereits entsprechende (d.h. mit passenden Formeln versehene) Arbeitsblätter vorliegen.
Meist gestatten diese Werkzeuge jedoch nur die Veränderung einer Variablen.

5.2.3   Funktionsangebot

Eine Tabellenkalkulation verfügt heute immer über ein reichhaltiges Funktionsangebot. Von besonderer Bedeutung sind in diesem Zusammenhang wirtschaftsma-
thematische Funktionen, die komplizierte Zinseszinsrechnungen gestatten (auch in
Kombination mit den genannten Analysewerkzeugen), aber auch Statistik Funktionen, die die Lösung verschiedenster Regressionsprobleme (z.B. auch einfache
Zeitreihenanalysen) erlauben. Allerdings ist ihre Nutzung ohne Hintergrundinformation nicht immer einfach.

5.2.4   Diagramme

Daten an sich sind in den wenigsten Fällen aussagekräftig. Deswegen werden
Darstellungsmöglichkeiten verschiedenster Art geboten. Als Beispiel seien hier

nur genannt: Punktdiagramme, Säulendiagramme, Tortendiagramme und sogar 3-D-Diagramme. Insbesondere bei Regressionsproblemen können Diagramme sehr hilfreich sein und Aufschluß darüber geben, ob ein bestimmtes statistisches Modell überhaupt in sinnvoller Weise eingesetzt werden kann.

5.2.5 Verbesserte Optimierungswerkzeuge

Schließlich werden zur Lösung komplexer Optimierungsprobleme (lineare wie auch nicht-lineare Optimierung), bei der viele Variablen veränderbar sein müssen, Zusatzwerkzeuge angeboten. Diese arbeiten meist mit einer numerischen Implementierung klassischer Algorithmen (*Simplex Algorithmus, Lagrange-Multiplikatoren, ...*).

5.2.6 Oberflächengestaltung

Sollen professionelle Tabellenkalkulationsprogramme erstellt werden, so spielt die Gestaltung einer geeigneten Oberfläche und ihre Anbindung an die Applikation eine wichtige Rolle. Hierfür steht heute üblicherweise ein grafisches Werkzeug zur schnellen Erstellung von Masken zur Verfügung. Die Anbindung an die darunterliegenden Programme wird dann über eine integrierte Programmiersprache erreicht, die es ermöglicht, geeignete Funktionen aber auch sonstige Makros zu erstellen bzw. aufzuzeichnen.

5.2.7 Datenbankfunktionalität

Eine Tabellenkalkulation kann in natürlicher Weise auch als relationale Datenbank genutzt werden. Für ihre Bearbeitung sind im Rahmen des bereits erwähnten Funktionsangebots meist spezielle Funktionen vorgesehen.

5.2.8 Einschränkungen

Aufgrund der weit gefächerten Funktionalität einer Tabellenkalkulation ergeben sich natürlich auch gewisse Einschränkungen. Beispielsweise können die Mathematik/Statistik Funktionen natürlich nicht das Spektrum spezieller Anwendungssoftware (z.B. SPSS) abdecken. Ähnliches gilt für die angebotenen Optimierungsprogramme, bei denen vor allem auch die Zahl der Veränderlichen starken Einschränkungen unterliegt. Hinsichtlich der Datenbankfunktionalität ist die Verarbeitungsmenge stark eingeschränkt (die obere Grenze dürfte für die meisten Systeme gegenwärtig in der Größenordnung von ca. 30 000 Datensätzen liegen).

5.3   Beispiele

- VisiCalc (eines der ersten Programme)

- Tabellenkalkulation im Rahmen von Star Office

- Tabellenkalkulation im Rahmen von MS Office (Excel)

Das letztgenannte Produkt wird im Rahmen der hier dargestellten Anwendungsbeipiele näher erläutert werden.

5.4   Betriebswirtschaftliche Überlegungen

Im Vordergrund der betriebswirtschaftlichen Überlegungen steht weniger die Kostenfrage, obwohl auch heute Softwarekosten natürlich nicht zu vernachlässigen sind. Allerdings sind sie im Vergleich zu Personalkosten, wie bereits mehrfach erwähnt, doch recht klein.

Von großer Bedeutung inerhalb einer größeren Organisation ist dagegen die Frage nach der Kompatibilität: Können beispielsweise Daten leicht unter verschiedenen Anwendern, aber auch unter verschiedenen Applikationen ausgetauscht werden. Daraus ergäbe sich zwangsläufig die Konzentration auf die Produkte eines bestimmten Herstellers. Dagegen ist zu halten, daß diese Herstellerbindung natürlich auch große Abhängigkeiten schafft. Leider ist es so, daß auch heute noch Kompatibilität unter verschiedenen Herstellern nur selten gewährleistet ist, so daß eine Patentlösung für diese Problematik nicht angegeben werden kann Man vergleiche hierzu auch die im Zusammenhang mit der Textverarbeitung behandelten Schwierigkeiten, die zur Entwicklung der Markup Languages führten.

5.5   Excel

In diesem Abschnitt werden, nach Darstellung der benötigten Grundlagen, vielfältige Beispiele für Anwendungen der Tabellenkalkulation mit dem Excel-System behandelt. Dabei werden Programmiertechnik, Lösung komplexer Beispiele und effizienter Systemeinsatz im Vordergrund stehen, während das nötige „Knöpfchendrücken" etwas vernachlässigt wird. Diese elementaren Bedienungsschritte werden nämlich heute auch von Studienanfängern bereits weitgehend beherrscht.

Bei komplexeren Problemen wird außerdem der (mathematische) Hintergrund meist noch zusätzlich erläutert, da sonst ein tieferes Verständnis nicht möglich ist.

5.5.1 Excel (Grundlagen)

5.5.1.1 Allgemeines

- Bei Excel findet sich das gleiche *look&feel* wie bei Winword, so daß die oberflächliche Bedienung keinerlei Probleme bereiten sollte.

- Ein nach Aufruf des Systems erscheinendes *Arbeitsblatt* ist, wie in Abb. 109 dargestellt, in *Zellen* unterteilt. Sie werden mit Buchstabe(n) und einer Zahl referenziert (Beispiele: A1 ist die aktuell refenzierte Zelle, wie oben links angezeigt. C3 ist die Zelle mit „Koordinaten" Zeile 3, Spalte 3. AA127 ist die Zelle mit „Koordinaten" Zeile 127, Spalte 27) und sind mehrschichtig aufgebaut.

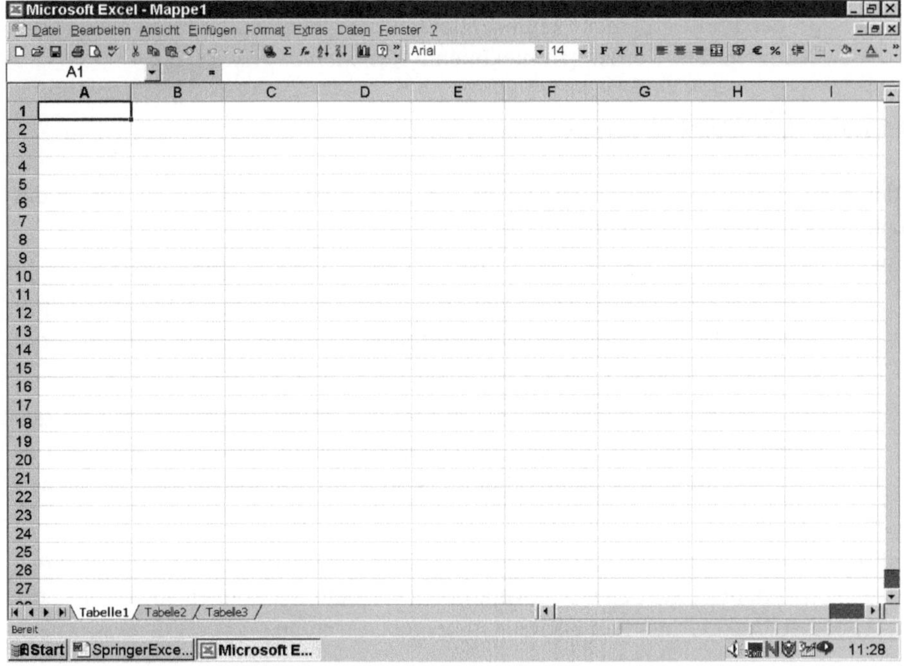

Abb. 109: Excel-Arbeitsblatt

5.5.1.2   *Aufbau von Zellen*

Zellen besitzen fünf logische Schichten. Hier wird ihr Aufbau skizziert.

- Die erste Schicht beinhaltet die Monitordarstellung (z.B. rechtsbündige Zahl, linksbündiger Text, ...) des *Wertes*, die auch per Voreinstellung sichtbar ist.

- Die zweite Schicht beschreibt das *Format* der Zelle (z.B. Text, Währung, ...), das normalerweise angezeigt wird.

- In der dritten Schicht findet sich der Formelinhalt der Zelle (so vorhanden). Er kann über die Menüoption *Extras-Optionen-Ansicht-Formeln* sichtbar gemacht werden.

- In der vierten Schicht kann ein Name für die Zelle gespeichert werden (Befehlsmenü: *Einfügen-Name*).

- In der fünften Schicht kann schließlich zu Dokumentationszwecken eine Notiz verfaßt werden (Kontextmenü: *Kommentar einfügen*).

5.5.1.3   *Wichtige Datentypen*

Hier werden nur die wichtigsten Datentypen aufgelistet. Weitere Optionen findet man im Befehlsmenü: *Format-Zellen*.

- Zahlen werden als konstante Werte betrachtet. Sie werden meist über die Tastatur eingegeben. Ihre Darstellung erfolgt per Voreinstellung rechtsbündig. Es sind verschiedene Zahlformate möglich (Befehlsmenü: *Format-Zellen-Zahlen*).

- Text wird eingegeben, wie er erscheinen soll. Excel behandelt jede Zeichenfolge, die nicht als anderer Datentyp erkannt wird, als Text. Text in einer Formel, s.u., muß allerdings in Anführungszeichen eingegeben werden.

- Wahrheitswerte (WAHR oder FALSCH, alternativ auch 1 bzw. 0) können durch Excel ebenfalls verarbeitet werden. Sie können sowohl in Zellen direkt als auch in Formeln eingegeben werden.

5.5.1.4   *Formeln*

Formeln müssen stets mit einem Gleichheitszeichen beginnen. Sie verlangen die genaue Berücksichtigung syntaktischer Regeln. Beispielsweise müssen stets so viele schließende Klammern gesetzt werden, wie öffnende vorhanden sind. Statt einer präzisen Beschreibung der Syntax seien hier einige (weitgehend selbsterklärende) Beispiele genannt.

- $=(A3+C4)*1,16/G3$

- $=(Nettopreis1+Nettopreis2)*1,16/MITTELWERT(G1:G3)$

- $=WENN(B1>10000;B2*0,9;3*WURZEL(B2))$

5.5.2 Relative versus absolute Referenzierung

Die verschiedenen Arten der Referenzierung erlauben eine höchst effiziente Nutzung des Systems und sind deshalb von erheblicher Bedeutung. Man unterscheidet zwischen *relativer* und *absoluter* Referenzierung von Zellen. Tatsächlich können sogar Zeilen oder auch Spalten einzeln auf verschiedene Weisen referenziert werden, was aber hier nicht weiter behandelt werden soll, da dieser Fall eher selten vorkommt.

Wird den Buchstaben und Zahlen in einer Referenzierung ein Dollarzeichen vorangestellt, so handelt es sich um eine absolute Referenzierung, die beim Kopieren nicht verändert wird. Ist dies nicht der Fall, so handelt es sich um eine relative Referenzierung, die beim Kopieren verändert wird. Zur Illustration dienen die folgenden Beispiele.

Beispiel (Verkaufspreis inkl. Mehrwertsteuer): Gegeben seien Einkaufspreise für ein Produkt. Darauf seien ein beabsichtigter Gewinn (20%) und schließlich die Mehrwertsteuer (16%) zu addieren, um so den Verkaufspreis zu erhalten

Diese Probemstellung kann mit dem in Abb. 110 unten angegebenen Excel-Programm bearbeitet werden (die resultierenden Zahlenwerte findet man in Abb. 111).

	A	B	C	D	E
1	Relative versus absolute Referenzierung				
2		Gewinn:			MWST:
3	Einkaufspreis	0,1	Verkaufspreis	Verkaufspreis (+MWST)	0,16
4	4700	=A4*$B$3	=A4+B4	=C4*$E$3+C4	
5	3700	=A5*$B$3	=A5+B5	=C5*$E$3+C5	
6	5300	=A6*$B$3	=A6+B6	=C6*$E$3+C6	
7	2900	=A7*$B$3	=A7+B7	=C7*$E$3+C7	
8	3900	=A8*$B$3	=A8+B8	=C8*$E$3+C8	
9					

Abb. 110: Relative versus absolute Referenzierung

Erläuterung:

- In der Abb. 110 wurden lediglich die Zellen B4, C4 und D4 durch direkte Eingabe mit Formelinhalten versehen (die Konstanten bzw. Parameter mußten natürlich direkt eingegeben werden). Die restlichen Formeln wurden erzeugt, indem die genannten Zellen mit der Maus markiert und dann durch „nach unten Ziehen" kopiert wurden. [Dies wird erreicht, indem man mit dem Cursor genau auf die rechte untere Ecke der Zelle D4 geht (es muß ein schwarzes Fadenkreuz erscheinen!) und dann mit gedrückter linker Maustaste zieht.] Bei diesem Kopiervorgang werden die relativ referenzierten Zellen entsprechend ihrer Position zur aktuellen Zelle behandelt, was die Veränderung ihrer Referenzierung erklärt. Beispielsweise wird also A4 in B4 als die unmittelbar links neben B4 liegende Zelle interpretiert, so daß in B5 die neue Referenzierung A5 lautet. Dagegen bleibt die Referenzierung $B$3, wie gewünscht, beim Kopieren erhalten.

- Die absoluten Referenzen $B$3 und $E$3 sollten keinesfalls durch die aktuellen Parameterwerte (10%) bzw. (16%) ersetzt werden. Dadurch würden nämlich Parameter direkt im Excel-Programm erscheinen. Dies hätte bei eventuellen Änderungen (z.B. Gewinn auf 20% setzen) unangenehme Konsequenzen, da neu kopiert werden müßte, während ansonsten nur der Parameter geändert werden muß. Parameter sollten also keinesfalls direkt ins Programm geschrieben werden. Dies gilt insbesondere auch für kompliziertere Programme, wo Parameterwerte möglicherweise nicht leicht auffindbar sind.

	A	B	C	D	E
1	Relative versus absolute Referenzierung				
2		Gewinn:			MWST:
3	Einkaufspreis	10%	Verkaufspreis	Verkaufspreis (+MWST)	16%
4	4.700,00 DM	470,00 DM	5.170,00 DM	5.997,20 DM	
5	3.700,00 DM	370,00 DM	4.070,00 DM	4.721,20 DM	
6	5.300,00 DM	530,00 DM	5.830,00 DM	6.762,80 DM	
7	2.900,00 DM	290,00 DM	3.190,00 DM	3.700,40 DM	
8	3.900,00 DM	390,00 DM	4.290,00 DM	4.976,40 DM	
9					

Abb. 111: Zahlenwerte für MWST-Beispiel

Beispiel (Erstellen der Wertetabelle für eine Kostenfunktion): Gegeben sei eine Kostenfunktion der Form (die Menge sei mit x, der Preis mit f(x) bezeichnet)

$$f(x) := ax^3 + bx^2 + cx + d$$

mit Parametern a, b, c und d, die von Zeit zu Zeit Änderungen unterliegen.

Es sei eine Wertetabelle mit dem Anfangswert 0 so zu erstellen, daß Parameteränderungen leicht berücksichtigt werden können. Darüber hinaus soll es möglich sein, den Abstand der x-Werte (Inkrement: i) vorzugeben.

Diese Aufgabenstellung kann mit dem in Abb. 112 angegebenen Excel-Programm behandelt werden, bei dem gewisse Beispielwerte für die Parameter eingesetzt wurden. Die entsprechenden Zahlenwerte finden sich in Abb. 113.

	A	B	C	D	E	F
1	**Relative versus absolute Referenzierung**		Wertetabelle: Kostenfunktion f(x)=	x-Inkrement: i	Parameter:	
2			ax^3+bx^2+cx+d	Anfangswert:0		
3					a:	0,1
4					b:	0,3
5	x-Werte	f-Werte			c:	1
6	0	=$F$3*A6^3+$F$4*A6^2+$F$5*A6+$F$6			d:	0,5
7	=A6+$F$7	=$F$3*A7^3+$F$4*A7^2+$F$5*A7+$F$6			i:	0,5
8	=A7+$F$7	=$F$3*A8^3+$F$4*A8^2+$F$5*A8+$F$6				
9	=A8+$F$7	=$F$3*A9^3+$F$4*A9^2+$F$5*A9+$F$6				
10	=A9+$F$7	=$F$3*A10^3+$F$4*A10^2+$F$5*A10+$F$6				
11	=A10+$F$7	=$F$3*A11^3+$F$4*A11^2+$F$5*A11+$F$6				
12	=A11+$F$7	=$F$3*A12^3+$F$4*A12^2+$F$5*A12+$F$6				
13	=A12+$F$7	=$F$3*A13^3+$F$4*A13^2+$F$5*A13+$F$6				
14	=A13+$F$7	=$F$3*A14^3+$F$4*A14^2+$F$5*A14+$F$6				
15	=A14+$F$7	=$F$3*A15^3+$F$4*A15^2+$F$5*A15+$F$6				
16	=A15+$F$7	=$F$3*A16^3+$F$4*A16^2+$F$5*A16+$F$6				
17						

Abb. 112: Wertetabelle

Erläuterung:

- Auch hier kann durch geschickte Verwendung der relativen Referenzierung viel Arbeit gespart werden. In der Tat ist es nur notwendig, die Zellen B6 und A7 mit Formelinhalten zu füllen. Die restlichen Formelinhalte werden, wie oben, durch Ziehen mit der Maus erzeugt.

- Durch Angabe der Parameterwerte „außerhalb" des Programms wird erreicht, daß sie leicht verändert werden können und so ein flexibles Excel-Programm entsteht.

- Im Excel-System wird als Zeichen für die Potenzierung „^" verwendet, das nicht unmittelbar nach Drücken der entsprechenden Taste, sondern erst beim nächsten Tastendruck sichtbar wird.

	A	B	C	D	E	F
1	**Relative versus absolute Referenzierung**		Wertetabelle: Kostenfunktion f(x)=	x-Inkrement: i	Parameter:	
2			ax^3+bx^2+cx+d	Anfangswert:0		
3					a:	0,1
4					b:	0,3
5	x-Werte	f-Werte			c:	1
6	0,0	0,50			d:	0,5
7	0,5	1,09			i:	0,5
8	1,0	1,90				
9	1,5	3,01				
10	2,0	4,50				
11	2,5	6,44				
12	3,0	8,90				
13	3,5	11,96				
14	4,0	15,70				
15	4,5	20,19				
16	5,0	25,50				
17						

Abb. 113: Zahlenwerte für Wertetabelle

Zur Übung möge der geneigte Leser das oben konstruierte Programm so modifizieren, daß auch noch ein beliebiger Anfangswert außerhalb des Programms vorgegeben werden kann.

5.5.3 Was-wäre-wenn-Analysen

Bei der üblichen Was-wäre-wenn-Analyse werden verschiedene Szenarien durchgespielt. Insbesondere wird geprüft, welche Auswirkungen die Veränderung gewisser Einflußgrößen auf die Ergebnisse hat. Als Beispiele wären hier zu nennen: Veränderung einer Verkaufsplanung bei Veränderung der Kosten oder des Preises, Veränderung eines Endkapitals unter Zinseszins bei Veränderung des Zinssatzes oder der Laufzeit, etc. Solche oder ähnliche Fragestellungen lassen sich durch geschickte Programmierung verhältnismäßig leicht beantworten.

Interessant ist aber auch oft die umgekehrte Fragestellung, nämlich beispielsweise, welcher Absatz notwendig ist, um einen vorgegebenen Gewinn zu erzielen; welche Laufzeit notwendig ist, um ein vorgegebens Endkapital zu erreichen; etc. Zur Lösung dieser (und analoger) Probleme bietet Excel Unterstützung durch die *Zielwertsuche* an (Befehlsmenü: *Extras-Zielwertsuche*).

5.5.3.1 *Zielwertsuche (Absatzplanung)*

Beispiel (Break-Even-Analyse): Gegeben sei eine lineare Kostenfunktion k(Menge):= Menge*Stückkosten + Fixkosten für ein bestimmtes Produkt. Gegeben sei ferner ein Verkaufspreis. Gesucht sei diejenige Absatzmenge, bei der der *Break-Even-Point* (Gewinn gleich Null) erreicht ist.

Das entsprechende Excel-Programm ist in Abb. 114 unten angegeben, wobei einige Beispielwerte eingesetzt wurden. Die Zahlensicht ist der Abb. 115 zu entnehmen

	A	B	C	D	E	F	G
1	Break-Even Analyse						
2							
3	Preis	Menge	Umsatz	Fixkosten	Stückkosten	Gesamtkosten	Gewinn
4	14		=A4*B4	5000	6	=D4+B4*E4	=C4-F4
5							

Abb. 114: Break-Even-Analyse

Erläuterung:

- Zunächst ist zu bemerken, daß die Referenzierung hier relativ erfolgte. Da keine weiteren Zellen zu füllen sind ist die Art der Referenzierung unerheblich. Daher wird man sinnvollerweise diejenige wählen, die am wenigsten Schreibaufwand erfordert, was hier geschehen ist.

- Weiter ist zu notieren, daß die Zelle für die Menge noch leer ist (sie soll ja gerade mittels Zielwertsuche bestimmt werden). Trotzdem hat Excel das leere Feld als Null enthaltend interpretiert (mathematisch gesehen natürlich völliger Unsinn, aber bisweilen recht bequem). Dies führt zur Berechnung des Gewinns als – 5000 DM (eigentlich natürlich des Verlusts von +5000 DM).

- Obwohl noch nichts Nützliches berechnet wurde, muß insbesondere die Zelle für den Gewinn (G4) eine Formel enthalten, da sonst der Rechner keine Zielwertsuche durchführen kann (er kann nämlich in diesem Fall keine Zusammenhänge zwischen der Zielzelle G4 und der Zelle B4 erkennen).

- Das in Abb. 114 angegebene Programm ist also als Vorbereitung für die Zielwertsuche zu sehen.

	A	B	C	D	E	F	G
1	Break-Even Analyse						
2							
3	Preis	Menge	Umsatz	Fixkosten	Stückkosten	Gesamtkosten	Gewinn
4	14,00 DM		0,00 DM	5.000,00 DM	6,00 DM	5.000,00 DM	-5.000,00 DM
5							

Abb. 115: Zahlenwerte für Break-Even-Analyse

Die eigentliche Zielwertsuche wird in Abb. 116 unten dargestellt während das Ergebnis in Abb. 117 erscheint: Es müssen 625 Stück abgesetzt werden, um den Break-Even-Point zu erreichen.

	A	B	C	D	E	F	G
1	**Break-Even Analyse**						
2							
3	Preis	Menge	Umsatz	Fixkosten	Stückkosten	Gesamtkosten	Gewinn
4	14,00 DM		0,00 DM	5.000,00 DM	6,00 DM	5.000,00 DM	-5.000,00 DM
5							
6							
7							
8							
9							
10							
11							
12							

Abb. 116: Zielwertsuche

Erläuterung:

- Hier ist zu bemerken, daß als Zielzelle für die Zielwertsuche G4 angegeben wurde, was am einfachsten erreicht wird, indem man den Cursor vor Aufruf der Zielwertsuche auf diese Zelle positioniert.

- Als Zielwert muß, zur Berechnung des Break-Even-Points, natürlich Null eingegeben werden.

- Schließlich muß als veränderbare Zelle B4 (enthält die Menge) angegeben werden. Hierfür positioniert man zweckmäßigerweise den Cursor in das entsprechende Feld des Zielwertsuche Dialogfeldes und klickt dann einfach auf die Zelle B4.

- Abschließend sei noch angefügt, daß natürlich statt des Break-Even-Points ein beliebiger Gewinn als Zielwert vorgegeben werden könnte, so daß auch dieses Programm in Kombination mit der Zielwertsuche recht flexibel ist.

	A	B	C	D	E	F	G
1	**Break-Even Analyse**						
2							
3	Preis	Menge	Umsatz	Fixkosten	Stückkosten	Gesamtkosten	Gewinn
4	14,00 DM	625	8.750,00 DM	5.000,00 DM	6,00 DM	8.750,00 DM	0,00 DM
5							

Abb. 117: Zahlenwerte für Zielwertsuche

5.5.3.2   Zielwertsuche (Verkaufsplanung)

Beispiel: In einem Betrieb wird ein bestimmtes Produkt produziert, dessen Herstellungskosten pro Stück (3 DM) unabhängig von der hergestellten Anzahl seien. Der Verkaufspreis pro Stück (5 DM) sei ebenfalls unabhängig von der produzierten Stückzahl. Es werde eine Maschine zur Produktion benötigt, die nur für eine feste Steigerung der Stückzahl (Inkrement: 5 000) umgerüstet werden kann. Die Lagerhaltungskosten (LhK) steigen linear in Abhängigkeit von der produzierten Stückzahl (StZ), (LhK(StZ):= 7500 DM + 0,25* StZ DM). Man rechnet mit einem festen Prozentsatz (25%) der Herstellungskosten pro Stück als Vertriebskosten pro Stück.

Das in Abb. 118 unten angegebene Excel-Programm ermittelt den den obigen Daten entsprechenden Gewinn für das 2. Quartal, während die korrespondierenden Zahlenwerte in Abb. 119 auftauchen.

Zwei Anwendungsmöglichkeiten in Kombination mit der Zielwertsuche werden in Abb. 120 bzw. Abb. 121 unten dargestellt.

	A	B	C	D
1	Verkaufsplanung			
2	2. Quartal			
3	Verkaufspreis/Stück:	5		
4	Herstellungskosten/Stück:	3		
5	Vertriebskosten (Prozent):	0,25		
6	Vertriebskosten/Stück:	=B4*B5		
7	Stückzahl Inkrement:	10000		
8				
9		April	Mai	Juni
10	Stückzahl:	10000	=B10+$B$7	=C10+$B$7
11	Herstellungskosten:	=B10*$B$4	=C10*$B$4	=D10*$B$4
12	Vertriebskosten:	=B10*$B$6	=C10*$B$6	=D10*$B$6
13	Lagerhaltungskosten:	=7500+0,25*B10	=7500+0,25*C10	=7500+0,25*D10
14	Umsatzerlöse:	=B10*$B$3	=C10*$B$3	=D10*$B$3
15	Gewinne:	=B14-SUMME(B11:B13)	=C14-SUMME(C11:C13)	=D14-SUMME(D11:D13)
16				
17	Gesamtgewinn:	=SUMME(B15:D15)		
18				

Abb. 118: Verkaufsplanung

Erläuterung:

- Hier taucht erstmals eine Excel-Funktion (*SUMME*) auf, die, wie der Name schon sagt, die Summe der Zellenwerte des angegebenen Bereichs ermittelt.

- Es wurden nur die Zellen B6, B11 bis B15, C10 und B17 in Abb. 118 mit Formelwerten gefüllt. Die restlichen Formeln entstanden durch Ziehen mit der Maus. Dies wurde durch die geschickte Unterscheidung zwischen relativer und absoluter Referenzierung möglich.

- Es ist anzumerken, daß das Programm noch keineswegs optimal gestaltet wurde. Die Parameter, die die lineare Funktion für die Lagerhaltungskosten beschreiben, wurden nämlich fest ins Programm geschrieben.

Der Leser möge das Programm hinsichtlich der Parameter der Lagerhaltungsfunktion zu Übungszwecken verbessern, was jetzt nicht schwer fallen sollte.

	A	B	C	D
1	Verkaufsplanung			
2	2. Quartal			
3	Verkaufspreis/Stück:	5,00 DM		
4	Herstellungskosten/Stück:	3,00 DM		
5	Vertriebskosten (Prozent):	25%		
6	Vertriebskosten/Stück:	0,75 DM		
7	Stückzahl Inkrement:	10000		
8				
9		April	Mai	Juni
10	Stückzahl:	10000	20000	30000
11	Herstellungskosten:	30.000,00 DM	60.000,00 DM	90.000,00 DM
12	Vertriebskosten:	7.500,00 DM	15.000,00 DM	22.500,00 DM
13	Lagerhaltungskosten:	10.000,00 DM	12.500,00 DM	15.000,00 DM
14	Umsatzerlöse:	50.000,00 DM	100.000,00 DM	150.000,00 DM
15	Gewinne:	2.500,00 DM	12.500,00 DM	22.500,00 DM
16				
17	Gesamtgewinn:	37.500,00 DM		
18				

Abb. 119: Zahlenwerte für Verkaufsplanung

Es soll nunmehr der geplante Gewinn von 37 500 DM auf 50 000 DM gesteigert werden. Dabei soll zunächst angenommen werden, daß man im Vergleich mit der Konkurrenz preislich noch recht günstig liegt und deswegen eine nicht allzu hohe Preiserhöhung ohne Absatzeinbußen möglich ist. Dieses Problem kann behandelt werden, indem die Zielwertsuche mit den folgenden Werten

> Zielzelle: B17
>
> Zielwert: 50 000
>
> Veränderbare Zelle: B3

aufgerufen wird.

Das Ergebnis ist in Abb. 120 zu sehen: Der Verkaufspreis muß auf 5,21 DM angehoben werden, um einen Gewinn von 50 000 DM zu erreichen.

	A	B	C	D	E
1	**Verkaufsplanung**				
2	**2. Quartal**				
3	Verkaufspreis/Stück:	5,21 DM			
4	Herstellungskosten/Stück:	3,00 DM			
5	Vertriebskosten (Prozent):	25%			
6	Vertriebskosten/Stück:	0,75 DM			
7	Stückzahl Inkrement:	10000			
8					
9		April	Mai	Juni	
10	Stückzahl:	10000	20000	30000	
11	Herstellungskosten:	30.000,00 DM	60.000,00 DM	90.000,00 DM	
12	Vertriebskosten:	7.500,00 DM	15.000,00 DM	22.500,00 DM	
13	Lagerhaltungskosten:	10.000,00 DM	12.500,00 DM	15.000,00 DM	
14	Umsatzerlöse:	52.083,33 DM	104.166,67 DM	156.250,00 DM	
15	Gewinne:	4.583,33 DM	16.666,67 DM	28.750,00 DM	
16					
17	Gesamtgewinn:	50.000,00 DM			
18					

Zur Statusbox: Status der Zielwertsuche [?][X] — Zielwertsuche hat für die Zelle B17 eine Lösung gefunden. Zielwert: 50000. Aktueller Wert: 50.000,00 DM. OK / Abbrechen / Schritt / Pause

Abb. 120: Zahlenwerte für Zielwertsuche Verkaufsplanung (1)

Es soll jetzt der geplante Gewinn wiederum von 37 500 DM auf 50 000 DM gesteigert werden. Dabei soll aber angenommen werden, daß man starke Konkurrenz
zu befürchten hat, so daß eine Steigerung des Verkaufspreises nicht möglich erscheint, ohne größere Absatzeinbußen zu erleiden. Folglich bleibt in diesem Fall
nur eine Verringerung der Herstellungskosten. Dieses Problem kann ebenfalls
leicht behandelt werden, indem die Zielwertsuche mit den folgenden Werten

> Zielzelle: B17
>
> Zielwert: 50 000
>
> Veränderbare Zelle: B4

aufgerufen wird.

Das Ergebnis ist der Abb. 121 zu entnehmen: Die Herstellungskosten müssen auf
2,83 DM gesenkt werden, um einen Gewinn von 50 000 DM zu realisieren.

	A	B	C	D	E
1	**Verkaufsplanung**				
2	**2. Quartal**				
3	Verkaufspreis/Stück:	5,00 DM			
4	Herstellungskosten/Stück:	2,83 DM			
5	Vertriebskosten (Prozent):	25%			
6	Vertriebskosten/Stück:	0,71 DM			
7	Stückzahl Inkrement:	10000			
8					
9		April	Mai	Juni	
10	Stückzahl:	10000	20000	30000	
11	Herstellungskosten:	28.333,33 DM	56.666,67 DM	85.000,00 DM	
12	Vertriebskosten:	7.083,33 DM	14.166,67 DM	21.250,00 DM	
13	Lagerhaltungskosten:	10.000,00 DM	12.500,00 DM	15.000,00 DM	
14	Umsatzerlöse:	50.000,00 DM	100.000,00 DM	150.000,00 DM	
15	Gewinne:	4.583,33 DM	16.666,67 DM	28.750,00 DM	
16					
17	Gesamtgewinn:	50.000,00 DM			
18					

Dialogfenster: **Status der Zielwertsuche** [?] [X]
Zielwertsuche hat für die Zelle B17 eine Lösung gefunden.
Zielwert: 50000
Aktueller Wert: 50.000,00 DM
[OK] [Abbrechen] [Schritt] [Pause]

Abb. 121: Zahlenwerte für Zielwertsuche Verkaufsplanung (2)

5.5.3.3   *Zielwertsuche (Kapitalentwicklung bei Zinseszins)*

Beispiel: Ein Anfangskapital K_0 (10 000 DM) wird zu einem jährlichen Zinssatz von i (5) % , wie üblich monatlich, verzinst. Wie hoch ist das Endkapital K_n (K_{24}) nach einer Laufzeit von n (24) Monaten?

Analyse: Der monatliche Zinssatz beträgt (in Dezimalschreibweise) 0,05/12. Damit ergibt sich das aktuelle Kapital nach einem Monat Laufzeit jeweils aus dem Kapital des Vormonats, wie unten angegeben.

Nach   Monaten   beträgt das aktuelle Kapital

0          $K_0 =$ 10 000

1          $K_1 =$ 10 000 + (0,05/12)*10 000

              $=$ $K_0 + (0,05/12)*K_0 = (1 + (0,05/12)) * K_0$

2          $K_2 =$ $K_1 + (0,05/12)*K_1$

              $=$ $(1 + (0,05/12))*K_1 = (1 + (0,05/12))^2 * K_0$

3          $K_3 =$ $K_2 + (0,05/12)*K_2$

              $=$ $(1 + (0,05/12))*K_2 = (1 + (0,05/12))^3 * K_0$

              .   .   .   .

24          $K_{24} = (1 + (0,05/12))^{24} * K_0$

Nach	Monaten	beträgt das aktuelle Kapital
	n	$K_n = (1 + i/12)^n * K_0$

Die Excel-Lösung dieser Aufgabe ist mit der abgeleiteten Formel denkbar einfach und in Abb. 122 angegeben. Die Zahlenwerte erscheinen in Abb. 123.

Zwei Anwendungen des Programms in Kombination mit der Zielwertsuche werden in Abb. 124 bzw. Abb. 125 angegeben.

	A	B
1	**Zinseszins**	
2	**(Nur Kapitalentwicklung)**	
3		
4	Anfangskapital:	10000
5	Zinssatz/Jahr:	0,05
6	Laufzeit (Monate):	24
7	Endkapital:	=B4*(1+B5/12)^B6
8		

Abb. 122: Kapitalentwicklung bei Zinseszins

Erläuterung:

- Es sei daran erinnert, daß die Zellen über das Befehlsmenü *Format-Zellen* formatiert werden sollten (in B4 und B7 wurde beispielsweise ein Währungsformat benutzt, das in Abb. 123 sichtbar wird).

- Der Leser sollte bemerkt haben, daß in unschöner Weise die Anzahl der unterjährigen Zinsperioden (12) in der Formel für das Endkapital auftaucht. Es ist sinnvoll, zur späteren Verwendung, wie auch als Übung, das Programm so zu modifizieren, daß eine beliebige Anzahl an unterjährigen Zinsperioden durch Setzen eines Parameters vorgegeben werden kann.

	A	B
1	**Zinseszins**	
2	**(Nur Kapitalentwicklung)**	
3		
4	Anfangskapital:	10.000,00 DM
5	Zinssatz/Jahr:	5%
6	Laufzeit (Monate):	24
7	Endkapital:	11.049,41 DM
8		

Abb. 123: Zahlenwerte für Kapitalentwicklung bei Zinseszins

Es soll jetzt mit diesem Programm der Zinssatz ermittelt werden, der benötigt wird, um ein Endkapital von 13 000 DM zu erreichen.

Dieses Problem wird gelöst, indem man die Zielwertsuche mit den folgenden Werten

> Zielzelle: B7
>
> Zielwert: 13 000
>
> Veränderbare Zelle: B5

aufruft.

Das Ergebnis, nämlich ein Zinssatz von 13,19%, erscheint in Abb. 124. Man beachte dabei, daß zwischenzeitlich die Zelle B5 neu formatiert wurde, um den Prozentsatz auf zwei Dezimalstellen genau sichtbar zu machen. Bei direkter Eingabe von 5%, wie hier geschehen, werden keine Dezimalstellen angezeigt (obwohl intern mit genauen Werten gerechnet wird).

	A	B	C	D	E
1	**Zinseszins**				
2	**(Nur Kapitalentwicklung)**		Status der Zielwertsuche	? X	
3			Zielwertsuche hat für die Zelle B7 eine Lösung gefunden.	OK	
4	Anfangskapital:	10.000,00 DM		Abbrechen	
5	Zinssatz/Jahr:	13,19%	Zielwert: 13000	Schritt	
6	Laufzeit (Monate):	24	Aktueller Wert: 13.000,00 DM	Pause	
7	Endkapital:	13.000,00 DM			
8					

Abb. 124: Zielwertsuche bei Zinseszins (1)

Schließlich soll mit diesem Programm die Laufzeit ermittelt werden, die benötigt wird, um ein Endkapital von 13 000 DM zu erreichen.

Dieses Problem wird gelöst, indem man die Zielwertsuche mit den folgenden Werten

> Zielzelle: B7
>
> Zielwert: 13 000
>
> Veränderbare Zelle: B6

aufruft.

Das Ergebnis, nämlich eine Laufzeit von 63,1 Monaten, wird in Abb. 125 angezeigt. Auch hier wurde B6 neu formatiert, um eine Dezimalstelle sichtbar zu machen.

	A	B	C	D	E
1	**Zinseszins**				
2	**(Nur Kapitalentwicklung)**		Status der Zielwertsuche		? ☒
3			Zielwertsuche hat für die Zelle B7 eine Lösung gefunden.		OK
4	Anfangskapital:	10.000,00 DM			Abbrechen
5	Zinssatz/Jahr:	5,00%	Zielwert: 13000		Schritt
6	Laufzeit (Monate):	63,1	Aktueller Wert: 13.000,00 DM		Pause
7	Endkapital:	13.000,00 DM			
8					

Abb. 125: Zielwertsuche bei Zinseszins (2)

Ergänzend sei angemerkt, daß Excel zur Lösung der eben behandelten (und ähnlicher) Standardaufgaben spezielle Funktionen (hier *ZW*) bereitstellt. Die Erkärung dieser Funktionen ist jedoch recht knapp gehalten, so daß es sinnvoll schien, die oben durchgeführte Analyse als Hintergrundinformation bereitzustellen. Darüber hinaus sollen im folgenden auch noch Programme erarbeitet werden, die den Funktionsumfang von Excel übertreffen, so daß ein tieferes Verständnis des zugrundeliegenden Sachverhalts notwendig wird.

Trotzdem wird in Abb. 126 das oben beschriebene Problem zusätzlich mit der genannten Excel-Funktion gelöst. Die sich ergebenden Zahlenwerte sind dabei mit denen in Abb. 123 identisch und werden deshalb hier nicht nochmals aufgeführt.

	A	B
1	**Zinseszins**	**Lösung mit Excel Funktion**
2	**(Nur Kapitalentwicklung)**	
3		
4	Anfangskapital:	10000
5	Zinssatz/Jahr:	0,05
6	Laufzeit (Monate):	24
7	Endkapital:	=ZW(B5/12;B6;0;-B4;0)
8		

Abb. 126: Excel-Funktion ZW

Erläuterung:

- Die Funktion ZW gestattet es, den Zukunftswert einer Investition zu ermitteln. Die genaue Beschreibung und insbesondere auch die Rolle der beiden mit Null besetzten Argumente ist der Online Hilfe zu entnehmen.

- Die Funktion kann über den Funktionsassistenten, der über das Symbol f_x in der Symbolleiste erreichbar ist, aufgerufen werden.

5.5.3.4   *Zielwertsuche (Entwicklung von Sparraten bei Zinseszins)*

Beispiel: Ein Sparer zahlt jeweils am Ende einer Zinsperiode (eines Monats) einen Betrag r (250 DM) auf ein Bankkonto ein. Dieser Betrag werde mit einem Zinssatz j (0,5%) pro Zinsperiode verzinst. Die Zinsen werden am Ende einer Zinsperiode der Sparsumme hinzugerechnet und ebenfalls verzinst. Über welche Endsumme kann der Sparer nach n (24) Zinsperioden verfügen?

Analyse: Die aktuelle Sparsumme nach einem Monat Laufzeit ergibt sich jeweils aus der Sparsumme des Vormonats, wie unten angegeben.

Nach	Monaten	beträgt die aktuelle Sparsumme

$$0 \qquad S_0 = \quad 0$$

$$1 \qquad S_1 = \quad r + (1+j)*S_0 = r$$

$$2 \qquad S_2 = \quad r + (1+j)*S_1 = r + (1+j)*r$$

$$3 \qquad S_3 = \quad r + (1+j)*S_2 = r + (1+j)*[r + (1+j)*r]$$
$$ = \quad r + (1+j)*r + (1+j)^2*r$$

$$\vdots \qquad\qquad \vdots \qquad\qquad \vdots$$

$$24 \qquad\qquad S_{24} = \quad r + (1+j)*r + (1+j)^2*r + \ldots + (1+j)^{23}*r$$

$$n \qquad\qquad S_n = \quad r + (1+j)*r + (1+j)^2*r + \ldots + (1+j)^{n-1}*r$$

Bei dem Ausdruck für S_n handelt es sich um eine geometrische Reihe; er hat folglich den Wert

$$S_n = \begin{cases} r*[(1+j)^n - 1]/j & \text{falls} \quad j \neq 0 \\ \\ n*r & \text{sonst} \end{cases}$$

Der Wert für $j = 0$ läßt sich dabei ohne weitere Umformung aus dem ursprünglichen Ausdruck für S_n entnehmen, da für $j = 0$ alle Summanden gleich r sind und es genau n von ihnen gibt.

Damit läßt sich jetzt leicht die Excel Lösung des oben beschriebenen Problems, wie in Abb. 127 angegeben, verstehen. Die Zahlenwerte findet der Leser in Abb. 128 darunter.

	A	B
1	**Zinseszins**	
2	**Entwicklung von Sparraten**	
3		
4	Monatsrate:	250
5	Zinssatz/Jahr:	0,06
6	Anzahl Zinsperioden/Jahr:	12
7	Laufzeit in Zinsperioden:	24
8	Endsumme:	=B4*((1+B5/B6)^B7-1)/(B5/B6)
9		

Abb. 127: Entwicklung von Sparraten bei Zinseszins

Erläuterung:

- Warnung: Es handelt sich noch keineswegs um ein gutes Excel-Programm, da, falls der Zinssatz in B5 Null werden sollte, in B8 eine Division durch Null stattfinden würde. Solche Randfälle sollten bei der Programmierung stets berücksichtigt werden, um unangenehme Überraschungen bei einer weitergehenden Nutzung des Programms zu vermeiden.

- In Kombination mit der Zielwertsuche ist wiederum eine flexible Nutzung des Programms möglich (Welche Monatsrate wird beispielsweise benötigt, um in 24 Monaten 7 000 DM anzusparen?). Da die Lösung dieser Aufgaben aber analog zu den bereits behandelten verläuft, soll auf eine detaillierte Darstellung verzichtet werden.

- Auch hier ist die Lösung des Problems mit der bereits benutzten Excel-Funktion ZW möglich. Sie wird in Abb. 129 unten angegeben. Auf die erneute Wiedergabe der Zahlenwerte wird verzichtet.

	A	B
1	**Zinseszins**	
2	**Entwicklung von Sparraten**	
3		
4	Monatsrate:	250,00 DM
5	Zinssatz/Jahr:	6,00%
6	Anzahl Zinsperioden/Jahr:	12
7	Laufzeit in Zinsperioden:	24
8	Endsumme:	6.357,99 DM
9		

Abb. 128: Zahlenwerte für Entwicklung von Sparraten bei Zinseszins

	A	B
1	**Zinseszins**	**Lösung mit Excel Funktion**
2	**Entwicklung von Sparraten**	
3		
4	Monatsrate:	250
5	Zinssatz/Jahr:	0,06
6	Anzahl Zinsperioden/Jahr:	12
7	Laufzeit in Zinsperioden:	24
8	Endsumme:	=ZW(B5/B6;24;-250;0;0)
9		

Abb. 129: Lösung mit Excel-Funktion ZW

5.5.3.5 Zielwertsuche (Entwicklung von Kapital und Sparraten bei Zinseszins)

Beispiel: Ein Sparer zahle ein Anfangskapital K_0 (10 000 DM) auf einem Bankkonto zum Zeitpunkt 0 ein. Dieser Betrag vermehre sich durch Zinseszins bei m (12) unterjährigen Zinsperioden und einem Jahreszinssatz i (6%). Am Ende jeder Zinsperiode werde zusätzlich ein Betrag r (250 DM) auf das Konto eingezahlt, der sich ebenfalls durch Zinseszins, wie eben beschrieben, vermehre. Über welchen Gesamtbetrag kann der Sparer nach n (24) Zinsperioden verfügen?

Analyse:

Eine Kombination der unter 5.5.3.3 und 5.5.3.4 abgeleiteten Ergebnisse führt zur folgenden allgemeinen Formel

$$K_n + S_n = \begin{cases} K_0*(1+i/m)^n + r*[(1+i/m)^n - 1]/(i/m) & \text{für } i \neq 0 \\\\ K_0*(1+i/m)^n + r*n & \text{für } i = 0 \end{cases}$$

Dabei haben die Symbole die folgende Bedeutung:

K_0:	Anfangskapital
K_n:	Endkapital (ohne Raten)
i:	jährlicher Zinssatz
m:	Anzahl unterjähriger Zinsperioden
n:	Laufzeit in Zinsperioden
r:	Zahlung pro Zinsperiode

Diese Formel erlaubt unmittelbar die Lösung durch ein in Abb. 130 angegebenes Excel-Programm. Die entsprechenden Zahlenwerte sind in Abb. 131 angegeben.

	A	B
1	**Zinseszinsrechnung**	
2	**Kombination von Kapital und Sparraten**	
3		
4	Formel für Endkapital $K_n = K_0*(1+i/m)^n$:	
5		
6	Anfangskapital K_0:	10000
7	Jahreszinssatz i:	0,06
8	Anz. Zinsperioden/Jahr m:	12
9	Laufzeit in Zinsperioden n:	24
10	Aufzinsungsfaktor $(1+i/m)^n$:	=(1+B7/B8)^B9
11	Endkapital K_n:	=B6*B10
12		
13		
14	Formel für Endsparsumme:	
15	$r*(((1+i/m)^n-1))/(i/m)$ falls i > 0	
16	$S_n =$	
17	$n*r$ falls i = 0	
18	Rate/Zinsperiode r:	250
19	Endsparsumme S_n:	=WENN(B7=0;B9*B18;B18*((B10-1)/(B7/B8)))
20		
21	Gesamtsumme $K_n + S_n$:	=B11+B19
22		

Abb. 130: Entwicklung von Kapital und Sparraten bei Zinseszins

Erläuterung:

- Die Einführung des *Aufzinsungsfaktors* in B10 hat einerseits den Zweck, Redundanz zu vermeiden (um ein wichtiges allgemeines Grundprinzip der Programmierung zu berücksichtigen), da er zweimal (nämlich in den Formeln der Zellen B11 und B19) vorkommt. Andererseits dient sie dazu, Neuberechnungen (hier nicht sehr wichtig) und Tippfehler zu vermeiden.

- In B19 wurde die *WENN* Funktion benutzt. Sie besitzt drei Argumente. Im ersten Argument steht eine Bedingung, deren Auswertung einen Wahrheitswert ergibt (im Beispiel wird überprüft, ob der Zinssatz gleich Null ist, was den Wahrheitswert 0 ergibt). Ist der resultierende Wahrheitswert 1, so wird der Inhalt der Zelle gleich dem Inhalt des zweiten Arguments gesetzt, andernfalls gleich dem Inhalt des dritten Arguments (im Beispiel wird also wunschgemäß die Formel im dritten Argument für die Berechnung der Endsparsumme benutzt).

- Eine Lösung unter Nutzung der **Excel-Funktion** *ZW* wird in Abb. 132 angegeben.

	A	B
1	**Zinseszinsrechnung**	
2	**Kombination von Kapital und Sparraten**	
3		
4	Formel für Endkapital $K_n = K_0*(1+i/m)^n$:	
5		
6	Anfangskapital K_0:	10.000,00 DM
7	Jahreszinssatz i:	6%
8	Anz. Zinsperioden/Jahr m:	12
9	Laufzeit in Zinsperioden n:	24
10	Aufzinsungsfaktor $(1+i/m)^n$:	1,127159776
11	Endkapital K_n:	11.271,60 DM
12		
13		
14	Formel für Endsparsumme:	
15	$r*(((1+i/m)^n-1))/(i/m)$ falls i > 0	
16	$S_n =$	
17	$n*r$ falls i = 0	
18	Rate/Zinsperiode r:	250,00 DM
19	Endsparsumme S_n:	6.357,99 DM
20		
21	Gesamtsumme $K_n + S_n$:	17.629,59 DM
22		

Abb. 131: Zahlenwerte für Entwicklung von Kapital und Sparraten bei Zinseszins

	A	B
1	**Zinseszinsrechnung**	Lösung mit Excel Funktion
2	**Kombination von Kapital und Sparraten**	
3		
4	Anfangskapital K_0:	10000
5	Jahreszinssatz i:	0,06
6	Anz. Zinsperioden/Jahr m:	12
7	Laufzeit in Zinsperioden n:	24
8	Rate/Zinsperiode r:	250
9	Gesamtsumme:	=ZW(B5/B6;B7;-B8;-B4;0)
10		

Abb. 132: Lösung mit Excel-Funktion ZW

In Kombination mit der Zielwertsuche läßt sich dieses Programm für die Lösung doch recht interessanter betriebswirtschaftlicher Standardprobleme nutzen.

Beispiel (Kapitalwiedergewinnung): Eine Firma beabsichtigt, 250 000 DM zum Zwecke einer besseren Wärmeisolierung der Fertigungshalle zu investieren.Wie hoch muß die dadurch ermöglichte monatliche Ersparnis (d.h. Minderauszahlung) an Heizkosten mindestens sein, wenn der aufgewandte Betrag mit einer jährlichen Verzinsung von 6% in 25 Jahren wiedergewonnen sein soll?

Die Lösung kann mit dem obigen Programm über die Zielwertsuche erfolgen, die zu diesem Zweck mit den folgenden Werten aufgerufen werden muß

> Zielzelle: B21
>
> Zielwert: 0
>
> Veränderliche Zelle: B18.

Zusätzlich sind die relevanten Parameter wie folgt zu wählen:

> K_0: - 250 000 DM
>
> Laufzeit: 300
>
> Anzahl der Zinsperioden/Jahr: 12
>
> Jahreszinssatz: 6%.

Die Investition von 250 000 DM wird nämlich genau dann durch die monatliche Minderauszahlung in B18 aufgewogen, wenn die Gesamtsumme aus negativem Investitionsendkapital und positiver Ratenendsumme Null ergibt. Man beachte auch, daß die Laufzeit in Zinsperioden, also als 25*12 Monate angegeben werden muß.

Es soll natürlich nicht unerwähnt bleiben, daß hier ein verhälnismäßig primitives mathematisches Modell benutzt wurde, das beispielsweise keinerlei Schwankungen der Energiepreise berücksichtigt. Darüber hinaus könnte man natürlich auch argumentieren, daß eine Wärmeisolierung aus Umweltschutzgründen mit hoher Priorität erfolgen und nicht nur von einer Kostenersparnis abhängig gemacht werden sollte.

Trotzdem kann das Excel-Programm wertvolle Anhaltspunkte liefern. Das aus den gegebenen Zahlenwerten resultierende Ergebnis ist in Abb. 133 unten enthalten. Die benötigte monatliche Einsparung beträgt demnach 1610,75 DM. Sollte die Einsparung also weniger betragen, so würde man die Angelegenheit jedenfalls nochmals überdenken.

	A	B	C	D	E
1	**Zinseszinsrechnung**				
2	**Kombination von Kapital und Sparraten**				
3					
4	Formel für Endkapital $K_n = K_0*(1+i/m)^n$:				
5					
6	Anfangskapital K_0:	-250.000,00 DM			
7	Jahreszinssatz i:	6%			
8	Anz. Zinsperioden/Jahr m:	12			
9	Laufzeit in Zinsperioden n:	300			
10	Aufzinsungsfaktor $(1+i/m)^n$:	4,464969812			
11	Endkapital K_n:	-1.116.242,45 DM			
12					
13					
14	Formel für Endsparsumme:				
15	$r*(((1+i/m)^n-1))/(i/m)$ falls i > 0				
16	$S_n =$				
17	$n*r$ falls i = 0				
18	Rate/Zinsperiode r:	1.610,75 DM			
19	Endsparsumme S_n:	1.116.242,45 DM			
20					
21	Gesamtsumme $K_n + S_n$:	0,00 DM			
22					

Abb. 133: Kapitalwiedergewinnung

Ein prima facie völlig anders gelagertes Beispiel kann ebenfalls mit dem obigen Programm in Kombination mit der Zielwertsuche gelöst werden.

Beispiel (Verrentung einer Lebensversicherung): Ein Versicherungsnehmer, der eine Lebensversicherung abgeschlossen hat, möchte seine Lebensversicherung nicht bar ausgezahlt haben, sondern zieht eine Verrentung vor. Welche monatliche Rente wird ihm die Versicherungsgesellschaft anbieten, wenn die Versicherungssumme auf 100 000 DM lautet, eine statistische Restlebenserwartung von 15 Jahren anzusetzen ist und mit einem jährlichen Kalkulationszinsfuß von 5% gerechnet wird?

Zur Lösung dieses Problems muß die Zielwertsuche mit folgenden Werten aufgerufen werden:

> Zielzelle: B21
>
> Zielwert: 0
>
> Veränderliche Zelle: B18.

Zusätzlich sind die relevanten Parameter wie folgt zu wählen:

> K_0: - 100 000 DM
>
> Laufzeit: 12*15 = 180
>
> Anzahl der Zinsperioden/Jahr: 12
>
> Jahreszinssatz: 5%.

Die Argumentation zur Begründung des Vorgehens verläuft ähnlich wie im vorigen Beispiel. Das Ergebnis kann in Abb. 134 abgelesen werden. Die Versicherung würde also 790,79 DM monatliche Rente anbieten.

	A	B	C	D	E
1	**Zinseszinsrechnung**				
2	**Kombination von Kapital und Sparraten**				
3					
4	Formel für Endkapital $K_n = K_0{}^*(1+i/m)^n$:				
5					
6	Anfangskapital K_0:	-100.000,00 DM			
7	Jahreszinssatz i:	5%			
8	Anz. Zinsperioden/Jahr m:	12			
9	Laufzeit in Zinsperioden n:	180			
10	Aufzinsungsfaktor $(1+i/m)^n$:	2,113703932			
11	Endkapital K_n:	-211.370,39 DM			
12					
13					
14	Formel für Endsparsumme:				
15	$r^*(((1+i/m)^n{-}1))/(i/m)$ falls i > 0				
16	$S_n =$				
17	n^*r falls i = 0				
18	Rate/Zinsperiode r:	790,79 DM			
19	Endsparsumme S_n:	211.370,39 DM			
20					
21	Gesamtsumme $K_n + S_n$:	0,00 DM			
22					

Abb. 134: Verrentung einer Lebensversicherung

5.5.3.6   *Zielwertsuche (Vor- und nachschüssige Zahlungsweise)*

Bis jetzt wurden ohne explizite Erwähnung ausschließlich Zahlungen bzw. Einsparungen am Ende einer Zinsperiode betrachtet. Manchmal ist jedoch durchaus auch eine vorschüssige Zahlungsweise von Interesse.

Beispiel: Ein Versicherungsnehmer, der eine Lebensversicherung abgeschlossen hat, möchte seine Lebensversicherung nicht bar ausgezahlt haben, sondern zieht eine Verrentung vor. Welche monatliche Rente wird ihm die Versicherungsgesellschaft anbieten, wenn die Versicherungssumme auf 100 000 DM lautet, eine statistische Restlebenserwartung von 15 Jahren anzusetzen ist und mit einem jährlichen Kalkulationszinsfuß von 5% gerechnet wird? Dabei ist zu berücksichtigen, daß der Versicherungsnehmer eine vorschüssige Zahlungsweise wünscht.

Analyse:

Die benötigte Formel kann aus der in 5.5.3.5 angegebenen leicht durch Einführung einer booleschen Variablen VS (die also nur die Werte 0 oder 1 annnehmen kann) abgeleitet werden, wenn man erkennt, daß eine vorschüssige Zahlungsweise durch eine um den Zins erhöhte Rate berücksichtigt werden kann. Die modifizierte Formel lautet dann

$$K_n + S_n = \begin{cases} K_0*(1+i/m)^n + (1 + VS*i/m)*r\,[(1+i/m)^n - 1]/(i/m) \text{ für } i \neq 0 \\[2em] K_0*(1+i/m)^n + r*n \qquad\qquad\qquad\qquad \text{ für } i = 0 \end{cases}$$

Hier muß die boolesche Variable VS den Wert 1 bei vorschüssiger Zahlungsweise haben, während sie ansonsten den Wert 0 aufweisen muß.

Damit läßt sich sofort das entsprechende Excel-Programm ableiten. Es ist in Abb. 135 angegeben. Die entsprechenden Zahlenwerte sind in Abb. 136 dargestellt. Auch hier ist letztmalig eine Lösung über die Excel-Funktion ZW möglich, wie in Abb. 137 angegeben.

	A	B
1	Zinseszinsrechnung	
2	Kombination von Kapital und Sparraten	
3	Berücksichtigung von vorschüssiger Zahlungsweise	
4		
5		
6	Formel für Endkapital $K_n = K_0{}^*(1+i/m)^n$:	
7		
8	Anfangskapital K_0:	10000
9	Jahreszinssatz i:	0,06
10	Anz. Zinsperioden/Jahr m:	12
11	Laufzeit in Zinsperioden n:	24
12	Aufzinsungsfaktor $(1+i/m)^n$:	=(1+B9/B10)^B11
13	Endkapital K_n:	=B8*B12
14		
15	Zahlungsweise (VS=1 entspricht vorschüssig):	0
16	Rate/Zinsperiode r:	250
17	Formel für Endsparsumme:	
18	$\quad (1+(i/m)^*VS)^*r^*(((1+i/m)^n-1))/(i/m)$ falls i > 0	
19	$S_n =$	=WENN(B9=0;B11*B16;(1+B15*(B9/B10))*B16*((B12-1)/(B9/B10)))
20	$\quad$ n*r falls i = 0	
21	Gesamtsumme $K_n + S_n$:	=B13+B19

Abb. 135: Berücksichtigung vorschüssiger Zahlungsweise

	A	B
1	**Zinseszinsrechnung**	
2	**Kombination von Kapital und Sparraten**	
3	**Berücksichtigung von vorschüssiger Zahlungsweise**	
4		
5		
6	Formel für Endkapital $K_n = K_0{}^*(1+i/m)^n$:	
7		
8	Anfangskapital K_0:	10.000,00 DM
9	Jahreszinssatz i:	6%
10	Anz. Zinsperioden/Jahr m:	12
11	Laufzeit in Zinsperioden n:	24
12	Aufzinsungsfaktor $(1+i/m)^n$:	1,127159776
13	Endkapital K_n:	11.271,60 DM
14		
15	Zahlungsweise (VS=1 entspricht vorschüssig):	0
16	Rate/Zinsperiode r:	250,00 DM
17	Formel für Endsparsumme:	
18	$(1+(i/m)^*VS)^*r^*(((1+i/m)^n-1))/(i/m)$ falls i > 0	
19	S_n =	6.357,99 DM
20	n^*r falls i = 0	
21		
22	Gesamtsumme $K_n + S_n$:	17.629,59 DM
23		

Abb. 136: Zahlenwerte bei vorschüssiger Zahlungsweise

	A	B
1	**Zinseszinsrechnung**	**Lösung mit Excel Funktion**
2	**Kombination von Kapital und Sparraten**	
3	**Berücksichtigung von vorschüssiger Zahlungsweise**	
4		
5	Anfangskapital K_0:	10000
6	Jahreszinssatz i:	0,06
7	Anz. Zinsperioden/Jahr m:	12
8	Laufzeit in Zinsperioden n:	24
9	Zahlungsweise (VS=1 entspricht vorschüssig):	0
10	Rate/Zinsperiode r:	250
11	Gesamtsumme $K_n + S_n$:	=ZW(B6/B7;B8;-B10;-B5;B9)
12		

Abb. 137: Lösung mit Excel-Funktion ZW

Schließlich kann auch die Lösung des eingangs angegebenen Beispiels mittels Zielwertsuche ermittelt werden. Sie ist Abb. 138 zu entnehmen. Es bleibt festzustellen, daß in diesem Fall nur eine geringfügige Differenz zur nachschüssigen Rente auftritt: Es sind etwa 3 DM pro Monat weniger auszuzahlen.

	A	B	C	D
1	**Zinseszinsrechnung**	Status der Zielwertsuche		
2	**Kombination von Kapital und Sparraten**	Zielwertsuche hat für die Zelle B22		
3	**Berücksichtigung von vorschüssiger Zahlungsweise**	eine Lösung gefunden.		
4		Zielwert: 0		
5		Aktueller Wert: 0,00 DM		
6	Formel für Endkapital $K_n = K_0{}^*(1+i/m)^n$:			
7				
8	Anfangskapital K_0:	-100.000,00 DM		
9	Jahreszinssatz i:	5%		
10	Anz. Zinsperioden/Jahr m:	12		
11	Laufzeit in Zinsperioden n:	180		
12	Aufzinsungsfaktor $(1+i/m)^n$:	2,113703932		
13	Endkapital K_n:	-211.370,39 DM		
14				
15	Zahlungsweise (VS=1 entspricht vorschüssig):	1		
16	Rate/Zinsperiode r:	787,51 DM		
17	Formel für Endsparsumme:			
18	$(1+(i/m)^*VS)^*r^*(((1+i/m)^n-1))/(i/m)$ falls i > 0			
19	$S_n =$	211.370,39 DM		
20	n^*r falls i = 0			
21				
22	Gesamtsumme $K_n + S_n$:	0,00 DM		

Abb. 138: Zahlenwerte zur Verrentung bei vorschüssiger Zahlungsweise

5.5.3.7 *Zielwertsuche (Entwicklung von Kapital und konstant steigenden Sparraten unter Berücksichtigung der Zahlungsweise)*

Bis jetzt hätten die behandelten Probleme bei genauer Kenntnis der Excel-Funktionen auch ohne zusätzliche Programmierung gelöst werden können. Man stößt in praxi jedoch rasch auf Aufgabenstellungen, für die das Funktionsangebot nicht mehr ausreicht.

Beispiel: Eine Firma beabsichtigt in die Wärmeisolierung der Fertigungshalle zu investieren. Sie erwartet eine anfängliche monatliche Einsparung an Heizkosten von 200 DM. Man erwartet, daß die Nutzungsdauer 20 Jahre betragen wird und will als Investor einen Zins von 8% pro Jahr realisieren. Weiterhin rechnet man mit einer jährlichen Steigerung der Energiepreise von 3,6%. Wieviel sollte man sinnvollerweise maximal investieren?

Analyse:

Man sieht leicht ein, daß die einzige Veränderung gegenüber dem vorher behandelten Problem die um einen konstanten Prozentsatz k pro Zinsperiode steigende Sparrate r ist. Infolgedessen ist hier ausschließlich die Entwicklung einer konstant steigenden Sparrate (um k% pro Zinsperiode) bei Zinseszins (Zinssatz j% pro Zinsperiode) zu untersuchen.

Nach Zinsperioden   beträgt die aktuelle Sparsumme

$$0 \qquad S_0 = \quad 0$$

$$1 \qquad S_1 = \quad r + (1+j)*S_0 = r$$

$$2 \qquad S_2 = \quad (1+k)* r + (1+j)*S_1 = (1+k)*r + (1+j)*r$$

$$3 \qquad S_3 = \quad (1+k)^2*r + (1+j)*S_2$$

$$= \quad (1+k)^2*r + (1+j)*[(1+k)*r + (1+j)*r]$$
$$= \quad (1+k)^2*r + (1+k)*(1+j)*r + (1+j)^2*r$$

.

.

$$n \qquad S_n = \quad r*[(1+k)^{n-1} + (1+k)^{n-2}*(1+j) + \ldots + (1+j)^{n-1}]$$

Setzt man nun $q:= (1+j)/(1+k)$ so ergibt sich

$$S_n = r*(1+k)^{n-1} * [1 + q + q^2 + q^3 + \ldots + q^{n-1}],$$

und unter Nutzung der Formel für die geometrische Reihe

$$S_n = r*(1+k)^{n-1} * [(1-q^n)/(1-q)] = \begin{cases} (r/(j-k))*[(1+j)^n - (1+k)^n] & \text{für } j \neq k \\ \\ r*n*(1+j)^{n-1} & \text{für } j = k \end{cases}$$

Dabei ergibt sich die Summe für $j = k$ wiederum unmittelbar aus der allgemeinen Form für S_n ohne Nutzung der geometrischen Reihe.

Diese Formel läßt sich leicht unter Berücksichtigung der Kapitalentwicklung, einer beliebigen Anzahl von jährlichen Zinsperioden und der vor- bzw. nachschüssigen Zahlungsweise in ein sehr allgemeines Excel-Programm überführen, das die Lösung des Beispiels gestattet und in Abb. 139 angegeben ist. Die entsprechenden Zahlenwerte findet der Leser in Abb. 140, während hier, wie schon erwähnt, eine Lösung durch Excel Standard Funktionen nicht mehr möglich ist.

	A	B
1	Zinseszinsrechnung	Kombination von Kapital und Sparraten
2	Berücksichtigung von vorschüssiger Zahlungsweise	Konstant steigende Sparraten
3	Formel für Endkapital: $K_n = K_0{}^*(1+i/m)^n$	
4	Anfangskapital K_0:	0
5	Jahreszinssatz i:	0,08
6	Prozentsatz der Ratensteigerung/Jahr p:	0,036
7	Anz. Zinsperioden/Jahr m:	12
8	Laufzeit in Zinsperioden n:	240
9	Aufzinsungsfaktor $(1+i/m)^n$:	=(1+B5/B7)^B8
10	Hilfsgröße $(1+p/m)^n$:	=(1+B6/B7)^B8
11	Endkapital K_n:	=B4*B9
12	Zahlungsweise (VS=1 entspricht vorschüssig):	0
13	Anfängliche Rate/Zinsperiode r:	200
14	Hilfsgröße $(1+(i/m)^*VS)^*r$:	=(1+(B5/B7)*B12)*B13
15	Formel für Endsparsumme:	
16	$\quad (1+(i/m)^*VS)^*r^*m^*(((1+i/m)^n-(1+p/m)^n))/(i-p)$ falls i ungleich p	
17	$S_n =$	=WENN(B5=B6;(B8*B14*B9)/(1+B5/B7);B14*B7*(B9-B10)/(B5-B6))
18	$\quad (1+(i/m)^*VS)^*r^*n^*(1+i/m)^{n-1}$ falls i = p	
19	Gesamtsumme $K_n + S_n$:	=B11+B17
20		

Abb. 139: Behandlung konstant steigender Sparraten

Erläuterung:

- Die in Zelle B10 und Zelle B14 eingeführten Hilfsgrößen wären, um Redundanz zu vermeiden, nicht notwendig. Trotzdem scheinen sie nützlich, da durch sie die in B17 auftauchende Formel deutlich kürzer wird. Werden Formeln nämlich sehr lang, so wird es unverhältnismäßig schwierig, die korrekte Klammerstruktur zu erzeugen und alle auftauchenden Größen ohne Schreibfehler zu berücksichtigen.

- Man beachte auch, daß bei der Herleitung der Formel für die Entwicklung konstant steigender Sparraten unter Zinseszins j und k als Bezeichnungen für den Zinssatz pro Zinsperiode bzw. die prozentuale Steigerung der Rate pro Zinsperiode benutzt wurden, um die Ableitung möglichst kompakt zu halten. Hier wurden die entsprechenden Werte aus dem Jahreszinssatz bzw. der jährlichen Steigerungsrate und der Anzahl der jährlichen Zinsperioden berechnet.

- Die vorschüssige Zahlungsweise wurde mit der bekannten Methode, vgl. 5.5.3.6, behandelt.

- Auch dieses Modell kann natürlich hinsichtlich seiner Praxistauglichkeit nicht völlig befriedigen, stellt aber doch gegenüber dem früher behandelten einen wesentlichen Fortschritt dar.

- Alle bisher in diesem Zusammenhang abgeleiteten Programme können durch das in Abb. 139 angegebene ersetzt werden, da sie durch geeignete Wahl der Parameter erzeugt werden können.

	A	B
1	**Zinseszinsrechnung**	**Kombination von Kapital und Sparraten**
2	**Berücksichtigung von vorschüssiger Zahlungsweise**	**Konstant steigende Sparraten**
3	Formel für Endkapital: $K_n = K_0{}^*(1+i/m)^n$	
4	Anfangskapital K_0:	0,00 DM
5	Jahreszinssatz i:	8,0%
6	Prozentsatz der Ratensteigerung/Jahr p:	3,6%
7	Anz. Zinsperioden/Jahr m:	12
8	Laufzeit in Zinsperioden n:	240
9	Aufzinsungsfaktor $(1+i/m)^n$:	4,926802771
10	Hilfsgröße $(1+p/m)^n$:	2,052220043
11	Endkapital K_n:	0,00 DM
12	Zahlungsweise (VS=1 entspricht vorschüssig):	0
13	Anfängliche Rate/Zinsperiode r:	200,00 DM
14	Hilfsgröße $(1+(i/m)^*VS)^*r$:	200,00 DM
15	Formel für Endsparsumme:	
16	$(1+(i/m)^*VS)^*r^*m^*(((1+i/m)^n-(1+p/m)^n))/(i-p)$ falls i ungleich p	
17	$S_n =$	156.795,42 DM
18	$(1+(i/m)^*VS)^*r^*n^*(1+i/m)^{n-1}$ falls i = p	
19	Gesamtsumme $K_n + S_n$:	156.795,42 DM
20		

Abb. 140: Zahlenwerte für konstant steigende Sparraten

Das oben angegebene Beispiel kann schließlich, analog zu vorhergehenden Beispielen, mittels Zielwertsuche behandelt werden. Das Ergebnis ist in Abb. 141 angegeben: Man würde, falls keine anderen Gesichtspunkte ins Kalkül gezogen werden und das mathematische Modell als eine ausreichende Approximation der Realität betrachtet wird, höchstens einen Betrag von 31 824, 98 DM investieren.

	A	B
1	**Zinseszinsrechnung**	**Kombination von Kapital und Sparraten**
2	**Berücksichtigung von vorschüssiger Zahlungsweise**	**Konstant steigende Sparraten**
3	Formel für Endkapital: $K_n = K_0 {}^* (1+i/m)^n$	
4	Anfangskapital K_0:	-31.824,98 DM
5	Jahreszinssatz i:	8,0%
6	Prozentsatz der Ratensteigerung/Jahr p:	3,6%
7	Anz. Zinsperioden/Jahr m:	12
8	Laufzeit in Zinsperioden n:	240
9	Aufzinsungsfaktor $(1+i/m)^n$:	4,926802771
10	Hilfsgröße $(1+p/m)^n$:	2,052220043
11	Endkapital K_n:	-156.795,42 DM
12	Zahlungsweise (VS=1 entspricht vorschüssig):	0
13	Anfängliche Rate/Zinsperiode r:	200,00 DM
14	Hilfsgröße $(1+(i/m)^*VS)^*r$:	200,00 DM
15	Formel für Endsparsumme:	
16	$\qquad (1+(i/m)^*VS)^*r^*m^*(((1+i/m)^n-(1+p/m)^n))/(i-p)$ falls i ungleich p	
17	$S_n =$	156.795,42 DM
18	$\qquad (1+(i/m)^*VS)^*r^*n^*(1+i/m)^{n-1}$ falls i = p	
19	Gesamtsumme $K_n + S_n$:	0,00 DM
20		

Eingebettetes Dialogfenster:

Abb. 141: Zielwertsuche bei konstant steigenden Sparraten

5.5.4 Funktionsangebot und statistische Anwendungen

Excel bietet auch für Aufgabenstellungen aus der Statistik ein reichhaltiges Funktionsangebot. Als Beispiele wären hier die *lineare Regression* und ihre Anwendung im Rahmen einer einfachen *Zeitreihenanalyse* zu nennen. Leider ist oft das nötige theoretische Hintergrundwissen nur in unzureichender Weise dargestellt. Deshalb wird hier wiederum etwas Theorie vermittelt, die unter Einübung von nützlichen Programmiertechniken zur Implementierung entsprechender Excel-Programme führt.

Gleichzeitig wird aber auch das verfügbare Funktionsangebot benutzt. Dabei werden im Vorgriff auf einen späteren Abschnitt bereits einige einfache Diagramme erzeugt.

Beispiel (lineare Regression): Bei der genaueren Untersuchung einer Firma mit 10 Niederlassungen soll festgestellt werden, ob ein (linearer) Zusammenhang zwischen den jeweiligen Verkaufsflächen x_i und dem Jahresumsatz y_i bestehen könnte.

Das zur Verfügung stehende Datenmaterial ist in der folgenden Tabelle enthalten.

Niederlassung	Verkaufsfläche (in 1000 m²)	Umsatz (in Millionen DM)
i	x_i	y_i
1	0,5	3,0
2	0,9	5,1
3	1,1	5,5
4	1,5	7,3
5	1,2	6,2
6	1,4	7,0
7	1,6	8,1
8	0,8	4,9
9	1,0	6,1
10	0,4	3,2

Analyse:

Ein erster Anhaltspunkt ergibt sich aus dem folgenden Diagramm, das im Excel-System unter Nutzung des Diagrammassistenten (mit Symbol ![Symbol]) erstellt wurde (Markieren der Zahlenwerte der zweiten und dritten Spalte, Option Punktdiagramm im Diagrammassistenten)

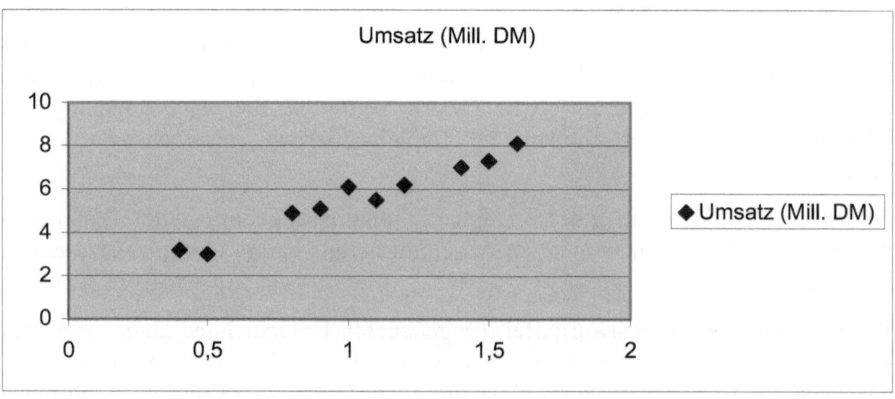

Abb. 142: Grafische Darstellung des Umsatzes

Es zeigt sich ein nahezu linearer Zusammenhang zwischen Umsatz und Verkaufsfläche, deshalb scheint es sinnvoll, mittels der *Methode der kleinsten Fehlerquadrate* die Regressionsgerade zu berechnen.

Der entsprechende Ansatz lautet:

$$\hat{y}_i = a + bx_i$$

Hierbei stehen a und b für die *Regressionsparameter*.

Die Summe der Fehlerquadrate, die minimiert werden soll, ist dann gegeben durch

$$F(a,b) := \sum_{i=1}^{10}(y_i - \hat{y}_i)^2 = \sum_{i=1}^{10}(y_i - a - bx_i)^2.$$

Damit ergibt sich als notwendige (aber i.a. nicht hinreichende) Bedingung für das Vorliegen eines Minimums, daß die partiellen Ableitungen bezüglich a und b Null werden müssen, d.h.

$$\partial F / \partial a = \partial F / \partial b = 0.$$

Durch Differenzieren erhält man die folgenden Gleichungen

$$\partial F / \partial a = -2 * \sum_{i=1}^{10}(y_i - a - bx_i) = 0$$

$$\partial F / \partial b = -2 * \sum_{i=1}^{10} x_i(y_i - a - bx_i) = 0.$$

Eine triviale Umformung ergibt

$$\sum_{i=1}^{10}(y_i - a - bx_i) = 0$$

$$\sum_{i=1}^{10}(x_i y_i - x_i a - bx_i^2) = 0.$$

Schließlich folgt

$$10a + b\sum_{i=1}^{10} x_i = \sum_{i=1}^{10} y_i$$

$$a\sum_{i=1}^{10} x_i + b\sum_{i=1}^{10} x_i^2 = \sum_{i=1}^{10} x_i y_i.$$

Offenbar handelt es sich um zwei Gleichungen in den Unbekannten a und b, die mit aus der Mathematik bekannten Standardmethoden gelöst werden können.

Das Ergebnis lautet wie folgt:

$$a = [(\sum_{i=1}^{10} y_i)(\sum_{i=1}^{10} x_i^2) - (\sum_{i=1}^{10} x_i)(\sum_{i=1}^{10} y_i x_i)] / [(10 * (\sum_{i=1}^{10} x_i^2) - (\sum_{i=1}^{10} x_i)^2]$$

$$b = [10 * (\sum_{i=1}^{10} y_i x_i) - (\sum_{i=1}^{10} y_i)(\sum_{i=1}^{10} x_i)] / [(10 * (\sum_{i=1}^{10} x_i^2) - (\sum_{i=1}^{10} x_i)^2]$$

Diese Formeln könnten nun ins Excel-System übernommen und so die Regressionsparameter berechnet werden. Dies würde jedoch die Programmierung erheblich erschweren, da derart komplizierte Formeln leicht zu Schreib- bzw. Syntaxfehlern führen.

Es werden daher die folgenden Hilfsgrößen definiert

$$c := \sum_{i=1}^{10} y_i , \qquad d := \sum_{i=1}^{10} x_i^2 , \qquad e := \sum_{i=1}^{10} x_i , \qquad f := \sum_{i=1}^{10} y_i x_i ,$$

$$N := 10 * d - e^2 .$$

Nach diesen Vorbereitungen kann leicht ein Excel-Programm zur Berechnung der Regressionsparameter konstruiert werden. Es ist in Abb. 143 dargestellt, während die entsprechenden Zahlenwerte in Abb. 144 gezeigt werden.

Durch Anklicken der Punkte im zuvor erstellten Diagramm ist es über das Befehlsmenü *Diagramm-Trendlinie Einfügen-Linearer Trend* auch möglich, die Regressionsgerade einfügen zu lassen. Das entsprechende Bild findet der Leser weiter unten (Abb. 145).

	A	B	C	D	E
1	**Regressionsparameter ohne Excel Funktion RGP**				
2					
3		Niederlassung	Verkaufsfläche (in 1000 m^2)	Umsatz (in Millionen DM)		
4	i		x_i	y_i	c:	=SUMME(C5:C14)
5	1		0,5	3	d:	=SUMMENPRODUKT(B5:B14;B5:B14)
6	2		0,9	5,1	e:	=SUMME(B5:B14)
7	3		1,1	5,5	f:	=SUMMENPRODUKT(B5:B14;C5:C14)
8	4		1,5	7,3	N:	=10*E5-E6^2
9	5		1,2	6,2		
10	6		1,4	7		
11	7		1,6	8,1		
12	8		0,8	4,9		
13	9		1	6,1		
14	10		0,4	3,2		
15						
16	Regressionsparameter:				
17	a:		=(E4*E5-E6*E7)/E8			
18	b:		=(10*E7-E4*E6)/E8			

Abb. 143: Berechnung der Regressionsparameter

Erläuterung:

- Die Hilfsgrößen erhöhen nicht nur die Übersichtlichkeit der Formeln. Vielmehr helfen sie auch, Mehrfachberechnungen zu vermeiden (sie kommen alle mehrfach vor), was programmiertechnisch gesehen natürlich höchst wünschenswert ist, vgl. hierzu auch die Einführung des Aufzinsungsfaktors bei der Zinseszinsrechnung.

- In den Zellen E5 und E7 taucht die Excel-Funktion *SUMMENPRODUKT* erstmals auf. Sie gestattet es, die vorkommenden Summen von Produkten, wie der Name schon sagt, zu berechnen. Technisch ausgedrückt handelt es sich allerdings um Skalarprodukte von Vektoren, die auch im Zusammenhang mit der linearen Optimierung wieder auftauchen werden.

- Die Regressionsparameter hätten, wie unten im Rahmen der Zeitreihenanalyse noch gezeigt werden wird, ohne weiteres mit der Excel-Funktion *RGP* berechnet werden können. Allerdings läßt die Beschreibung dieser Funktion eine Erkärung des Hintergrunds vermissen. Darüber hinaus schien es wünschenswert, an den doch recht komplizierten Formeln die technischen Details der Programmierung einzuüben.

	A	B	C	D	E
1	**Regressionsparameter ohne Excel Funktion RGP**				
2					
3	Niederlassung	Verkaufsfläche (in 1000 m^2)	Umsatz (in Millionen DM)		
4	i	x_i	y_i	c:	56,40
5	1	0,5	3	d:	12,28
6	2	0,9	5,1	e:	10,40
7	3	1,1	5,5	f:	64,59
8	4	1,5	7,3	N:	14,64
9	5	1,2	6,2		
10	6	1,4	7		
11	7	1,6	8,1		
12	8	0,8	4,9		
13	9	1	6,1		
14	10	0,4	3,2		
15					
16	Regressionsparameter:				
17	a:	1,424590164			
18	b:	4,053278689			
19					

Abb. 144: Zahlenwerte zur Berechnung der Regressionsparameter

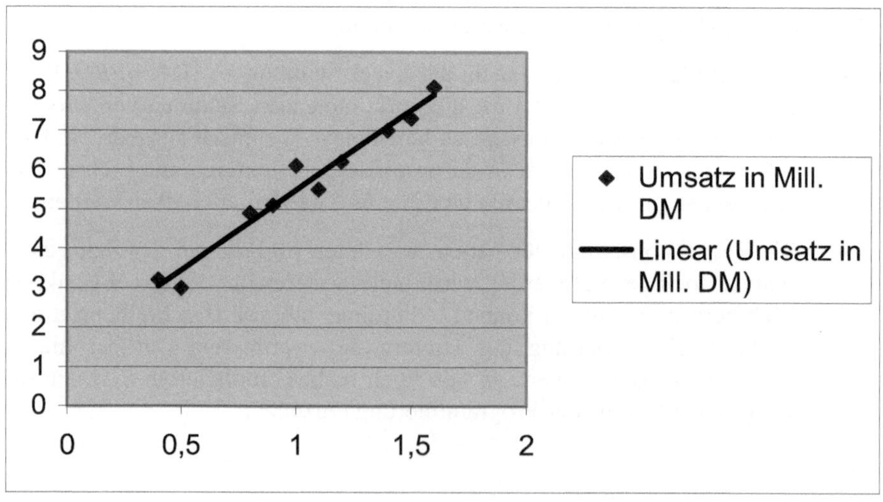

Abb. 145: Grafische Darstellung der Regressionsgeraden

Beispiel (Zeitreihenanalyse): Der Umsatz (in Millionen DM), der mit einem gewissen Produkt erzielt wird, unterliegt gewissen saisonalen Schwankungen. Er hat sich in den vergangenen fünf Jahren gemäß der folgenden Tabelle entwickelt.

Jahr	Quartal	Zeitpunkt	Umsatz
i	j	t	y_t
1	I	1	8,3
	II	2	10,1
	III	3	7,4
	IV	4	14,2
2	I	5	9,6
	II	6	11,8
	III	7	8,7
	IV	8	16,2
3	I	9	11,2
	II	10	13,4
	III	11	9,5
	IV	12	17,3
4	I	13	12,7
	II	14	14,6
	III	15	11,2
	IV	16	19,0
5	I	17	13,8
	II	18	15,5
	III	19	13,4
	IV	20	20,0

Man möchte nun aufgrund dieser Daten zukünftige Umsatzwerte vorhersagen.

Analyse:

Einen ersten Anhaltspunkt liefert das folgende Diagramm (Abb. 146) aus dem sich bereits bestimmte Eigenschaften der „Zeitreihe" ablesen lassen:

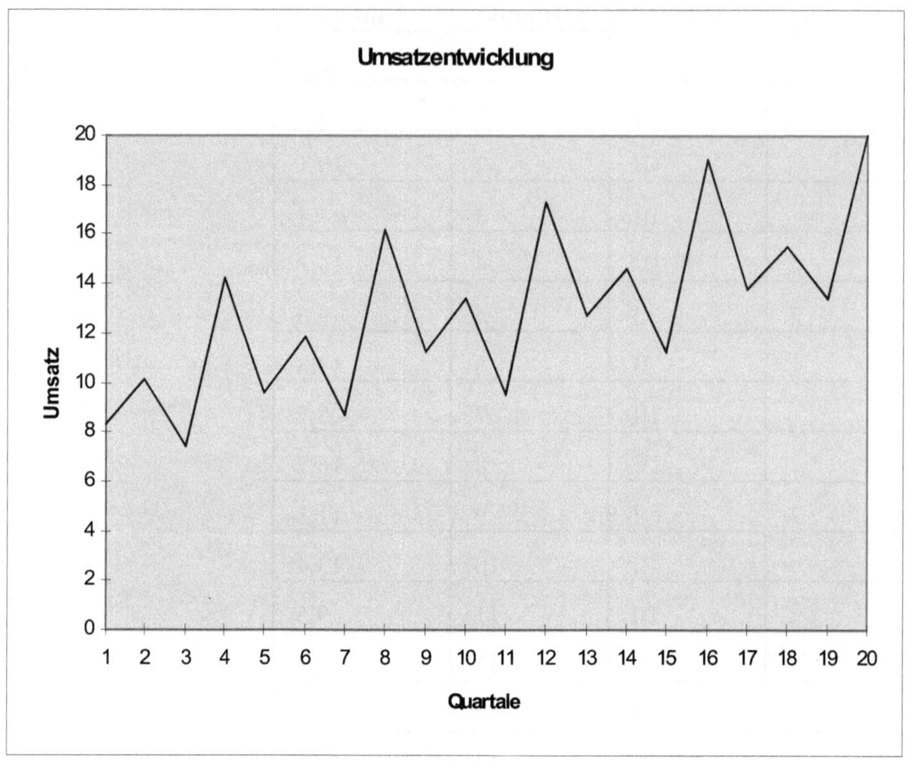

Abb. 146: Grafische Darstellung der Zeitreihe

Insbesondere kann man gewisse saisonale Schwankungen um einen *Trend* erkennen.

Zur systematischen Behandlung des Problems werden jedoch einige neue Begriffe benötigt.

Eine *Zeitreihe* besteht aus einer geordneten Folge von Werten y_t. Als Beispiele wären u.a. zu nennen

-     zeitlich schwankende Preise eines Produkts

-     Arbeitslosenzahlen.

Daten werden hauptsächlich in *äquidistanter* Form angegeben (Tage, Monate, Quartale, Jahre, ...).

Bei einer einzigen Zeitreihe spricht man von *univariater Zeitreihenanalyse*, bei mehreren Zeitreihen von *multivariater Zeitreihenanalyse*.

Hier wird ausschließlich die univariate Zeitreihenanalyse und insbesondere die Zerlegung von Zeitreihen benötigt.

Zerlegung von Zeitreihen:

Beim klassischen Ansatz wird angenommen, daß die Zeitreihe in gewisse Komponenten (üblicherweise vier) zerlegt werden kann.

Trendkomponente T_t : In ihr spiegelt sich die langfristige Bewegung der Zeitreihe. Sie quantifiziert die durchschnittliche Änderung der Zeitreihe pro Zeiteinheit. Man benötigt eine „hinreichend lange" Zeitreihe, um einen Trend feststellen zu können.

Zyklische Komponente Z_t : Dies ist eine mittelfristig um den langfristigen Trend schwankende Komponente. Die Theorie ist nicht klar an diesem Punkt, so daß sie häufig zusammen mit T_t als G_t (*glatte Komponente*) zusammengefaßt wird. Diese glatte Komponente mißt die mittel- und langfristigen Effekte.

Saisonale Komponente S_t : Wenn die Zeitreihe, wie oben, unterjährige Daten enthält, dann gibt es häufig eine sog. *saisonale Komponente*, die saisonale Effekte widerspiegelt (z.B. Erhöhung des Umsatzes vor Weihnachten). Dies ist ein kurzfristiger Effekt, der eine maximale Periode von einem Jahr besitzt.

Zufallsfehler E_t : Schließlich sind noch zufällige Fehler zu berücksichtigen. Der Zufallsterm enthält alle anderen Einflüsse, die noch nicht berücksichtigt sind.

Dies führt zu folgendem Ansatz für das oben dargestellte Beispiel:

$$y_t = G_t + S_t + E_t.$$

Ferner wird angenommen

- die Periode von S_t beträgt 1 Jahr

- die y_t-Werte werden in Quartalen gemessen

- G_t kann angenähert durch eine Gerade beschrieben werden

- S_t hat annähernd die gleiche Größe in gleichen Quartalen (unabhängig vom Jahr)

- E_t ist im Durchschnitt (über gleiche Quartale) Null.

Diese Annahmen haben zur Folge, daß G_t als Regressionsgerade bestimmt werden kann.

Wegen

$$y_t - G_t = S_t + E_t$$

kann schließlich S_t als arithmetisches Mittel über gleiche Quartale ermittelt werden, da der Fehlerterm aufgrund der getroffenen Annahmen den Mittelwert Null hat. Unter Vernachlässigung des Fehlerterms erhält man daher den folgenden Ausdruck

$$y_t = a + b*t + S_t \qquad \text{(a und b sind hier die Regressionsparameter).}$$

Diese Annahmen treffen natürlich in der Praxis nicht immer zu. Es ist daher in jedem Einzelfall zu entscheiden, ob das beschriebene Modell die Realität in angemessener Weise widerspiegelt. Möglicherweise muß nach eingehender Analyse ein anderes Modell herangezogen werden (es gibt noch etliche). Im Beispiel wurden, um das Vorgehen zu demonstrieren, natürlich Werte vorgegeben, die so in der Praxis wohl kaum vorkommen werden. Deshalb kann es jetzt unter Zuhilfenahme der soeben entwickelten Theorie behandelt werden. Das entsprechende Excel-Programm ist in Abb. 147 angegeben. Die zugehörigen Zahlenwerte findet man in Abb. 148.

	A	B	C	D	E	F	G	H
1	Jahr	Quartal	Zeitpunkt	Umsatz			b:	a:
2	i	j	t	y_t	y_t-G_t		=RGP(D3:D22;C3:C22)	=RGP(D3:D22;C3:C22)
3	1	I	1	8,3	=D3-($H$2+$G$2*C3)			
4		II	2	10,1	=D4-($H$2+$G$2*C4)			
5		III	3	7,4	=D5-($H$2+$G$2*C5)			
6		IV	4	14,2	=D6-($H$2+$G$2*C6)			
7	2	I	5	9,6	=D7-($H$2+$G$2*C7)	S_I:	=(E3+E7+E11+E15+E19)/5	
8		II	6	11,8	=D8-($H$2+$G$2*C8)	S_{II}:	=(E4+E8+E12+E16+E20)/5	
9		III	7	8,7	=D9-($H$2+$G$2*C9)	S_{III}:	=(E5+E9+E13+E17+E21)/5	
10		IV	8	16,2	=D10-($H$2+$G$2*C10)	S_{IV}:	=(E6+E10+E14+E18+E22)/5	
11	3	I	9	11,2	=D11-($H$2+$G$2*C11)			
12		II	10	13,4	=D12-($H$2+$G$2*C12)			
13		III	11	9,5	=D13-($H$2+$G$2*C13)		Zeitreihenanalyse	
14		IV	12	17,3	=D14-($H$2+$G$2*C14)			
15	4	I	13	12,7	=D15-($H$2+$G$2*C15)			
16		II	14	14,6	=D16-($H$2+$G$2*C16)			
17		III	15	11,2	=D17-($H$2+$G$2*C17)			
18		IV	16	19	=D18-($H$2+$G$2*C18)			
19	5	I	17	13,8	=D19-($H$2+$G$2*C19)			
20		II	18	15,5	=D20-($H$2+$G$2*C20)			
21		III	19	13,4	=D21-($H$2+$G$2*C21)			
22		IV	20	20	=D22-($H$2+$G$2*C22)			

Abb. 147: Zeitreihenanalyse

Erläuterung:

- Zunächst ist anzumerken, daß die Regressionsparameter mittels der Excel-Funktion *RGP* berechnet wurden. Die Zahlenwerte befinden sich in den Zellen H2 (a) bzw. G2 (b) in Abb. 148. Dabei ist eine Besonderheit bei der Eingabe zu beachten: Da es sich um eine Funktion handelt, die als Wert einen Vektor ergibt, müssen vor Eingabe beide Zellen simultan markiert werden. Daraufhin darf die Eingabe nicht durch Drücken der *Enter*-Taste, wie üblich erfolgen. Sie muß vielmehr durch simultanes Drücken von *Strg+Shift+Enter* bewerkstelligt werden.

- Durch Angabe der Regressionsparameter ist die glatte Komponente analytisch vollständig als y = a + b*t bestimmt und kann zur Vorhersage der Zeitreihenentwicklung genutzt werden.

- Eine analoge Aussage gilt für die saisonale Komponente, die durch Durchschnittsbildung aufgrund der gemachten Annahmen (es wurde insbesondere vorausgesetzt, daß der durchschnittliche Fehler über gleiche Quartale Null ist!) in den Zellen G7 bis G10 aus Spalte E in Abb. 148 ermittelt wurde.

- Man beachte auch, daß die Formelinhalte von Zellen (mit Ausnahme der für die Regressionsparameter benötigten Formel) wieder durch geschickte Nutzung der Referenzierung (vgl Abb. 147), Füllen der Zellen E3 und G7 mit Formelinhalten und Ziehen mit der Maus erreicht wurde.

	A	B	C	D	E	F	G	H	I
1	Jahr	Quartal	Zeitpunkt	Umsatz			b:	a:	
2	i	j	t	y_t	y_t-G_t		0,40	8,70	
3	1	I	1	8,3	-0,80				
4		II	2	10,1	0,60				
5		III	3	7,4	-2,50				
6		IV	4	14,2	3,90				
7	2	I	5	9,6	-1,10	S_I:	-1,18		
8		II	6	11,8	0,70	S_{II}:	0,38		
9		III	7	8,7	-2,80	S_{III}:	-3,05		
10		IV	8	16,2	4,30	S_{IV}:	3,85		
11	3	I	9	11,2	-1,10				
12		II	10	13,4	0,70				
13		III	11	9,5	-3,59		**Zeitreihenanalyse**		
14		IV	12	17,3	3,81				
15	4	I	13	12,7	-1,19				
16		II	14	14,6	0,31				
17		III	15	11,2	-3,49				
18		IV	16	19	3,91				
19	5	I	17	13,8	-1,69				
20		II	18	15,5	-0,39				
21		III	19	13,4	-2,89				
22		IV	20	20	3,31				

Abb. 148: Zahlenwerte zur Zeitreihenanalyse

Unter Nutzung der in Abb. 148 erscheinenden Ergebnisse lassen sich nun beispielsweise Vorhersagen über den Umsatz im 21. Quartal (1. Quartal des sechsten
Jahres) machen.

Mittels der Regressionsgeraden errechnet man zunächst den glatten Anteil der
Zeitreihe als

$$G_{21} \approx 8,7 + 0,4*21 = 17,1.$$

Die saisonale Komponente $S_{21} = S_I$ ergibt sich sofort zu $-1,18$.

Damit erhält man schließlich, unter Vernachlässigung des Fehlerterms, als voraus-
sichtlichen Umsatz für das erste Quartal des sechsten Jahres

$$G_{21} + S_{21} = 17,1 - 1,18 = 15,92 \quad \text{(Mill. DM)}.$$

Theoretisch ließe sich natürlich auch eine Vorhersage für weiter in der Zukunft liegende Quartale ableiten. Allerdings muß dann doch mit erheblichen Ungenauigkeiten gerechnet werden, so daß davor gewarnt wird, zu versuchen, zu weit in die Zukunft zu blicken.

5.5.5 Diagramme

Diagramme besitzen, wie bereits bei der Behandlung von Regressionsproblemen festgestellt, oft erheblich mehr Aussagekraft als Tabellen oder sonstige Zahlenkolonnen. Excel bietet zur Erstellung solcher grafischen Darstellungen nützliche Unterstützung in Form des Diagrammassistenten. Hier sollen verschiedene Diagrammformen an relevanten Beispielen untersucht werden.

5.5.5.1 Break-Even-Analyse (Punktdiagramm)

Beispiel: Ein bestimmtes Produkt werde zu einem festen Preis (9,50 DM) verkauft. Man hat variable Stückkosten (6,75 DM) und Fixkosten (35 000 DM) mit einer entsprechenden linearen Kostenfunktion k(Menge) = 6,75*Menge DM + 35 000 DM. Um einen Break-Even-Point grafisch zu ermitteln, betrachtet man Absatzmengen zwischen 10000 und 20000 in Schritten, die durch ein Inkrement vorgegeben werden sollen.

Diese Problematik läßt sich wie unten in Abb. 149 dargestellt, behandeln. Die zugehörigen Zahlenwerte finden sich in Abb. 150, während die grafische Lösung aus dem nachfolgenden Diagramm (Abb. 151) als $\approx$ 13 000 abgelesen werden kann.

	A	B	C	D
1	**Break-Even-Analyse (Graphische Lösung)**			
2	Verkaufspreis:	9,5	Stückkosten:	6,75
3	Fixkosten:	35000	Inkrement:	1000
4				
5	Menge	Umsatz	Kosten	Gewinn
6	10000	=$B$2*A6	=$B$3+$D$2*A6	=B6-C6
7	=A6+$D$3	=$B$2*A7	=$B$3+$D$2*A7	=B7-C7
8	=A7+$D$3	=$B$2*A8	=$B$3+$D$2*A8	=B8-C8
9	=A8+$D$3	=$B$2*A9	=$B$3+$D$2*A9	=B9-C9
10	=A9+$D$3	=$B$2*A10	=$B$3+$D$2*A10	=B10-C10
11	=A10+$D$3	=$B$2*A11	=$B$3+$D$2*A11	=B11-C11
12	=A11+$D$3	=$B$2*A12	=$B$3+$D$2*A12	=B12-C12
13	=A12+$D$3	=$B$2*A13	=$B$3+$D$2*A13	=B13-C13
14	=A13+$D$3	=$B$2*A14	=$B$3+$D$2*A14	=B14-C14
15	=A14+$D$3	=$B$2*A15	=$B$3+$D$2*A15	=B15-C15
16	=A15+$D$3	=$B$2*A16	=$B$3+$D$2*A16	=B16-C16
17				

Abb. 149: Grafische Lösung zur Break-Even-Analyse

Erläuterung:

Bemerkenswert scheint hier die Positionierung der Parameter außerhalb des Programms und die Nutzung der durch die verschiedenen Arten der Referenzierung gebotenen Möglichkeiten. Dadurch müssen nämlich nur die Formelinhalte der Zellen A7, B6, C6 und D6 erarbeitet werden, während der Rest durch Ziehen mit der Maus erledigt werden kann.

	A	B	C	D
1	**Break-Even-Analyse (Graphische Lösung)**			
2	Verkaufspreis:	9,50 DM	Stückkosten:	6,75 DM
3	Fixkosten:	35.000,00 DM	Inkrement:	1000
4				
5	Menge	Umsatz	Kosten	Gewinn
6	10000	95.000,00 DM	102.500,00 DM	-7.500,00 DM
7	11000	104.500,00 DM	109.250,00 DM	-4.750,00 DM
8	12000	114.000,00 DM	116.000,00 DM	-2.000,00 DM
9	13000	123.500,00 DM	122.750,00 DM	750,00 DM
10	14000	133.000,00 DM	129.500,00 DM	3.500,00 DM
11	15000	142.500,00 DM	136.250,00 DM	6.250,00 DM
12	16000	152.000,00 DM	143.000,00 DM	9.000,00 DM
13	17000	161.500,00 DM	149.750,00 DM	11.750,00 DM
14	18000	171.000,00 DM	156.500,00 DM	14.500,00 DM
15	19000	180.500,00 DM	163.250,00 DM	17.250,00 DM
16	20000	190.000,00 DM	170.000,00 DM	20.000,00 DM
17				

Abb. 150: Zahlenwerte zur grafischen Lösung der Break-Even-Analyse

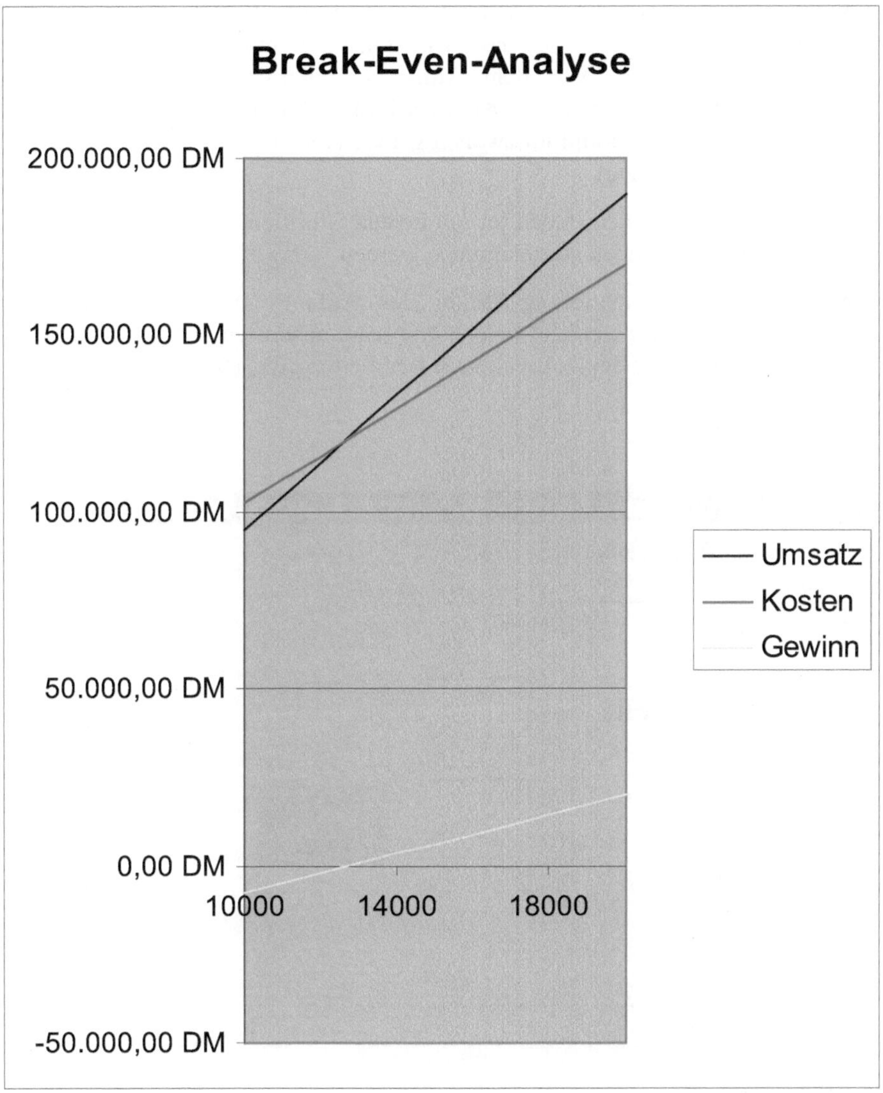

Abb. 151: Grafische Darstellung zur Break-Even-Analyse

Erläuterung:

- Die Vorteile der grafischen Darstellung werden im Diagramm offenbar, auch wenn die Genauigkeit einer analytischen Behandlung natürlich weitaus größer ist.

- Das Diagramm wurde mit dem Diagrammassistenten erstellt, der, wie bereits früher erwähnt, über das entsprechende Symbol in der Befehlsleiste aufgerufen wird. Vor dem Aufruf ist allerdings der Datenbereich (A6:D16) zu markieren. Danach wird im ersten Schritt, gemäß Abb. 152 der Diagrammtyp und im zweiten gemäß Abb. 153 die Beschriftung der Legende festgelegt.

- Schließlich können in den letzten beiden Schritten, siehe Abb. 154, weitere Beschriftungen vorgenommen werden.

- Die Achsenformatierung (Wahl des Anfangs- und Endpunkts, der Schriftgröße etc.) erfolgt jedoch erst beim ansonsten fertigen Diagramm nach Anklicken der Achsen durch Bearbeitung des Dialogfelds.

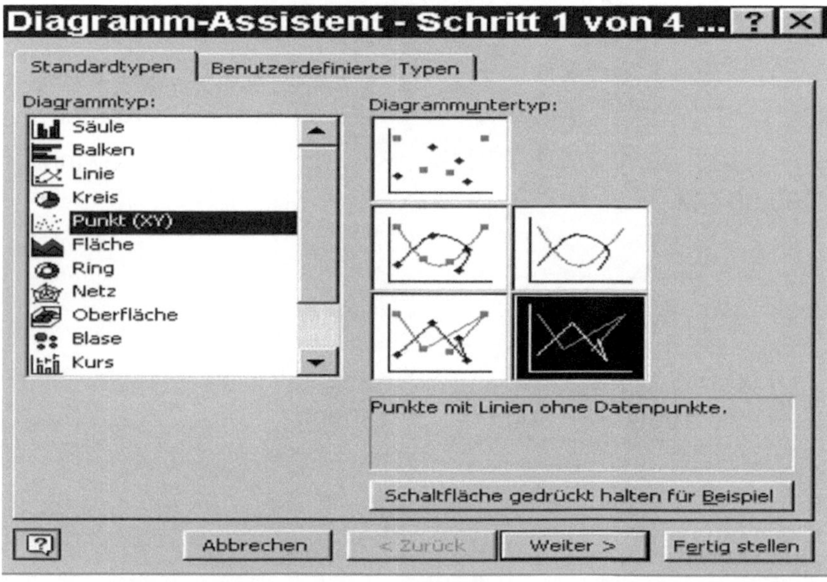

Abb. 152: Diagrammassistent (1)

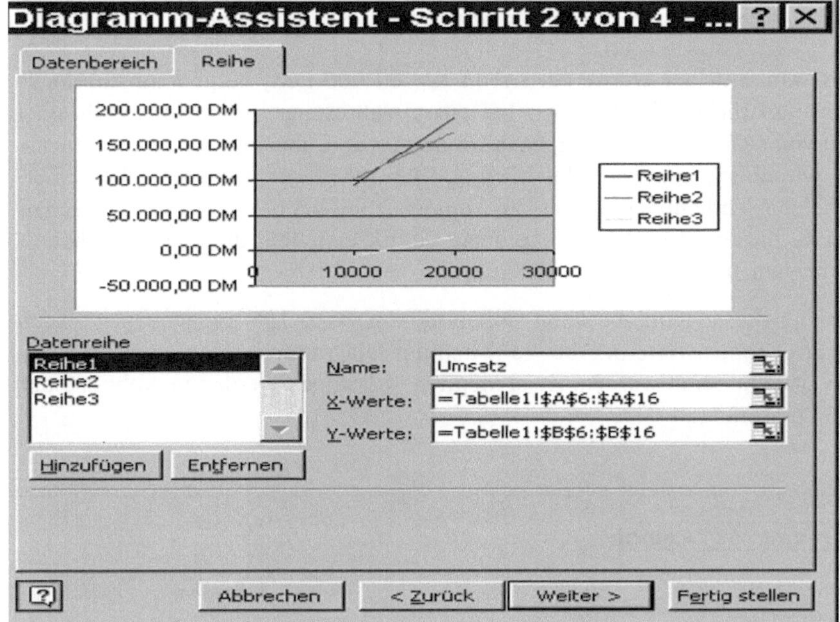

Abb. 153: Diagrammassistent (2)

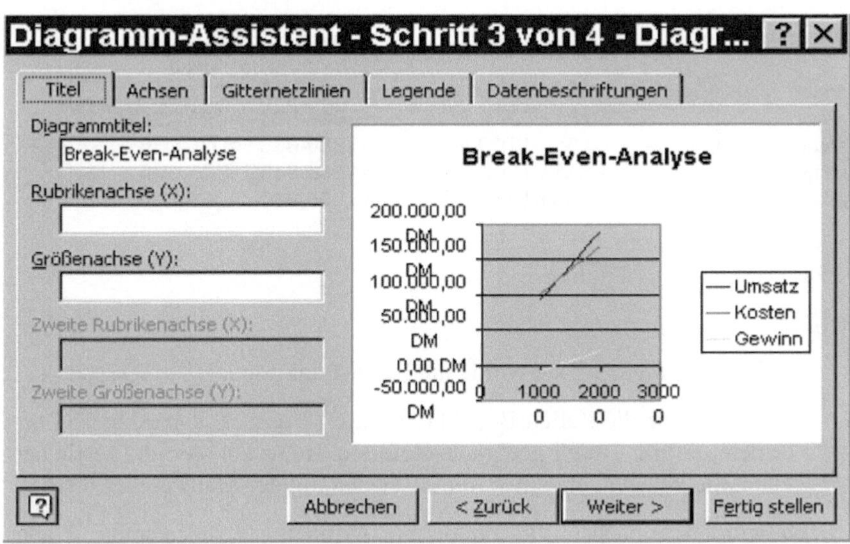

Abb. 154: Diagrammassistent (3)

5.5.5.2 *Tilgung versus Zinsen (Säulen- und Liniendiagramm)*

Beispiel: Am 01.01.01 wurde ein Kredit K_0 (60 000 DM) aufgenommen, der in gleichen monatlichen Zahlungen r bei einem Jahreszins i (9%) innerhalb einer Laufzeit von n (5) Jahren zurückgezahlt werden soll. Dabei erfolgen die Ratenzahlungen, wie üblich, am Ende des Monats. Man möchte sich einen groben Überblick über das Verhältnis von Zins- zu Tilgungsanteil bei der festen Rate verschaffen und zu diesem Zweck eine geeignete Grafik erstellen, die dieses Verhältnis jeweils im Januar eines Jahres widerspiegelt.

Die Lösung dieser Aufgabe kann mittels des in Abb. 155 angegebenen Excel-Programms (Zahlenwerte in Abb. 156) und des Diagrammassistenten in verschiedener Weise erarbeitet werden. Zwei mögliche Lösungen werden in Abb. 160 und Abb. 162 präsentiert.

	A	B	C	D	E
1	**Zinsen versus Tilgung**				
2					
3	Kreditsumme:	-60000		Beginn:	36892
4	Zinssatz (Jahr):	0,09			
5	Laufzeit (Jahre):	5			
6	Rate:	=RMZ(B4/12;B5*12;B3)			
7	Nachschüssige Zahlung				
8	am Monatsende				
9					
10	Zahlungszeitpunkt:	Zinsen:	Tilgung:	Restschuld:	
11				=-$B$3	
12	Januar	=($B$4/12)*D11	=$B$6-B12	=D11-C12	
24	Januar	=($B$4/12)*D23	=$B$6-B24	=D23-C24	
36	Januar	=($B$4/12)*D35	=$B$6-B36	=D35-C36	
48	Januar	=($B$4/12)*D47	=$B$6-B48	=D47-C48	
60	Januar	=($B$4/12)*D59	=$B$6-B60	=D59-C60	
72					

Abb. 155: Zinsen versus Tilgung

Erläuterung:

- Zur Berechnung der Rate wurde die Excel-Funktion *RMZ* eingesetzt.

- Es wurden nur die Zellen B6, D11, B12, C12 und D12 in Abb. 155 mit Formeln gefüllt. Durch geeignete Referenzierung konnten die restlichen Zellen, die Formeln enthalten, durch Ziehen mit der Maus gefüllt werden.

- Es wurden zunächst alle Zeitpunkte (Monate) berücksichtigt. Dabei konnte die Datenreihe in Spalte A in Abb. 155 (Januar, Februar, ...) durch Eintrag von Januar und Februar, sowie nachfolgendes Markieren und Ziehen mit der Maus erzeugt werden.

- Die nicht in Abb. 155 und Abb. 156 erscheinenden Zeilen wurden ausgeblendet (Markieren auf dem grauen Rand ganz links; Befehlsmenü *Format-Zeile-Ausblenden*).

- Die in Zelle E3 in Abb. 155 erscheinende Zahl stellt eine interne Kodierung des angegebenen Datums dar, die in der Formelsicht des Programms angezeigt wird.

- Das Datenformat für Zelle B5 in Abb. 156 ist durch Wahl der Option *benutzerdefiniert* entstanden. Die entsprechende Eingabe lautet „0 Jahre", wobei die 0 hier nur als Platzhalter fungiert.

	A	B	C	D	E
1	**Zinsen versus Tilgung**				
2					
3	Kreditsumme:	-60.000,00 DM		Beginn:	01.01.01
4	Zinssatz (Jahr):	9%			
5	Laufzeit (Jahre):	5 Jahre			
6	Rate:	1.245,50 DM			
7	Nachschüssige Zahlung				
8	am Monatsende				
9					
10	Zahlungszeitpunkt:	Zinsen:	Tilgung:	Restschuld:	
11				60.000,00 DM	
12	Januar	450,00 DM	795,50 DM	59.204,50 DM	
24	Januar	375,38 DM	870,12 DM	49.180,07 DM	
36	Januar	293,75 DM	951,75 DM	38.215,29 DM	
48	Januar	204,47 DM	1.041,03 DM	26.221,93 DM	
60	Januar	106,82 DM	1.138,68 DM	13.103,51 DM	
72					

Abb. 156: Zahlenwerte für Zinsen versus Tilgung

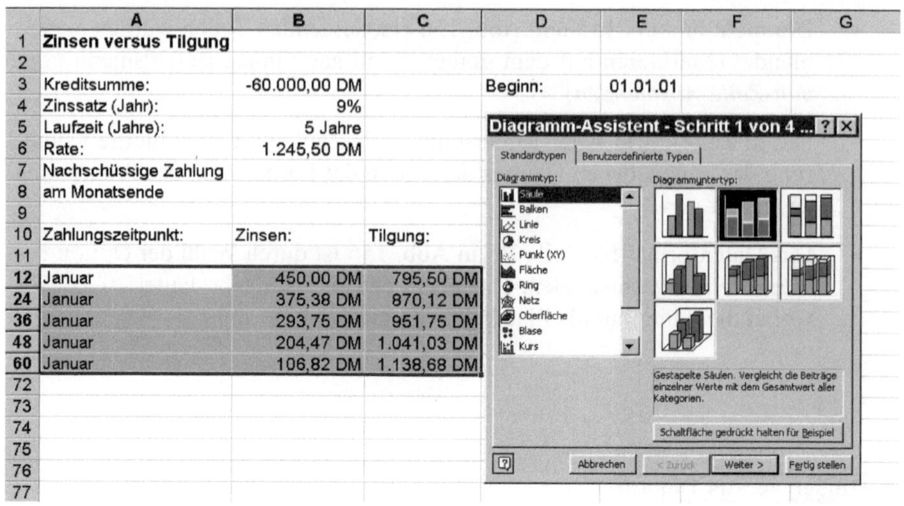

Abb. 157: Diagramm erstellen für Zinsen versus Tilgung (1)

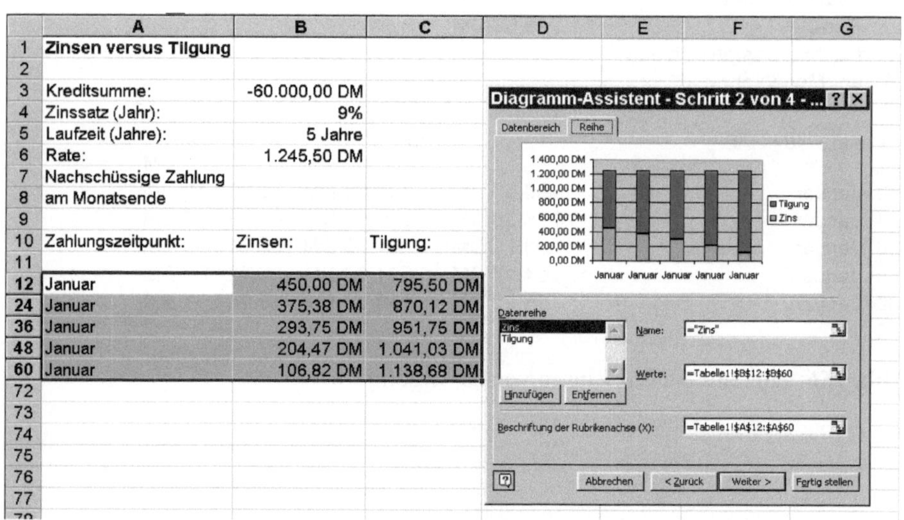

Abb. 158: Diagramm erstellen für Zinsen versus Tilgung (2)

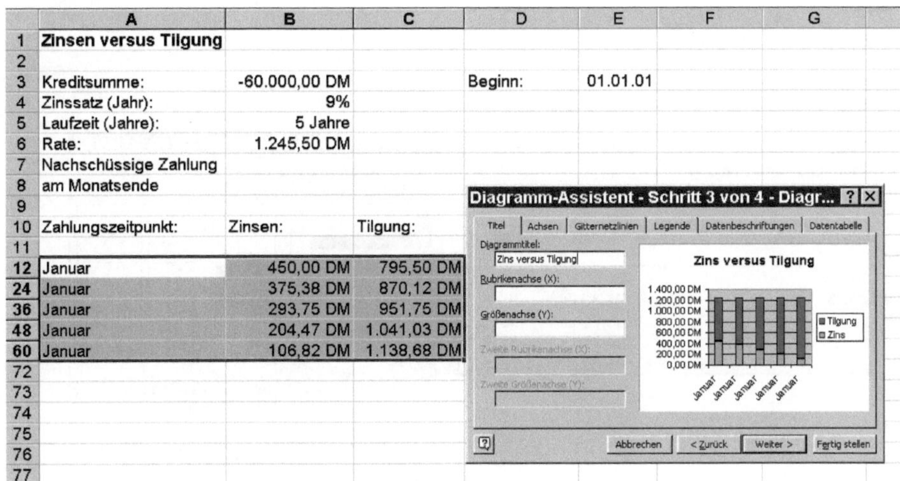

Abb. 159: Diagramm erstellen für Zinsen versus Tilgung (3)

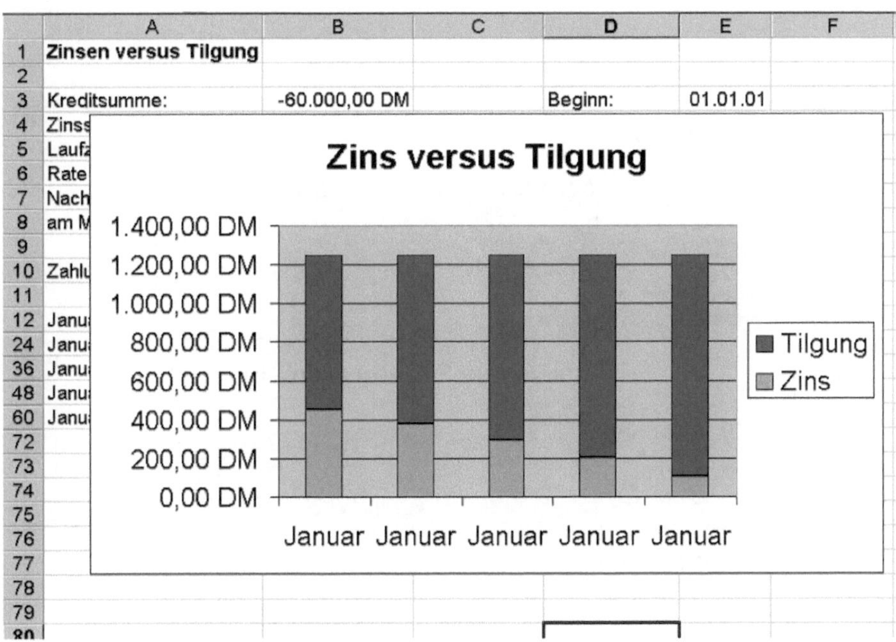

Abb. 160: Diagramm für Zins versus Tilgung (4)

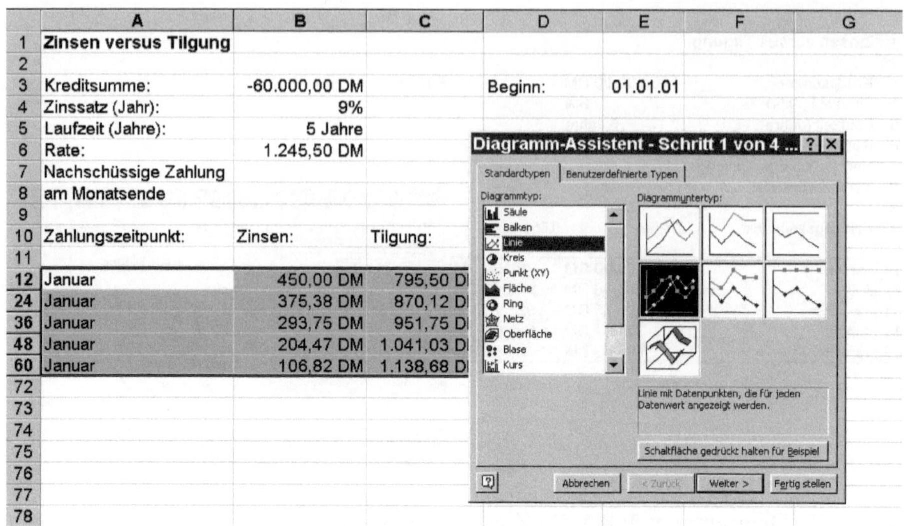

Abb. 161: Diagramm erstellen für Zinsen versus Tilgung (2. Version)

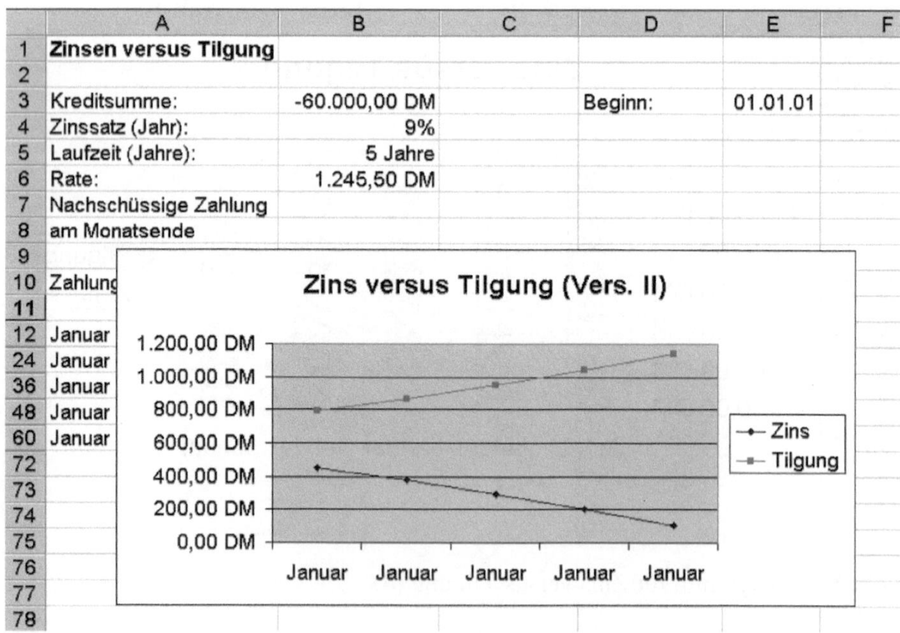

Abb. 162: Diagramm für Zins versus Tilgung (2. Version)

Erläuterung:

- Das in Abb. 160 dargestellte Diagramm wurde mittels des Diagrammassistenten erzeugt. Die einzelnen Schritte sind Abb. 157, Abb. 158 und Abb. 159 zu entnehmen. Im letzten, nicht dargestellten Schritt mit dem Diagrammassistenten, besteht die Möglichkeit, für das Diagramm eine neues Tabellenblatt auszuwählen (hier ist es dagegen im ursprünglichen Datenblatt zu sehen).

- Die zweite Darstellung wird ganz ähnlich erarbeitet. Die Auswahl des relevanten Diagramms ist Abb. 161 zu entnehmen, während das Endresultat in Abb. 162 erscheint.

- Beide Diagrammformen vermitteln einen guten Überblick über die zeitliche Entwicklung des Zins/Tilgung Verhältnisses. Etwaige Präferenzen sind hier vermutlich nur eine Frage des individuellen Geschmacks.

5.5.5.3 *Umsatzdarstellung (3-D-Diagramme)*

Excel bietet auch verschiedene Möglichkeiten, um dreidimensionale (3-D) Diagramme zu erzeugen.

Beispiel: Die Umsätze verschiedener Firmenniederlassungen in einem Halbjahr sind in einer Excel-Tabelle enthalten (Abb. 163). Die Daten sollen für eine Präsentation grafisch aufbereitet werden.

Die Darstellung als 3-D-Säulendiagramm ist Abb. 164 zu entnehmen, während die Darstellung der Summenwerte in einem 3-D-Tortendiagramm in Abb. 165 erfolgt.

	A	B	C	D	E	F
1	**Umsätze**					
2		Augsburg	Kassel	Kempten	Nürnberg	Schwerin
3	Januar	1000	2000	1000	1000	2000
4	Februar	2000	1000	2000	2500	3000
5	März	1500	3000	1500	500	1200
6	April	1000	2000	1000	1000	2000
7	Mai	2000	1000	2000	2500	3000
8	Juni	1500	3000	1500	500	1200
9						
10	Summe	9000	12000	9000	8000	12400
11						

Abb. 163: Umsätze

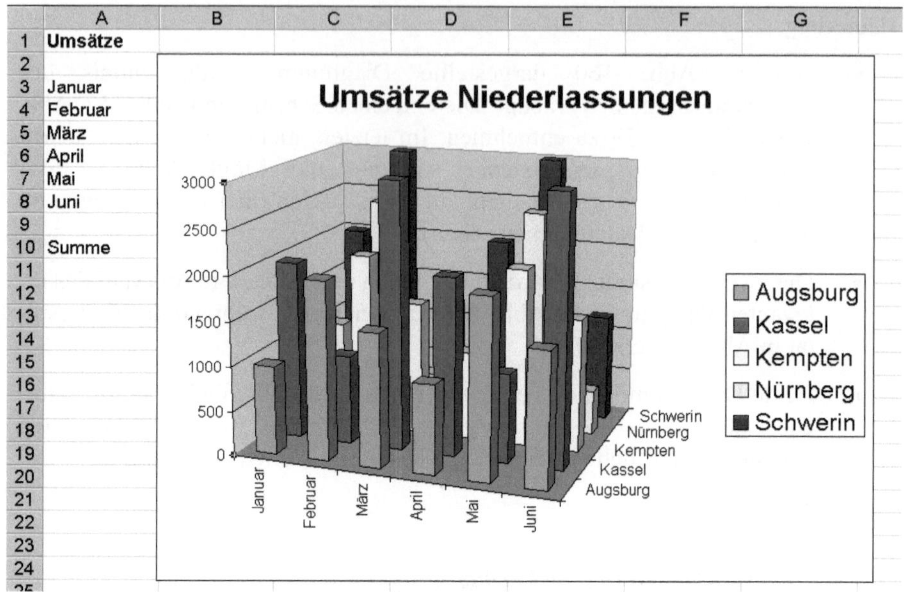

Abb. 164: Säulendiagramm Umsätze

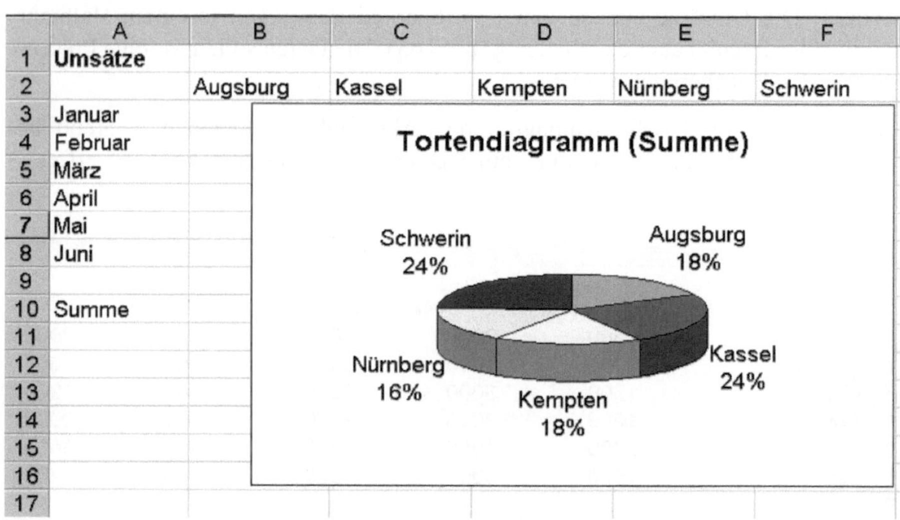

	A	B	C	D	E	F
1	Umsätze					
2		Augsburg	Kassel	Kempten	Nürnberg	Schwerin
3	Januar					
4	Februar					
5	März					
6	April					
7	Mai					
8	Juni					
9						
10	Summe					
11						
12						
13						
14						
15						
16						
17						

Abb. 165: Tortendiagramm Summen

Erläuterung:

- Auf die Einzelheiten der Diagrammerstellung wird nach der detaillierten
  Ausarbeitung der vorherigen Beispiele verzichtet. Es sei hier nur ver-

merkt, daß es vielfältige Gestaltungsmöglichkeiten für 3-D-Diagramme gibt. Sie können nach Anklicken des Diagramms im wesentlichen dem Befehlsmenü unter *Diagramm* entnommen werden. Daneben gibt es, nach Anklicken der Datenreihen, aber auch die Möglichkeit, unter dem Menüpunkt *Format-Markierte Datenreihen*, die Datenreihen in eine andere Reihenfolge zu bringen, falls sie dadurch besser sichtbar werden.

- Beim Erstellen des Tortendiagramms wird es notwendig, zwei nicht zusammenhängende Datenbereiche (B2:F2 und B10:F10) zu markieren. Dies wird erreicht, indem man zunächst einen Datenbereich markiert und dann, mit gedrückter *Strg*-Taste, den anderen.

5.5.6   Optimierungsprobleme (Solver)

In diesem Abschnitt werden einige Optimierungsprobleme behandelt, die auch den Einsatz des *Solvers* verlangen. Sie werden teils grafisch, teils aber auch numerisch gelöst.

5.5.6.1   *Absatzoptimierung (grafische Lösung)*

Beispiel: Gegeben sei eine *Kostenfunktion* K für ein Produkt als Polynom dritten Grades in der Absatzmenge (x) sowie eine lineare (wiederum in x) *Preisabsatzfunktion* P. Die Details sind dem Excel-Programm in Abb. 166 unten zu entnehmen, das auch gleichzeitig eine Wertetabelle enthält. Es soll eine optimale Produktionsmenge näherungsweise grafisch ermittelt werden.

Das entsprechende Diagramm erscheint in Abb. 168 und wurde mit dem Diagrammassistenten erstellt, vgl. Abb. 167.

	A	B	C	D	E	F
1	Gewinnoptimierung					
2	Es wird eine Kostenfunktion K(x):= Ax^3+Bx^2+Cx+D vorausgesetzt.					
3	A:	=1/9	B:	-8	C:	600
4	D:	4000	Inkrement:	2	Anfangswert:	0
5	Es wird eine Preisabsatzfunktion P(x):= Ex+F vorausgesetzt					
6	E:	-10	F.	1700		
7						
8						
9	Menge	Umsatz	Kosten	Gewinn/Verlust		
10	=$F$4	=A10*($B$6*A10+$D$6)	=$B$3*A10^3+$D$3*A10^2+$F$3*A10+$B$4	=B10-C10		
11	=A10+$D$4	=A11*($B$6*A11+$D$6)	=$B$3*A11^3+$D$3*A11^2+$F$3*A11+$B$4	=B11-C11		

Abb. 166: Gewinnoptimierung

Erläuterung:

- Hier ist der Umsatz durch U(x) = x*P(x) gegeben.

- Es handelt sich um eine Verallgemeinerung des oben behandelten Problems, in dem der Break-Even-Point gesucht war. Daher kann auch hier zunächst durch geschickte Referenzierung (zu den Details siehe Abb. 166) eine Wertetabelle erstellt werden, die allerdings aus Platzgründen nicht abgebildet wurde.

- Das ursprüngliche Break-Even-Point-Problem kann durch geeignete Wahl der Parameter (A = B = E = 0) gelöst werden. Dabei kann allerdings ein Optimum nur in trivialer Weise (d.h. bei maximalem Absatz) erreicht werden.

- Eine analytische Lösung des Problems ist durch eine einfache Anwendung der Differentialrechnung möglich. Das rechnerische Gewinnmaximum (es wird als Nullstelle der Ableitung von G(x) = U(x) − K(x) = − $(1/9)x^3 - 2x^2 + 1100x - 4000$ ermittelt) liegt bei x ≈ 52, was durch das Diagramm in Abb. 168 bestätigt wird.

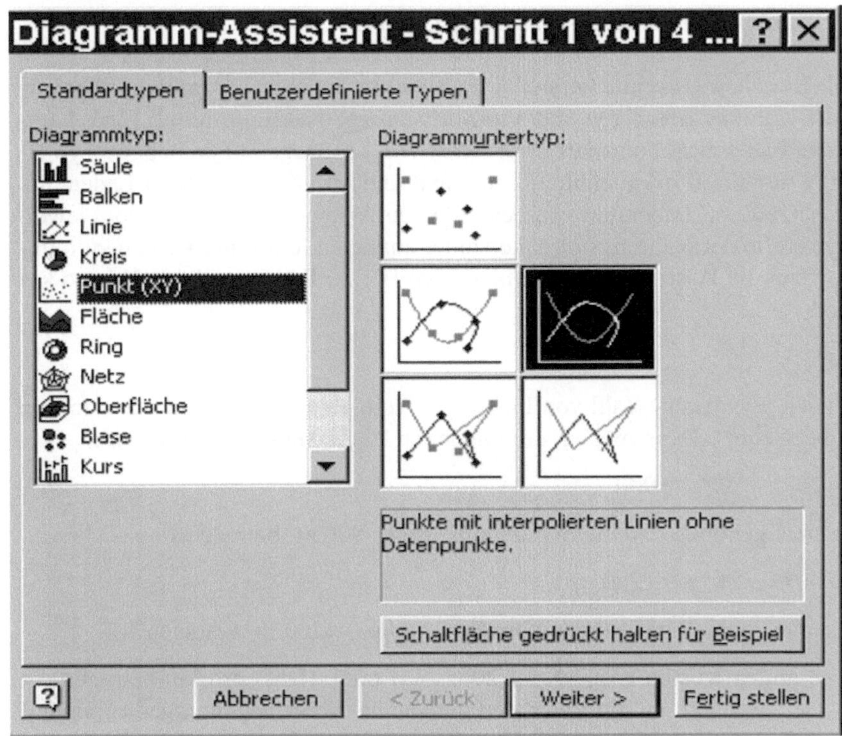

Abb. 167: Diagrammtyp für Gewinnoptimierung

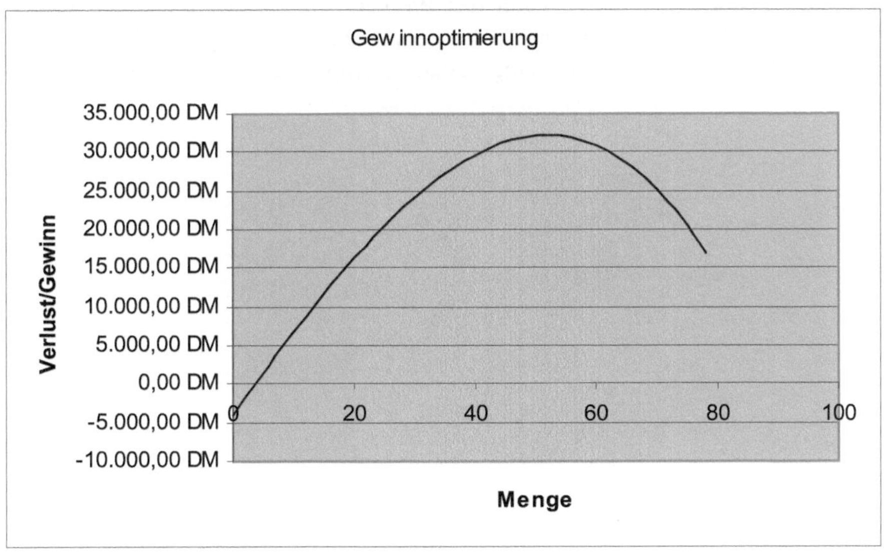

Abb. 168: Grafische Lösung Gewinnoptimierung

5.5.6.2   *Optimale Lastwagenanmietung (Solver)*

Beispiel: Ein Nahrungsmittelhersteller muß 900 m^3 an Nahrungsmitteln transportieren, die Kühlung benötigen und 1200 m^3 sonstige Nahrungsmittel. Eine Autovermietung bietet zum Transport zwei Arten von Lastwagen (Typ A bzw. Typ B) an. Typ A besitzt 20 m^3 gekühlten Laderaum und 40 m^3 ungekühlten Laderaum. Typ B besitzt 30 m^3 Laderaum von beiden Arten. Wieviele Lastwagen vom jeweiligen Typ sollte der Nahrungsmittelhersteller anmieten, um seine Kosten zu minimieren, wenn die Kosten für Typ A bzw. Typ B 1,20 DM bzw. 1,60 DM pro km betragen?

Analyse:

Sei die noch unbekannte Zahl von Lastwagen vom Typ A mit x und die vom Typ B mit y bezeichnet. Dann müssen die folgenden Ungleichungen erfüllt sein:

$$20\text{*}x + 30\text{*}y \geq 900$$

(Der gesamte gekühlte Laderaum muß mindestens 900 m^3 betragen.)

$$40\text{*}x + 30\text{*}y \geq 1200$$

(Der gesamte ungekühlte Laderaum muß mindestens 1200 m^3 betragen.)

Da die gesamten Kosten K(x, y) = 1,20*x + 1,60*y (DM) pro km betragen, ist K(x, y) die Zielfunktion, die unter den genannten Nebenbedingungen minimiert werden muß. Allerdings ist auch noch zu berücksichtigen, daß x und y nur ganzzahlige, nicht-negative Werte annehmen dürfen.

Nach diesen Vorüberlegungen kann das Problem mittels des folgenden Excel-Programms (Abb. 169) unter Einsatz des Solvers behandelt werden. Die entsprechenden Zahlenwerte, die noch wenig aussagekräftig sind, stehen in Abb. 170.

	A	B	C	D
1	**Lineare Optimierung**			
2				
3	Typ Lastwagen:	A	B	
4				
5	Anzahl Lastwagen (x bzw. y): 0		0	
6	Kosten/Kilometer (Pfennig): 120		160	
7				
8	Gekühlter Laderaum (m^3): 20		30	
9	Ungekühlter Laderaum (m^3): 40		30	
10				
11	Restriktionen:	=SUMMENPRODUKT($B$5:$C$5;B8:C8)	>=	900
12		=SUMMENPRODUKT($B$5:$C$5;B9:C9)	>=	1200
13				
14		B5 (x) ganzzahlig	C5 (y) ganzzahlig	
15		B5 (x) >= 0	C5 (y) >= 0	
16				
17	Zielfunktion K(x,y):	=SUMMENPRODUKT(B5:C5;B6:C6)		
18				

Abb. 169: Lineare Optimierung

Erläuterung:

- Das Excel-Programm sollte selbsterklärend sein. Bemerkenswert scheint jedoch, daß auf Matrixmultiplikation (Excel-Funktion *MMULT*) verzichtet wurde, obwohl diese hier zu einer kompakteren Notation geführt hätte. Diese geschah einerseits, um eine Erläuterung der Matrixmultiplikation zu vermeiden (was unerläßlich gewesen wäre, da zur korrekten Ausgabe der Funktionswerte ein entsprechend dimensionierter Zellbereich markiert werden muß). Andererseits treten bei dieser Funktion beim Versuch, Teile der Lösung zu löschen, Probleme auf. Daher schien ein Rückgriff auf die bereits bekannte Funktion *SUMMENPRODUKT* vorzuziehen.

- Als Anfangszahlenwert ist in B5 (x) bzw. C5 (y) 0 (der Zahlenwert ist unerheblich, da die optimalen Werte ja erst berechnet werden sollen) eingetragen worden, da Excel eine leere Zelle nicht immer als 0 enthaltend interpretiert und daher Probleme auftreten könnten, falls diese Zellen leer bleiben

- Ähnliche Excel-Programme können zur Lösung allgemeinerer Probleme aus der Linearen Optimierung genutzt werden.

- Die Daten für die Solver-Eingabe sind aus Abb. 171 ersichtlich, während sich die Ergebnisse in Abb. 172 finden. Optimal ist also die Anmietung von 15 Lastwagen des Typs A und 20 Lastwagen des Typs B. In diesem Fall belaufen sich die Gesamtkosten auf 50 DM pro Kilometer (Wert der Zielfunktion).

- Beim Solver handelt es sich um ein sog. *Add-in*. Die Software muß zunächst im üblichen Verfahren installiert und dann dem Excel-System bekannt gemacht werden. Dies geschieht mittels des *Add-Ins-Manager* (Befehlsmenü: *Extras- Add-Ins-Manager*)

	A	B	C	D
1	**Lineare Optimierung**			
2				
3	Typ Lastwagen:	A	B	
4				
5	Anzahl Lastwagen (x bzw. y):	0	0	
6	Kosten/Kilometer (Pfennig):	120	160	
7				
8	Gekühlter Laderaum (m^3):	20	30	
9	Ungekühlter Laderaum (m^3):	40	30	
10				
11	Restriktionen:	0	>=	900
12		0	>=	1200
13				
14		B5 (x) ganzzahlig	C5 (y) ganzzahlig	
15		B5 (x) >= 0	C5 (y) >= 0	
16				
17	Zielfunktion K(x,y):	0		
18				

Abb. 170: Zahlenwerte lineare Optimierung vor Solver-Einsatz

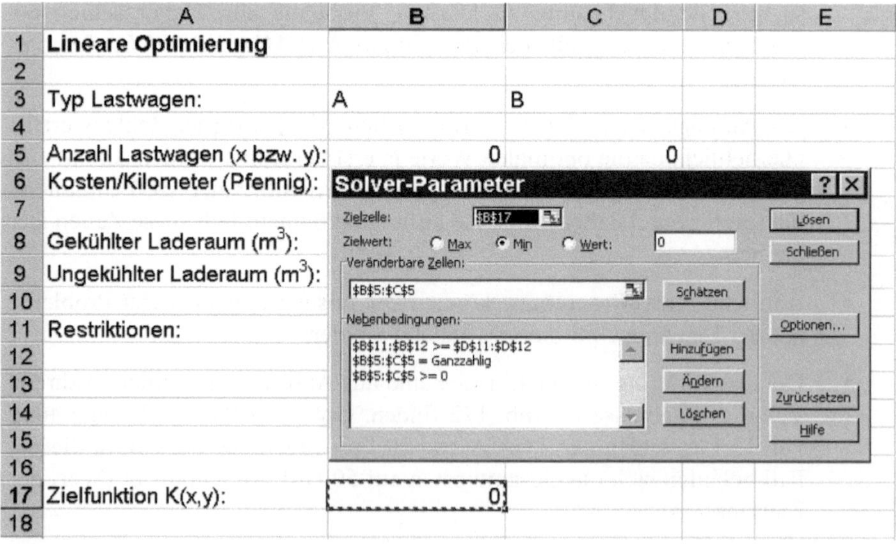

	A	B	C	D	E
1	**Lineare Optimierung**				
2					
3	Typ Lastwagen:	A	B		
4					
5	Anzahl Lastwagen (x bzw. y):	0	0		
6	Kosten/Kilometer (Pfennig):				
7					
8	Gekühlter Laderaum (m^3):				
9	Ungekühlter Laderaum (m^3):				
10					
11	Restriktionen:				
12					
13					
14					
15					
16					
17	Zielfunktion K(x,y):	0			
18					

Abb. 171: Parameterwerte für Solver

	A	B	C	D	E	F	G
1	**Lineare Optimierung**						
2							
3	Typ Lastwagen:	A	B				
4							
5	Anzahl Lastwagen (x bzw. y):	15	20				
6	Kosten/Kilometer (Pfennig):	120	160				
7							
8	Gekühlter Laderaum (m^3):	20	30				
9	Ungekühlter Laderaum (m^3):	40	30				
10							
11	Restriktionen:	900	>=	900			
12		1200	>=	1200			
13							
14		B5 (x) ganzzahlig	C5 (y) ganzzahlig				
15		B5 (x) >= 0	C5 (y) >= 0				
16							
17	Zielfunktion K(x,y):	5000					
18							

Abb. 172: Ergebnisse für lineare Optimierung

5.5.6.3 *Optimale Stellenbesetzung (Solver)*

Beispiel: In einem Unternehmen seien vier Stellen S1, S2, S3, S4 zu besetzen. Jede der entsprechenden Aufgaben sei durch genau einen von vier Kandidaten K1, K2, K3, K4 wahrzunehmen. Dabei sei die Qualifikation der Kandidaten durch einen Experten der Personalabteilung gemäß der folgenden Excel-Tabelle (Abb. 173) bewertet worden (je höher die Bewertung, desto besser die Qualifikation).

Gesucht ist eine optimale (in dem Sinn, daß die Gesamtsumme der Einzelqualifikationen maximal wird) Stellenbesetzung.

	A	B	C	D	E
1	**Optimale Stellenbesetzung**				
2					
3		S1	S2	S3	S4
4	K1	4	9	5	6
5	K2	7	1	2	4
6	K3	6	8	3	5
7	K4	1	3	9	4
8					

Abb. 173: Qualifikationsmatrix

Analyse:

Offenbar kann eine (nicht notwendigerweise optimale) Stellenbesetzung durch Angabe einer Tabelle, die nur Nullen und Einsen enthält, beschrieben werden, vgl. Abb. 174 unten. Hier würde beispielsweise K1 die Stelle S1 besetzen, K2 die Stelle S3 etc. Da K1 für S1 die Bewertung 4 erhalten hatte, K2 für S3 die Bewertung 2 etc. ergäbe sich in diesem Fall als Gesamtbewertung $4 + 2 + 8 + 4 = 18$, was keineswegs optimal ist.

	A	B	C	D	E
1	**Optimale Stellenbesetzung**				
2					
3		S1	S2	S3	S4
4	K1	1	0	0	0
5	K2	0	0	1	0
6	K3	0	1	0	0
7	K4	0	0	0	1

Abb. 174: Beispiel für eine Stellenbesetzung (nicht optimal)

Da jeder Kandidat genau eine Stelle besetzen soll, ergeben sich für die Lösungstabelle als zusätzliche Bedingungen: Alle Zeilen- und Spaltensummen müssen 1 sein. Diese Bedingungen sind in der Beispieltabelle Abb. 174 offenbar erfüllt.

Diese vorbereitenden Überlegungen führen zum in Abb. 175 und Abb. 176 angegebenen Excel-Programm (aus Platzgründen mußte die Darstellung geteilt werden, um alle Formeln sichtbar machen zu können). Die ursprünglichen Zahlenwerte sowie die zum Einsatz des Solvers notwendigen Angaben sind der Abb. 177 zu entnehmen. Die resultierenden Zahlenwerte (optimaler Wert der Zielfunktion ist 30) befinden sich in Abb. 178.

	A	B	C
1	Optimale Stellenbesetzung		
2			
3		S1	S2
4	K1	1	0
5	K2	0	0
6	K3	0	1
7	K4	0	0
8			
9	Matrix der 4*4 Unbekannten		
10		0	0
11		0	0
12		0	0
13		0	0
14	Spaltensummen:	=SUMME(B10:B13)	=SUMME(C10:C13)
15	Hilfssummen:	=SUMMENPRODUKT(B4:B7;B10:B13)	=SUMMENPRODUKT(C4:C7;C10:C13)
16			
17	Zielfunktion:	=SUMME(B15:E15)	
18			
19	Restriktionen:	Spaltensummen müssen 1 sein	
20		Zeilensummen müssen 1 sein	
21		Unbekannte dürfen nur 0 oder 1 als Wert	

Abb. 175: Optimale Stellenbesetzung (1)

	D	E	F
1			
2			
3	S3	S4	
4	5	6	
5	2	4	
6	3	5	
7	9	4	
8			
9			Zeilensummen:
10	0	0	=SUMME(B10:E10)
11	0	0	=SUMME(B11:E11)
12	0	0	=SUMME(B12:E12)
13	0	0	=SUMME(B13:E13)
14	=SUMME(D10:D13)	=SUMME(E10:E13)	
15	=SUMMENPRODUKT(D4:D7;D10:D13)	=SUMMENPRODUKT(E4:E7;E10:E13)	
16			
17			
18			
19			
20			
21			

Abb. 176: Optimale Stellenbesetzung (2)

Erläuterung:

- Das Programm ist weitgehend selbsterklärend. Man beachte jedoch wiederum die günstige Wahl der Referenzierung.

- Die Werte der Lösungstabelle sind anfangs mit 0 vorbesetzt.

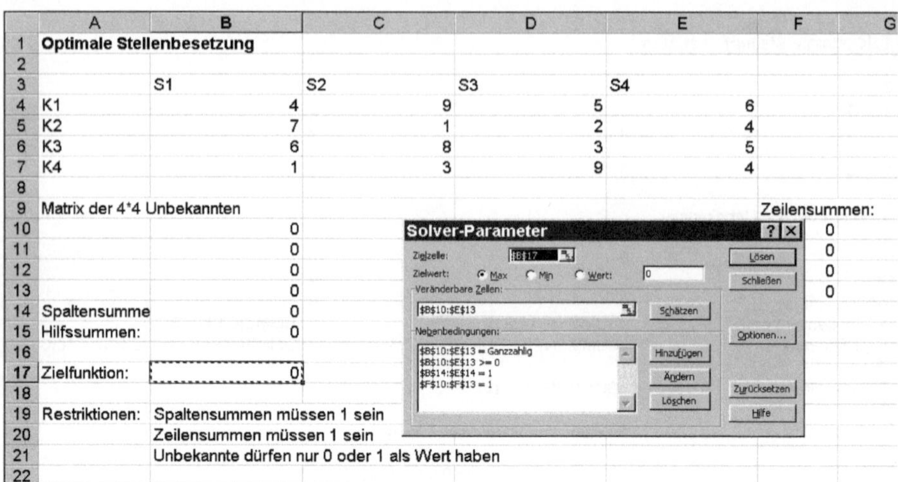

	A	B	C	D	E	F	G
1	**Optimale Stellenbesetzung**						
2							
3		S1	S2	S3	S4		
4	K1	4	9	5	6		
5	K2	7	1	2	4		
6	K3	6	8	3	5		
7	K4	1	3	9	4		
8							
9	Matrix der 4*4 Unbekannten					Zeilensummen:	
10		0				0	
11		0				0	
12		0				0	
13		0				0	
14	Spaltensumme	0					
15	Hilfssummen:	0					
16							
17	Zielfunktion:	0					
18							
19	Restriktionen:	Spaltensummen müssen 1 sein					
20		Zeilensummen müssen 1 sein					
21		Unbekannte dürfen nur 0 oder 1 als Wert haben					
22							

Abb. 177: Eingabewerte für den Solver

	A	B	C	D	E	F	G
1	**Optimale Stellenbesetzung**						
2							
3		S1	S2	S3	S4		
4	K1	4	9	5	6		
5	K2	7	1	2	4		
6	K3	6	8	3	5		
7	K4	1	3	9	4		
8							
9	Matrix der 4*4 Unbekannten					Zeilensummen:	
10		0	0	0	1	1	
11		1	3,41654E-10	0	0	1	
12		3,41654E-10	1	0	0	1	
13		0	0	1	0	1	
14	Spaltensumme	1	1	1	1		
15	Hilfssummen:	7	8	9	6		
16							
17	Zielfunktion:	30					
18							
19	Restriktionen:	Spaltensummen müssen 1 sein					
20		Zeilensummen müssen 1 sein					
21		Unbekannte dürfen nur 0 oder 1 als Wert haben					
22							
23							

Abb. 178: Zahlenwerte für eine optimale Stellenbesetzung

Erläuterung (zu Abb. 178):

- Man notiere, daß die Werte in den Zellen B12 und C11 der Abb. 178 von der Größenordnung 10^{-10} und deshalb für alle praktischen Zwecke 0 sind und auch so gelesen werden müssen. Es ist ärgerlich, daß der Solver, trotz der Ganzzahligkeitsrestriktion, keine wirklich ganzzahligen Werte liefert.

- Die optimale Stellenbesetzung ist in diesem Fall nicht eindeutig bestimmt. Der geneigte Leser möge versuchen, die zweite Möglichkeit (mit identischem Wert der Zielfunktion) herauszufinden.

Ergänzende Anmerkungen:

- Im Solver lassen sich verschiedene Optionen (lineares/nichtlineares Modell, *Gradienten-* oder *Newton-Verfahren*, Art der verwendeten Differenzen, Toleranzen, Iterationsergebnisse anzeigen, ...) angeben, siehe Abb. 171 *Optionen*. Die detaillierte Eräuterung dieser Optionen würde hier zu weit führen. Allerdings sollte ggfs. immer angegeben werden, daß ein lineares Modell zu verwenden ist, da so Suchzeit gespart werden kann. Auch sollte man sich, bei Bedarf, Iterationsschritte anzeigen lassen.

- Der Solver arbeitet mit numerischen Verfahren, wie ja auch durch die soeben erwähnten Optionen bereits angedeutet. Daher ist immer mit Rundungsfehlern zu rechnen, die insbesondere bei ganzzahliger Programmierung zu Verwirrung führen können.

- Die Anzahl der möglichen Variablen ist beim Solver stark eingeschränkt. Tests auf dem Gebiet der quadratischen Optimierung ergaben eine Obergrenze von etwa 350-400 Variablen (in der aktuellen Version).

5.5.6.4   Absatzoptimierung (Solver)

Hier soll gezeigt werden, daß sich auch das unter 5.5.6.1 beschriebene Problem mittels Solver lösen läßt. Das entsprechende Excel-Programm ist unmittelbar 5.5.6.1 zu entnehmen und wird in Abb. 179 gezeigt. Die zugehörigen Zahlenwerte befinden sich in Abb. 180.

Die Daten für den Solver-Aufruf sind aus Abb. 181 zu entnehmen, während die eigentliche Lösung, die natürlich mit der unter 5.5.6.1 angegebenen übereinstimmt, in Abb. 182 angegeben ist.

	A	B	C	D	E	F
1	Gewinnoptimierung					
2	Es wird eine Kostenfunktion K(x):=					
3	A:	=1/9	B:	-8	C:	600
4	D:	4000	Inkrement:	2	Anfangswert:	0
5	Es wird eine Preisabsatzfunktion P					
6	E:	-10	F.	1700		
7						
8						
9	Menge	Umsatz	Kosten	Gewinn/Verlust		
10	0	=A10*($B$6*A10+$D$6)	=$B$3*A10^3+$D$3*A10^2+$F$3*A10+$B$4	=B10-C10		
11						

Abb. 179: Gewinnoptimierung durch den Solver

	A	B	C	D	E	F
1	**Gewinnoptimierung**					
2	Es wird eine Kostenfunktion K(x):= Ax^3+Bx^2+Cx+D vorausgesetzt.					
3	A:	0,11111111	B:	-8	C:	600
4	D:	4000	Inkrement:	2	Anfangswert:	0
5	Es wird eine Preisabsatzfunktion P(x):= $Ex+F$ vorausgesetzt					
6	E:	-10	F.	1700		
7						
8						
9	Menge	Umsatz	Kosten	Gewinn/Verlust		
10	0	0,00 DM	4.000,00 DM	-4.000,00 DM		
11						

Abb. 180: Zahlenwerte zur Gewinnoptimierung vor Solver-Einsatz

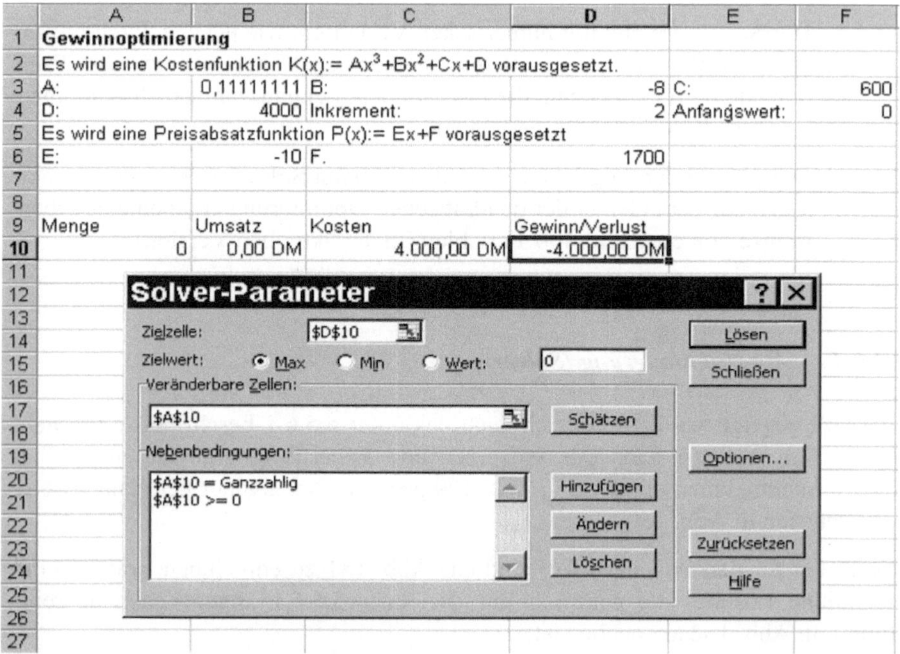

Abb. 181: Eingabewerte für den Solver

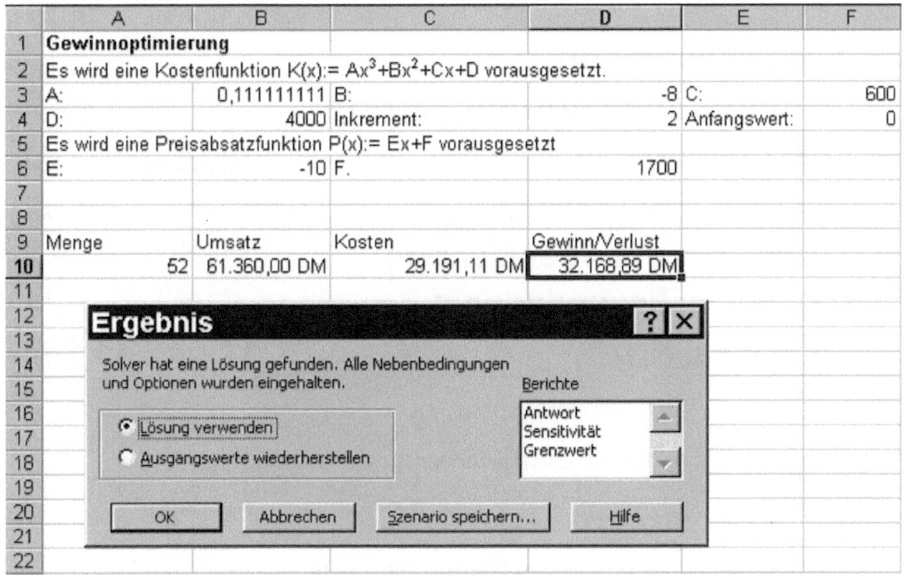

Abb. 182: Ergebnisse zur Gewinnoptimierung

5.5.7 Oberflächenprogrammierung

In diesem Abschnitt soll kurz der *Visual Basic* (VB) Editor vorgestellt werden. Natürlich kann im Rahmen dieses Buches nicht ausführlich auf die Programmierung eingegangen werden. Deshalb sollen an einem einfachen Beispiel Prinzipien und Umsetzung der Oberflächenprogrammierung skizzenhaft dargestellt werden.

Beispiel: Gegeben sei die in Abb. 183 sichtbare Excel-Applikation, deren Programmierung bereits bekannt ist. Es wird angenommen (etwas unrealistisch), daß diese Applikation häufig von einem Sachbearbeiter eingesetzt wird, der keinerlei Rechnerkenntnisse besitzt. Infolgedessen scheint es sinnvoll, eine entsprechende Maske zu erstellen.

	A	B
1	**Zinseszinsrechnung**	
2	**Oberflächenprogrammierung**	
3	Anfangskapital :K_0	10.000,00 DM
4	Zinssatz/Jahr (dezimal) i:	0,05
5	Anzahl Zinsperioden/Jahr m:	12
6	Laufzeit in Zinsperioden n:	24
7	Endkapital K_n:	11.049,41 DM
8		

Abb. 183: Applikation für die Oberflächenprogrammierung

Analyse:

-   Zunächst ergibt sich folgende grobe Übersicht.

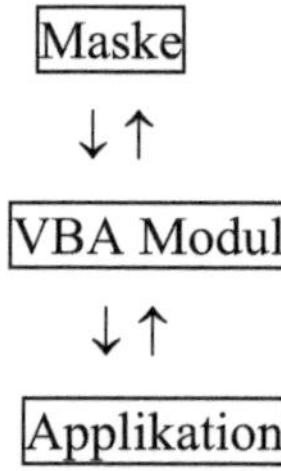

-   Die entsprechende Maske muß wohl vier Eingabefelder (*Textfelder*) für
    die Zellen B3:B6 in Abb. 183 aufweisen. Sie sollte ferner ein Ausgabe-
    feld (*Bezeichnungsfeld*) für B7 besitzen, sowie Bezeichnungsfelder für
    A3:A7. Zusätzlich kommt noch ein Knopf (eine *Befehlsschaltfläche*) zum
    Auslösen einer Neuberechnung in Frage.

-   Die Ein- und Ausgabefelder müssen mit den entsprechenden Zellen der
    Tabelle verbunden werden. Die Eingabefelder müssen natürlich eine
    Eingabe ermöglichen und sind deshalb als Textfelder gewählt worden.
    Die Ausgabe soll der Nutzer jedoch nicht beeinflussen können, so daß
    hier ein Bezeichnungsfeld angemessen erscheint.

-   Daneben muß die Befehlsschaltfläche mit einer Prozedur unterlegt wer-
    den, die die Neuberechnung veranlaßt.

-   Schließlich ist eine Einbindung in das Befehlsmenü wünschenswert.

Nach diesen Vorüberlegungen kann leicht mittels des VB-Editors (Befehlsmenü:
Extras-Makro-Visual Basic-Editor), vgl. Abb. 184, zunächst eine Maske erstellt
werden.

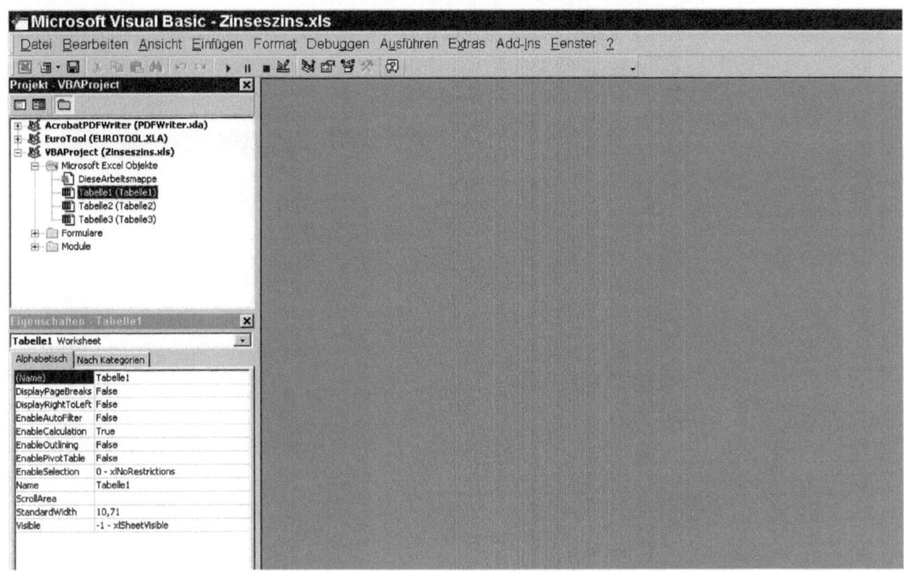

Abb. 184: VB-Editor

Vorgehen:

1. Schritt (Konstruktion der Maske):

- Der äußere Rahmen der Maske steht über das Befehlsmenü (*Einfügen-UserForm*) zur Verfügung. Er kann in der Größe den Wünschen des Benutzers angepaßt werden (durch Positionieren des Cursors auf die schwarzen Rechtecke im Rahmen und Ziehen mit der Maus), vgl. hierzu auch die Behandlung eingefügter Objekte bei Word und Abb. 185.

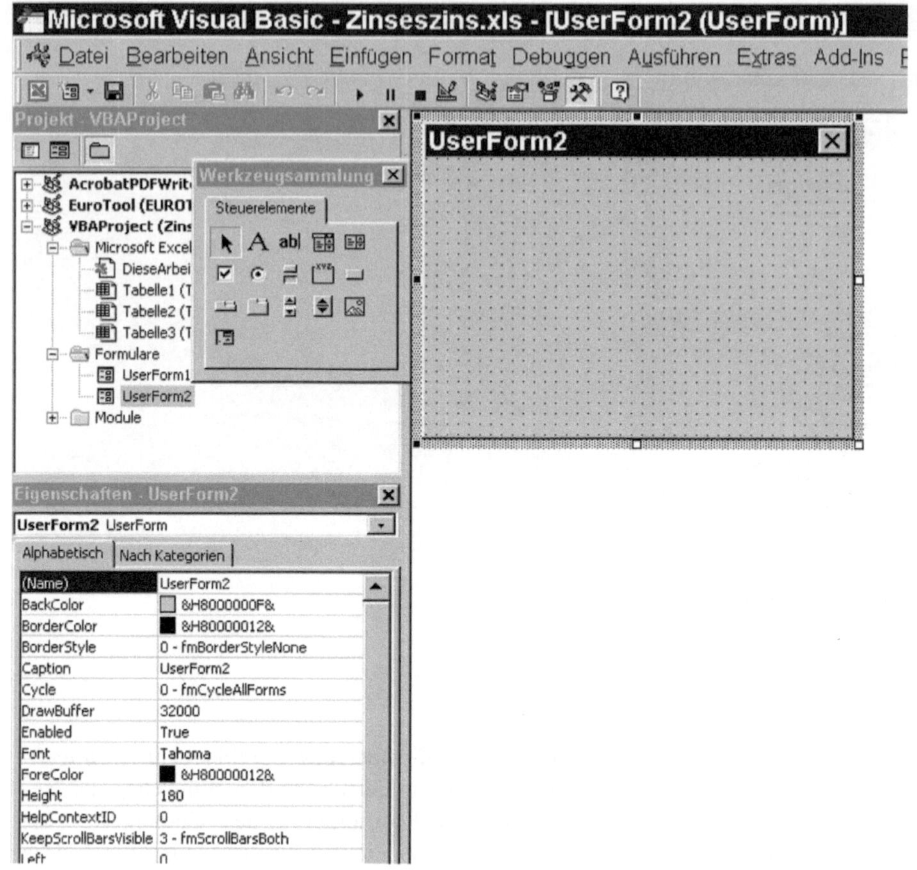

Abb. 185: Rahmen der Maske

- Als nächstes werden die Text- und Bezeichnungsfelder aus der Werkzeugsammlung, vgl. Abb. 185 mit der Maus auf der Maske an die gewünschte Stelle gezogen (Anklicken und ohne die Maustaste zu drücken ziehen) und durch Aufziehen des Fadenkreuzes (mit gedrückter Maustaste) in der Größe angepaßt. Nach Eingabe der gewünschten Texte in die Bezeichnungsfelder, sollte der Zustand der Maske bereits dem in Abb. 186 dargestellten ähneln. Dabei ist zu beachten, daß die Bezeichnung der Maske selbst im Feld *Caption* (links unten) eingetragen werden muß.

- Die Verbindung der Eingabefelder mit der Applikation erfolgt einfach durch Anklicken und Eintrag der entsprechenden Zelle im Feld *Control-Source* (ganz links unten), siehe Abb. 187.

- Damit ist die Konstruktion der Maske bereits beendet.

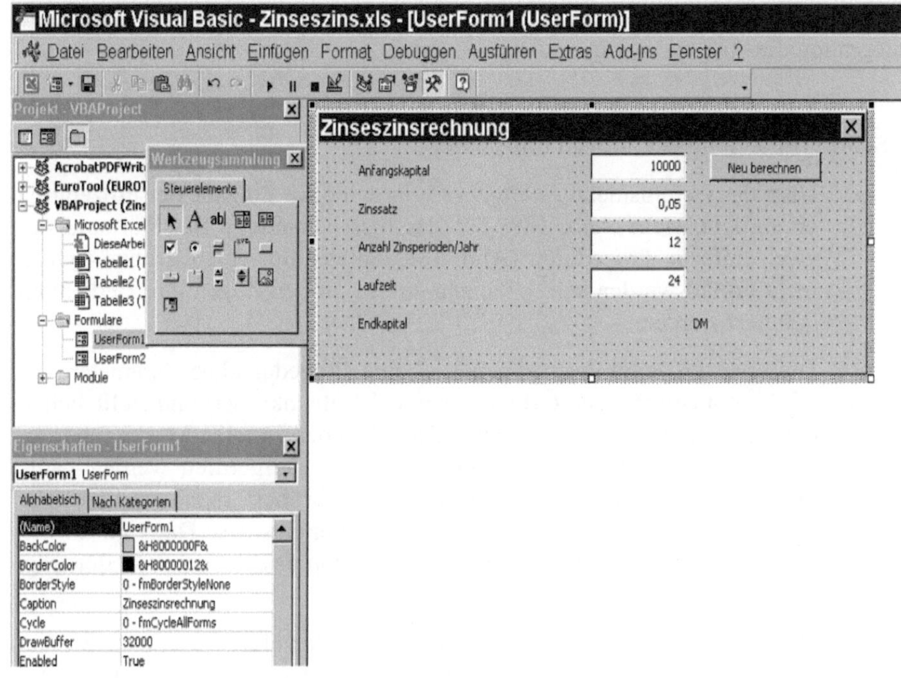

Abb. 186: Fertige Maske

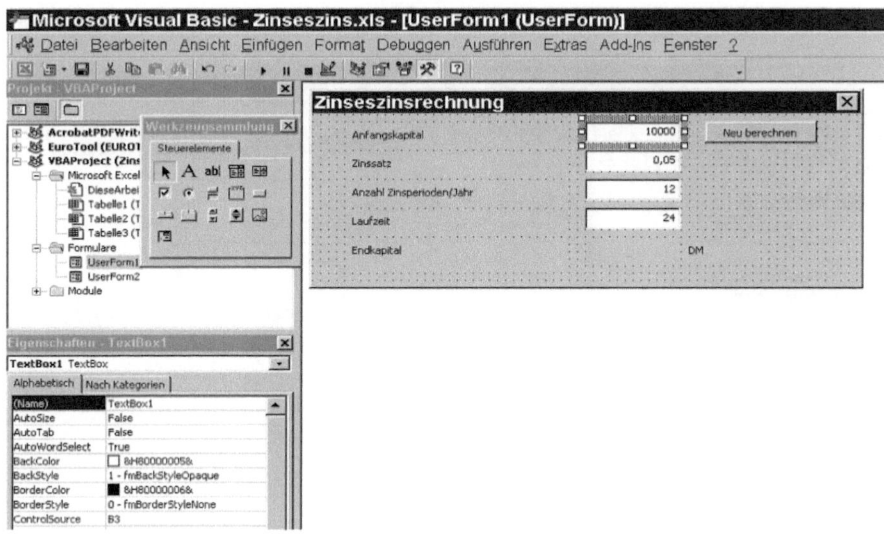

Abb. 187: Verbinden der Eingabefelder mit der Applikation

Es bleibt somit noch die Unterlegung des Knopfes *Neu berechnen,* sowie eine Integration der Anwendung in das Befehlsmenü.

2. Schritt (Erstellung der nötigen Prozeduren):

- Über das Befehlsmenü *Einfügen-Modul* wird die Eingabe der Prozeduren ermöglicht, siehe Abb. 188. Für das hier behandelte Beispiel sind nur zwei einfache Prozeduren (Abb. 188) notwendig, deren genaue Syntax nicht erklärt werden soll. Vielmehr soll in groben Zügen ihre Bedeutung erläutert werden.

- Die erste Prozedur Auto_Open() ist eine Prozedur ohne Parameter. Sie wird automatisch beim Öffnen der Excel-Datei aktiviert und stellt sicher, daß im Befehlsmenü unter *Extras-Zins* die eben erstellte Maske (über ihren Namen, nämlich „Zinseszinsrechnung") aufgerufen werden kann, vgl. auch Abb. 189 und Abb. 190 unten. Darüber hinaus wird bewirkt, daß diese Veränderung des Befehlsmenüs nur für diese Datei gilt (Temporary!). Die dem erzeugten *CommandButton* assoziierte Prozedur trägt den Namen „zins", siehe unten.

- Die Prozedur zins() ist ebenfalls eine Prozedur ohne Parameter. Sie bewirkt, daß an die Variable *ergebnis* der Wert der Zelle B7 aus dem aktuellen Tabellenblatt (Tabelle1) zugewiesen wird. Dieser Wert wird dann als Beschriftung (*Caption*) des relevanten Bezeichnungsfeldes übergeben.

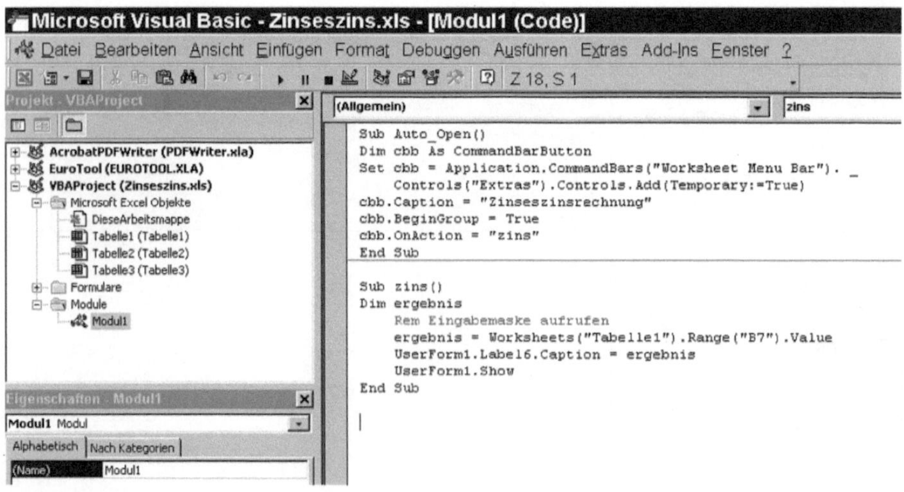


```vba
Sub Auto_Open()
Dim cbb As CommandBarButton
Set cbb = Application.CommandBars("Worksheet Menu Bar"). _
          Controls("Extras").Controls.Add(Temporary:=True)
cbb.Caption = "Zinseszinsrechnung"
cbb.BeginGroup = True
cbb.OnAction = "zins"
End Sub


Sub zins()
Dim ergebnis
    Rem Eingabemaske aufrufen
    ergebnis = Worksheets("Tabelle1").Range("B7").Value
    UserForm1.Label16.Caption = ergebnis
    UserForm1.Show
End Sub
```

Abb. 188: Prozeduren

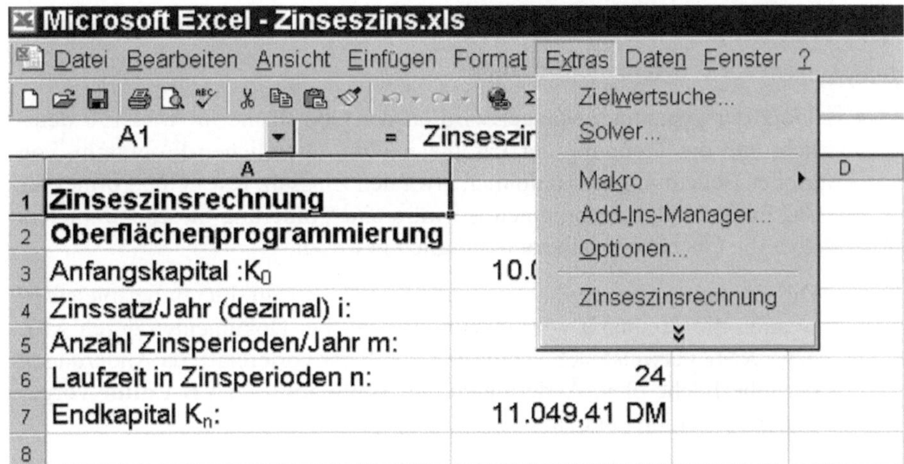

Abb. 189: Veränderung des Befehlsmenüs (Extras)

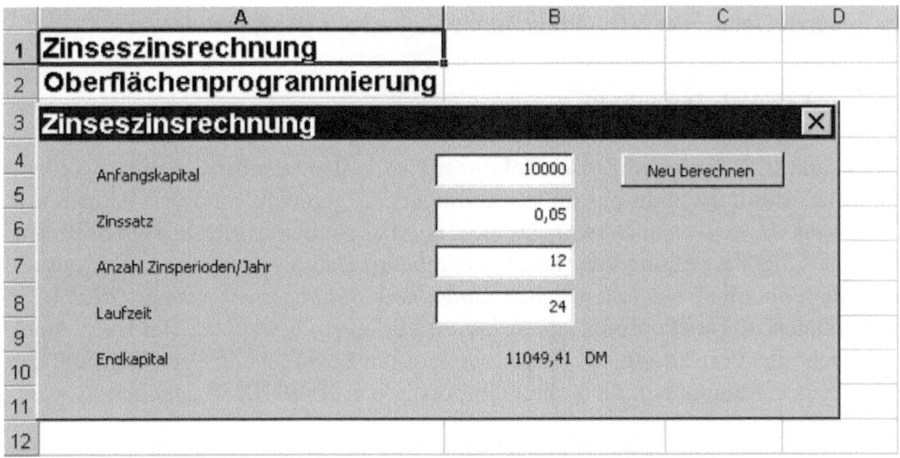

Abb. 190: Über *Extras-Zinseszinsrechnung* aufgerufene Maske

Nach diesem einfachen Muster können also bereits recht interessante Masken für Anwendungen erstellt werden. Dem Leser wird empfohlen, das Vorgehen bei einigen der oben behandelten wirtschaftsmathematischen Beispiele zu erproben.

Natürlich weist das so konstruierte System noch erhebliche Mängel auf. Als Beispiele seien nur genannt:

-   Das Fehlen einer geeigneten Online Hilfe (als Hypertext gestaltet)
-   Das Fehlen geeigneter Plausibilitätsprüfungen bei der Eingabe

Beabsichtigt war aber auch nur eine oberflächliche (!) Einführung in die Materie.

Anmerkungen zur Programmiermethodik:

- Trotz der genannten Mängel wird an der Oberfläche in Abb. 190 deutlich, daß die Trennung der Parameter vom eigentlichen Programm, von großer Bedeutung ist: Hätte man etwa den Zinssatz fest in die Formel für das Endkapital aufgenommen, so wäre eine Änderung dieses Parameters über die Oberfläche nahezu unmöglich gewesen.

- Die Trennung von Applikation und Oberfläche (vgl. hierzu beispielsweise auch die Trennung von Form und Inhalt bei Dokumenten durch XSL bzw. XML) erweist sich ebenfalls als äußerst vorteilhaft, da Änderungen der Oberfläche ohne Änderungen der Applikation im **VB-Editor** vorgenommen werden können.

- Wird das eigentliche Excel-Programm unter der Maske verborgen (auch eine Art von *information hiding*), so sind unbeabsichtigte Änderungen durch den Anwender (z.B. zufälliges Löschen von Formeln) nicht so leicht möglich

Zu weiteren Details der VBA Programmierung sei auf [Kof] verwiesen.

5.5.8 Excel als Datenbank

Excel kann (mit gewissen Einschränkungen) auch als Datenbank genutzt werden. Damit ist allerdings nicht nur die reine Datenbasis gemeint, sondern vielmehr ein *Datenbank-Management-System* (*DBMS*). Hierbei handelt es sich um ein Software Paket, das die Verwaltung von (und Recherche in) Daten gestattet. Genauer gesagt wird ausschließlich ein *Relationales Datenbank-Management-System* (*RDBMS*), da die Daten in Tabellenform (als *Relation*) vorliegen, betrachtet. Bei Excel steht auch nicht die Verwaltung der Daten, sondern die Recherche im Vordergrund, da, wie bereits erwähnt, nicht die volle Funktionalität eines RDBMS gegeben ist.

Obwohl in praxi eine Datenbasis üblicherweise viele Tabellen umfaßt, lassen sich grundlegende Eigenschaften eines RDBMS an einer einzigen Tabelle darstellen. Deshalb sei hier als Beispiel, siehe Abb. 191, eine einfache Tabelle betrachtet, wie sie etwa in einem Unternehmen im Rahmen der Personalverwaltung auftauchen könnte.

	A	B	C	D	E
1	**Beispieldatenbasis**				
2					
3	**Name**	**Jahrgang**	**Abteilungs_Nummer**	**Gehalt**	**Abteilungs_Leiter**
4	Braun	1945	1	100.000,00 DM	Meier
5	Braun	1951	1	120.000,00 DM	Meier
6	Schwarz	1960	2	90.000,00 DM	Müller
7	Schmidt	1970	4	60.000,00 DM	Herms
8	Schmied	1963	3	70.000,00 DM	Adams
9					

Abb. 191: Beispieldatenbasis

Zu beachten ist in diesem Zusammenhang, daß

- in der Tabelle keine Leerzeilen oder –spalten vorkommen dürfen, da Excel sonst nicht erkennt, daß es sich um eine Datenbank handeln soll,

- alle Spalten Überschriften haben müssen, die zweckmäßigerweise fett geschrieben werden sollten,

- innerhalb einer relationalen Datenbasis die Anordnung der Datensätze unerheblich ist (falls sie nicht sortiert betrachtet werden).

5.5.8.1 *Update der Datenbasis*

Beispiel: Zur Datenbasis soll ein neuer Datensatz hinzugefügt werden.

Neben der Möglichkeit der direkten Eingabe, die oft am einfachsten ist, stellt Excel auch eine komfortable Maske zur Verfügung, vgl. Abb. 192.

Abb. 192: Excel-Datenbank-Maske

Vorgehen:

- Eine beliebige Zelle innerhalb der Datenbasis wird angeklickt und die Maske über das Befehlsmenü *Daten-Maske* aufgerufen.

- Die gewünschten Daten werden in die Eingabefelder der Maske geschrieben und mit *Enter* in die Tabelle übernommen.

- In ähnlicher Weise können Datensätze geändert oder auch gelöscht werden. Hierfür ist ein „Durchblättern" der Datensätze mittels Bildlaufleiste möglich.

In diesem Zusammenhang erscheint eine Warnung angebracht. Bei der Dateneingabe findet keinerlei Konsistenzprüfung statt, so daß die Eingabe eines Datensatzes, der statt des korrekten Abteilungsleiternamens (Müller, siehe Abb. 192) für die Abteilung mit der Nummer 2 einen anderen enthält, durchaus akzeptiert würde. Hieraus folgt bereits, daß Excel als RDBMS nicht sehr mächtig ist.

5.5.8.2   *Suchen in der Datenbasis bei kleineren Datenmengen*

Beispiel: In der Datenbasis sind alle Personen gesucht, deren Name mit „Sch" beginnt und die mehr als 65 000 DM verdienen.

Auch hierfür kann die oben beschriebene Maske genutzt werden, vgl. Abb. 193 unten, wobei neben dem Vergleichsoperator „>" (größer) auch das Stellvertreterzeichen „*" (beliebige Zeichenkette) eingesetzt werden muß.

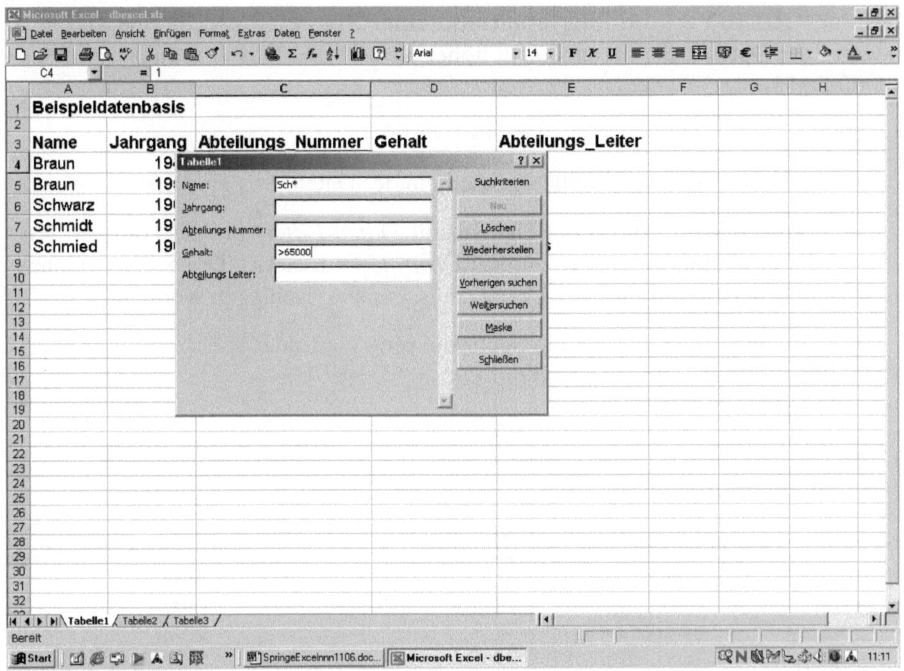

Abb. 193: Suchen in der Datenbasis mittels Maske

Vorgehen:

- Die Maske wird, wie oben beschrieben, aufgerufen.

- Nach Anklicken von *Kriterien*, werden diese, wie aus Abb. 193 ersichtlich, eingegeben.

- Durch Anklicken von *Weitersuchen* können die entsprechenden Datensätze gefunden werden.

Zu beachten ist hier, daß

- als Suchkriterien eingegeben werden können: Vergleichsoperatoren (=, >=, <=, <, und <>), Text und Stellvertreterzeichen (neben „*" auch „?" für ein Einzelzeichen),

- die eingegebenen Kriterien mit UND verbunden werden, falls mehr als ein Feld gefüllt wird.

5.5.8.3 *Suchen bei größeren Datenmengen, ODER-Verknüpfung*

Bei größeren Datenmengen oder bei Suchkriterien, die einen ODER-Junktor beinhalten, reicht die oben skizzierte Suchmethode nicht mehr aus.

Beispiel (ODER-Verknüpfung innerhalb einer Spalte): Gesucht sind alle Personen in der Datenbasis, deren Gehalt höher als 100 000 DM oder nicht höher als 70 000 DM ist.

Vorgehen:

- Wie oben wird eine beliebige Zelle in der Datenbasis markiert.

- Danach wird über das Befehlsmenü *Daten-Filter-Autofilter* aufgerufen. Es erscheint(en) eine (mehrere) *Drop-down*-Liste(n). Die Spalte(n), nach der (denen) gefiltert wird, muß (müssen) aufgeschlagen werden.

- Im Dialogfeld werden die Suchkriterien (Wert oder selbstdefiniert) angegeben, vgl. Abb. 194, und mit *OK* bestätigt.

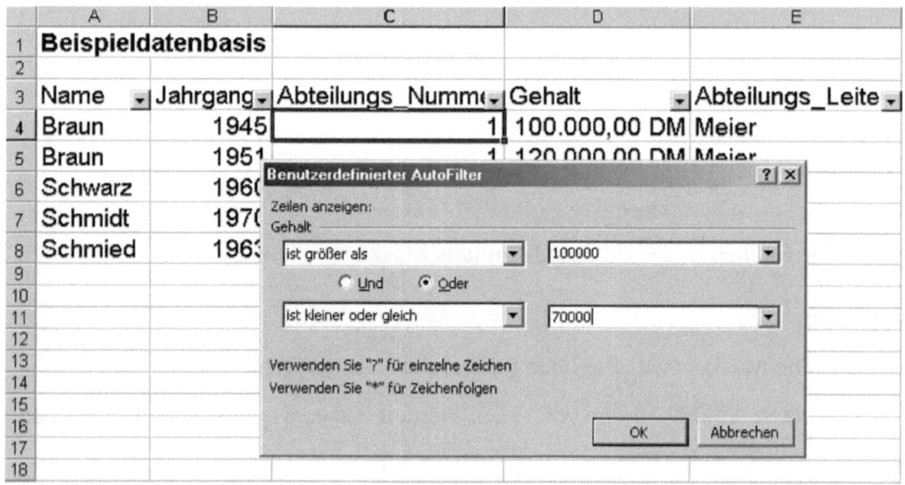

Abb. 194: Benutzerdefinierter Autofilter

Das Ergebnis dieser Anfrage wird in Abb. 195 angezeigt.

	A	B	C	D	E
1	**Beispieldatenbasis**				
2					
3	Name	Jahrgang	Abteilungs_Numme	Gehalt	Abteilungs_Leite
5	Braun	1951	1	120.000,00 DM	Meier
7	Schmidt	1970	4	60.000,00 DM	Herms
8	Schmied	1963	3	70.000,00 DM	Adams
9					

Abb. 195: Suchergebnis bei Anwendung des Autofilters

Nach Abschluß der Auswertung können über das Befehlsmenü *Daten-Filter-Alle anzeigen* alle Datensätze wieder eingeblendet werden. Wird auch das Häkchen im Menüpunkt *Daten-Filter-Autofilter* entfernt, so werden schließlich auch die Drop-down-Listen wieder beseitigt.

Beispiel (ODER-Verknüpfung über verschiedene Spalten): Gesucht seien alle Angestellten, die weniger als 80 000 DM verdienen oder später als 1955 geboren sind.

Diese Fragestellung läßt sich mittels Autofilter nicht mehr behandeln.

Vorgehen:

- Zunächst wird die Tabelle wie in Abb. 196 gezeigt vorbereitet.

- Im nächsten Schritt ist die Datenbasis zu markieren und über das Befehlsmenü *Daten-Filter-Spezialfilter* aufzurufen.

- Schließlich wird im Dialogfeld der Kriterienbereich angegeben, siehe Abb. 196, und mit *OK* bestätigt.

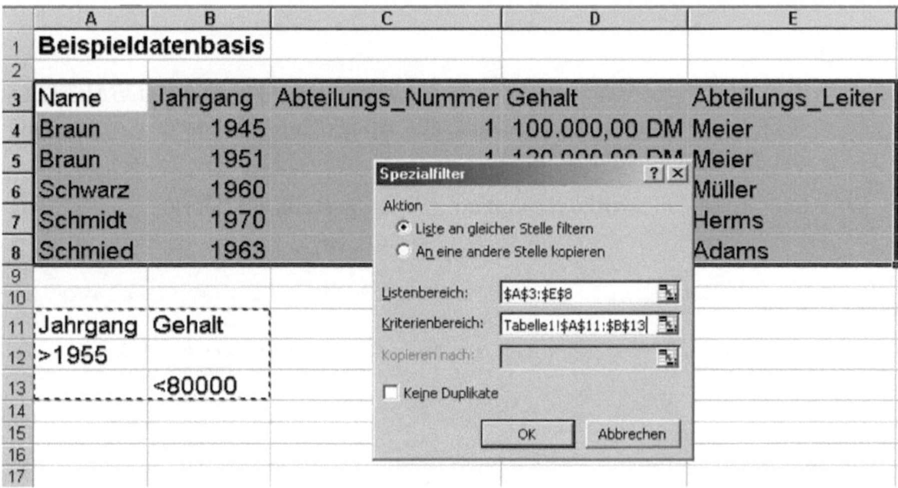

Abb. 196: Spezialfilter

Das Resultat erscheint in Abb. 197. Hierbei ist anzumerken, daß die Suchkriterien versetzt angegeben wurden, da sie ansonsten mit UND verknüpft worden wären. Allgemein gilt, daß Suchkriterien in derselben (verschiedenen) Zeile (n) mit UND bzw. ODER verknüpft werden.

	A	B	C	D	E
1	**Beispieldatenbasis**				
2					
3	Name	Jahrgang	Abteilungs_Nummer	Gehalt	Abteilungs_Leiter
6	Schwarz	1960	2	90.000,00 DM	Müller
7	Schmidt	1970	4	60.000,00 DM	Herms
8	Schmied	1963	3	70.000,00 DM	Adams
9					
10					
11	Jahrgang	Gehalt			
12	>1955				
13		<80000			

Abb. 197: Suchergebnis für Spezialfilter

5.5.8.4   *Funktionsangebot*

Excel stellt auch eine Reihe von *Datenbankfunktionen* zur Verfügung.

Beispiel: Zu ermitteln sei das durchschnittliche Gehalt derjenigen Angestellten, die mehr als 60 000 DM verdienen.

Vorgehen:

- Zur Beantwortung dieser Frage kann die Funktion *DBMITTEL-WERT*(Datenbank; Datenbankfeld; Suchkriterien), deren Argumente selbsterklärend sind, genutzt werden.

- Die Datenbank wird, wie in Abb. 198 dargestellt, vorbereitet.

	A	B	C	D	E
1	Beispieldatenbasis				
2					
3	Name	Jahrgang	Abteilungs_Nummer	Gehalt	Abteilungs_Leiter
4	Braun	1945	1	100000	Meier
5	Braun	1951	1	120000	Meier
6	Schwarz	1960	2	90000	Müller
7	Schmidt	1970	4	60000	Herms
8	Schmied	1963	3	70000	Adams
9					
10					
11	Durchschn. Gehalt			Suchkrit.	
12	=DBMITTELWERT(A3:E8;"Gehalt";D12:D13)			Gehalt	
13				>60000	

Abb. 198: Einsatz der Funktion DBMITTELWERT

Das Ergebnis wird in Abb. 199 dargestellt: Das gesuchte Gehalt ist 95 000 DM. Weitere Auswertungsmöglichkeiten mit Datenbankfunktionen können dem Funktionsassistenten entnommen werden.

	A	B	C	D	E
1	**Beispieldatenbasis**				
2					
3	Name	Jahrgang	Abteilungs_Nummer	Gehalt	Abteilungs_Leiter
4	Braun	1945	1	100.000,00 DM	Meier
5	Braun	1951	1	120.000,00 DM	Meier
6	Schwarz	1960	2	90.000,00 DM	Müller
7	Schmidt	1970	4	60.000,00 DM	Herms
8	Schmied	1963	3	70.000,00 DM	Adams
9					
10					
11	Durchschn. Gehalt			Suchkrit.	
12	95000			Gehalt	
13				>60000	

Abb. 199: Ergebnis bei Einsatz von DBMITTELWERT

5.5.8.5 Sortieren

Excel kann Datensätze auch in sehr einfacher Weise sortieren.

Beispiel: Die Angestellten seien nach der Höhe des Einkommens (aufsteigend) zu sortieren.

Vorgehen:

- Zunächst muß eine beliebige Zelle der Gehaltsspalte markiert werden.

- Danach ist über das Befehlsmenü *Daten-Sortieren* auszuwählen, im Dialogfeld *aufsteigend* anzukreuzen und mit *OK* zu bestätigen.

Das Ergebnis ist in Abb. 200 zu sehen. Bemerkenswert erscheint in diesem Zusammenhang jedenfalls, daß keineswegs, wie man vielleicht vermuten könnte, nur die Spalte **Gehalt** aufsteigend sortiert wurde, sondern daß vielmehr die Anordnung der Datensätze geändert wurde. Diese Sortiermöglichkeit erscheint angesichts der kleinen Datenbasis möglicherweise nicht sonderlich wichtig. Man muß jedoch bedenken, daß schon bei einer verhältnismäßig kleinen Anzahl von Datensätzen der zum Sortieren nötige Aufwand enorm ansteigt, so daß es sich um eine durchaus nützliche Komponente des Excel-Systems handelt. Beispielsweise sortiert der Autor regelmäßig seine Prüfungsergebnisse in dieser Weise.

	A	B	C	D	E
1	**Beispieldatenbasis**				
2					
3	Name	Jahrgang	Abteilungs_Nummer	Gehalt	Abteilungs_Leiter
4	Schmidt	1970	4	60.000,00 DM	Herms
5	Schmied	1963	3	70.000,00 DM	Adams
6	Schwarz	1960	2	90.000,00 DM	Müller
7	Braun	1945	1	100.000,00 DM	Meier
8	Braun	1951	1	120.000,00 DM	Meier
9					

Abb. 200: Sortierte Datenbasis

6 Datenbank-Management-System

Im vorhergehenden Kapitel hat sich gezeigt, daß Excel zwar als *Datenbank-Management-System* (*DBMS*) genutzt werden kann, die Funktionalität aber in dieser Hinsicht doch unbefriedigend bleibt. Insbesondere bei großen Datenmengen sollte daher auf andere Software-Produkte zurückgegriffen werden.

In diesem Kapitel wird zunächst die Datenmodellierung mittels des *Entity-Relationship(ER)-Modells* an einem kleinen Beispiel erläutert, da sie die Beschreibung des konzeptionellen Schemas eines Unternehmens erlaubt. Dieses Schema muß dann mittels eines DBMS realisiert werden. Die Wahl des DBMS ergibt sich dabei aus den speziellen Anforderungen des Unternehmens. Nach kurzer Skizze der wichtigsten Systeme wird näher auf die generischen Eigenschaften *relationaler Datenbank-Management-Systeme* (*RDBMS*) eingegangen. Das erwähnte ER-Modell wird im relationalen System umgesetzt, wobei auch Effizienzgesichtspunkte (*Codd'sche Normalformen*) behandelt werden. Die Realisierung des Schemas erfolgt mittels MS Access und *SQL*. An Hand der Beispieldatenbank werden schließlich einfache *SQL-Abfragen* erläutert.

6.1 Das Entity-Relationship-Modell

Das ER-Modell, vgl. [Che], erlaubt die Beschreibung des konzeptionellen Schemas eines Unternehmens, ohne Effizienzgesichtspunkte berücksichtigen zu müssen. Es ist unabhängig vom eingesetzten DBMS und kann in dieses meist leicht mittels eines einfachen Algorithmus übertragen werden.

6.1.1 Entitäten (Entities)

Der Begriff *Entität* ist formal nicht zu fassen: Man geht davon aus, daß die zu modellierende „Welt" sich aus genau abgrenzbaren individuellen Exemplaren von Dingen, Personen, Begriffen usw., vgl. [Ull], nämlich eben diesen Entitäten, zusammensetzt. Eine Entität ist also irgendein Ding (im weitesten Sinn), das existiert. Entitäten sind darüber hinaus voneinander unterscheidbar.

Beispiel:

- Personen

- Autos

- Hersteller bestimmter Produkte

6.1.2   Entitätsmengen (Entity Sets)

Eine Ansammlung „ähnlicher" Entitäten bildet eine *Entitätsmenge*. Man beachte hier, daß wiederum der Ähnlichkeitsbegriff nicht präzise gefaßt werden konnte. Ein wichtiger Schritt bei der Datenmodellierung besteht daher darin, die Entitätsmengen zu wählen. Die Elemente einer Entitätsmenge müssen hierbei durch ihre *Attribute* charakterisiert werden.

Beispiel:

- Alle Personen

- Alle Autos

- Alle Hersteller bestimmter Produkte

6.1.3   Attribute und Schlüssel

Entitäten in einer Entitätsmenge werden durch ihre Attribute gekennzeichnet, die ihnen einen Wert aus einem bestimmten Wertebereich zuordnen. Dieser Wertebereich wird üblicherweise einem Zahlbereich entstammen oder es wird sich um eine Zeichenkette handeln. Andere Formate sind aber auch möglich.

Beispiel:

- Die Entitätsmenge aller Personen könnte Attribute wie NAME (Zeichenkette), GROESSE (Dezimalzahl), GEWICHT (Dezimalzahl), GEBURTSDATUM (Datumsformat), etc. haben.

- Die Entitätsmenge aller Autos könnte HERSTELLERNAME (Zeichenkette), PS_ZAHL (natürliche Zahl), HERSTELLUNGSJAHR (natürliche Zahl), MODELLNAME (Zeichenkette), etc. als Attribute haben.

- Die Menge aller Hersteller bestimmter Produkte könnte als Attribute HERSTELLERNUMMER (natürliche Zahl), STANDORT (Zeichenkette), etc. besitzen.

Da vorausgesetzt wurde, daß Entitäten unterscheidbar sind, können die Attribute angegeben werden, die eine Unterscheidung innerhalb der Entitätsmenge erlauben, nämlich die *Schlüssel (keys)*.

Beispiel:

- Bei der Entitätsmenge aller Personen könnten beispielsweise NAME, VORNAME und GEBURTSDATUM einen Schlüssel bilden (wenn allerdings wirklich alle Personen gemeint sind und nicht nur alle Personen, die einer mehr oder weniger starken Einschränkung unterliegen, so dürften die genannten Attribute als Schlüssel nicht ausreichen).

- Bei der Entitätsmenge aller Autos könnten HERSTELLERNAME, HER-STELLUNGSJAHR und MODELLNAME einen Schlüssel bilden.

- Für die Entitätsmenge aller Hersteller eines bestimmten Produkts ist o-ben offenbar ein *künstlicher Schlüssel* ins Auge gefaßt worden (HER-STELLERNUMMER), der durch eine mehr oder weniger willkürliche *Numerierung* entstanden ist.

6.1.4 Beziehungen (Relationships)

Eine *Beziehung (Relationship)* B zwischen Entitätsmengen ist eine geordnete Liste von Entitätsmengen E_1, E_2, ..., E_n. Dabei sind mehrfache Nennungen von Entitätsmengen durchaus erlaubt. Die Menge der *n-tupel* $(e_1, e_2, ..., e_n)$ mit e_1, e_2, ..., e_n aus E_1, bzw. E_2, ..., bzw. E_n wird als *Beziehungsmenge (relationship set)* bezeichnet.

Beispiel: Gegeben sei eine Entitätsmenge HERSTELLER und eine Entitätsmenge PRODUKT. Dann existiert vermutlich eine Beziehung LIEFERUNG, deren Liste von Entitätsmengen HERSTELLER, PRODUKT bildet. Die Beziehungsmenge für die Beziehung LIEFERUNG besteht dann aus allen geordneten Paaren (h, p), so daß Hersteller h Produkt p liefert.

6.1.5 Entity-Relationship-Diagramme

Üblicherweise werden Informationen über Entitäten und Beziehungen in *Entity-Relationship(ER)-Diagrammen* dargestellt. Dabei gelten die folgenden Regeln, vgl. [Ull].

> a)   Entitätsmengen werden durch Rechtecke repräsentiert.
>
> b)   Attribute werden durch Ellipsen dargestellt. Sie sind mit ihren zugehöri-gen Entitätsmengen durch gerade Linien verbunden. Schlüsselattribute werden oft unterstrichen.
>
> c)   Eine Entitätsmenge, die nur ein Attribut besitzt, wird häufig mit diesem Attribut identifiziert. Die Entitätsmenge wird dann nach diesem Attribut benannt. In diesem Fall erscheint die Entitätsmenge als Ellipse, die mit der zu ihr gehörigen Beziehung verbunden ist, und nicht als Rechteck. Dieses Vorgehen führt manchmal zu Verwirrung, ist aber durchaus üb-lich, vgl. [Ull].
>
> d)   Beziehungen werden durch Rauten dargestellt. Sie sind mit den zugehö-rigen Entitäten durch Kanten verbunden, die auch gerichtet sein können, s.u.. Die Anordnung der Entitäten in der Liste, die die Beziehung dar-stellt, kann durch Numerieren der Kanten angezeigt werden, ist allerdings nur von Bedeutung, falls eine Entitätsmenge mehrfach vorkommt.

Beispiel: Betrachtet wird eine Entitätsmenge HERSTELLER mit den Attributen H_NUMMER, H_NAME, STATUS, STADT, PLZ. Dabei sei H_NUMMER ein künstlicher Schlüssel, während die anderen Attribute weitgehend durch ihre Be-zeichner erklärt werden. Allerdings muß erwähnt werden, daß STATUS die Boni-tät des Herstellers beschreiben soll, die durch eine natürliche Zahl quantifiziert wird. Auch wird nicht die gesamte Postleitzahl angegeben, sondern nur ein für die entsprechende Stadt charakteristischer Anfang. Dazu kommt eine Entitätsmenge PRODUKT mit den Attributen P_NUMMER, P_NAME, FARBE, GEWICHT, STADT. Wiederum ist P_NUMMER ein künstlicher Schlüssel, während die ande-ren Attribute durch ihre Bezeichner erklärt werden. Dabei soll das Gewicht in Gramm angegeben sein. Schließlich soll es noch zwei Entitätsmengen mit jeweils einem Attribut, nämlich MENGE und PREIS geben. Alle vier Entitätsmengen stehen in Beziehung zueinander durch die Beziehung LIEFERUNG. Die Bedeu-tung dieser Beziehung wird dadurch erklärt, daß verschiedene Hersteller verschie-dene Produkte in einer bestimmten Menge zu einem bestimmten Stückpreis in einer Lieferung liefern.

Durch Anwendung der oben angegebenen Regeln a) bis d) ergibt sich dann das folgende ER-Diagramm in Abb. 201.

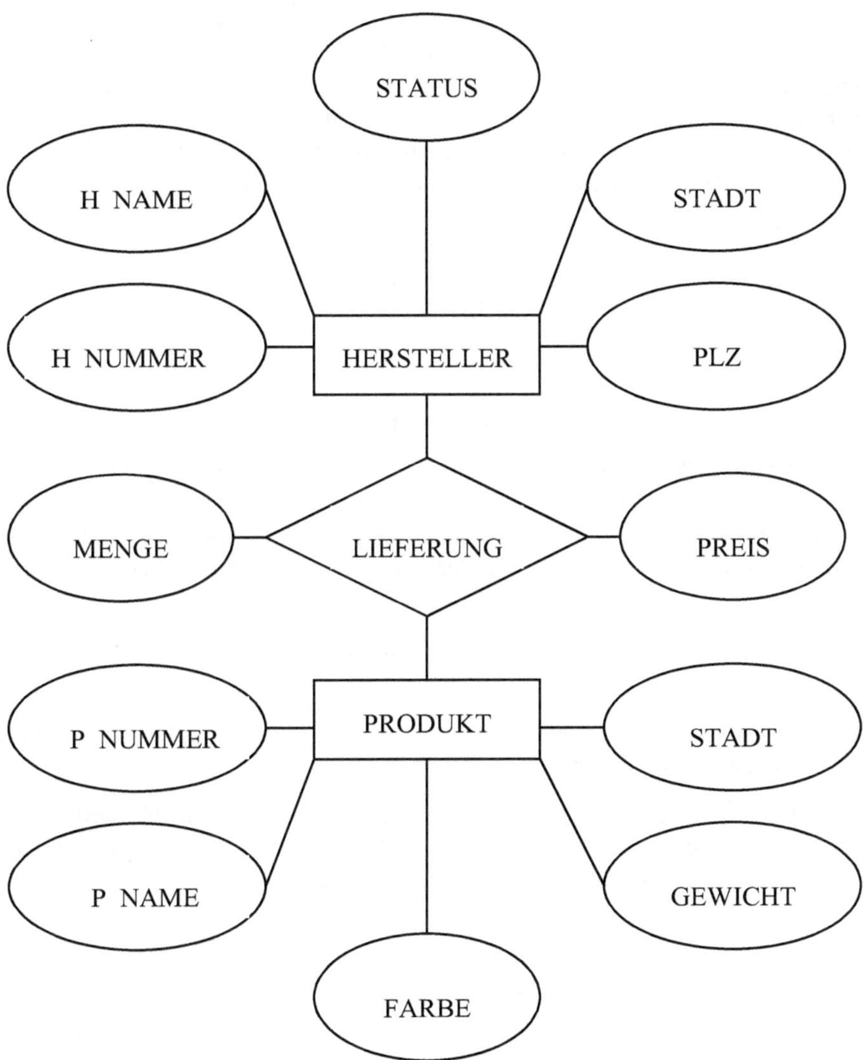

Abb. 201: ER-Diagramm

6.1.6 Funktionalität in ER-Diagrammen

Oft ist es nötig, um die reale Welt korrekt zu modellieren, Aussagen darüber zu machen, wieviele Entitäten einer Entitätsmenge mit wievielen Entitäten einer anderen Entitätsmenge assoziert werden können. Dabei kommen drei verschiedene Arten von Beziehungstypen in Betracht.

6.1.6.1   1-1-Beziehungen

Dieser Beziehungstypus kommt eher selten vor.

Beispiel: Es könnte sein (ist in realis allerdings eher unwahrscheinlich), daß jeder der betrachteten Hersteller genau eins der betrachteten Produkte liefert, und jedes der betrachteten Produkte durch genau einen der betrachteten Hersteller geliefert wird. Dann läge eine 1-1-Beziehung vor, vgl. Abb. 202 unten.

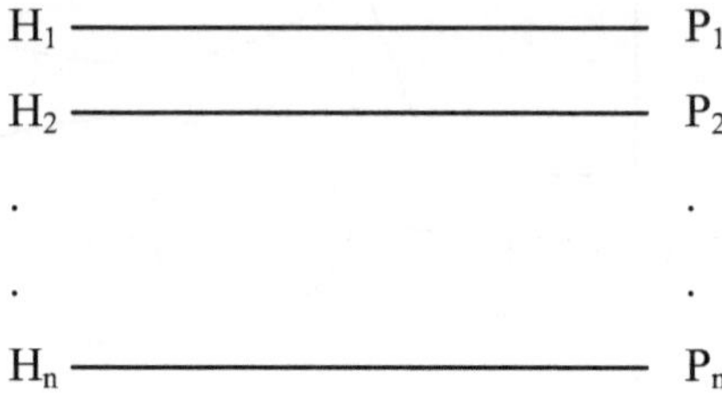

Abb. 202: 1-1-Beziehung

Im ER-Diagramm würde dieser Beziehungstypus durch einen Doppelfeil angezeigt (Pfeilspitzen jeweils am Ende der verbindenden Kante bei HERSTELLER und PRODUKT).

6.1.6.2   m-1-Beziehungen

Dieser Beziehungstypus besitzt für die beschriebene Beziehung bereits eine höhere Wahrscheinlichkeit.

Beispiel: Es könnte sein, daß wiederum jeder der betrachteten Hersteller genau eins der betrachteten Produkte liefert. Dabei könnten mehrere Hersteller jetzt aber durchaus dasselbe Produkt liefern, vgl. Abb. 203.

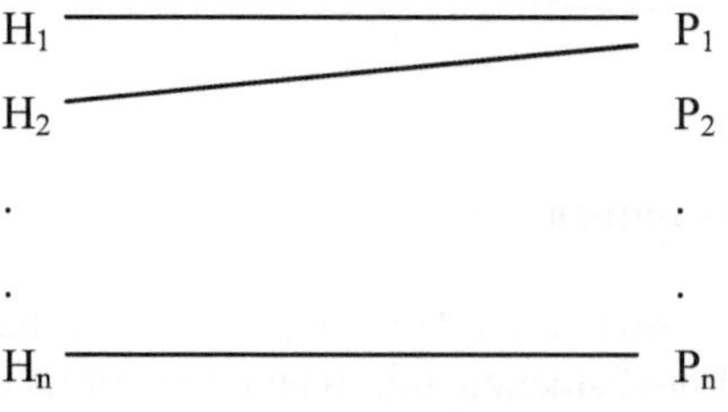

Abb. 203: m-1-Beziehung

Im ER Diagramm würde dieser Beziehungstypus durch einen einfachen Pfeil (Pfeilspitze am Ende der Kante zu PRODUKT) angezeigt.

6.1.6.3   *m-n-Beziehungen*

Dieser Beziehungstypus dürfte die beschriebene Beziehung aller Wahrscheinlichkeit nach in realistischer Weise kennzeichnen.

Beispiel: In der beschriebenen Relation kann jeder Hersteller mehrere Produkte liefern und jedes Produkt kann auch durch mehrere Hersteller geliefert werden, vgl. Abb. 204

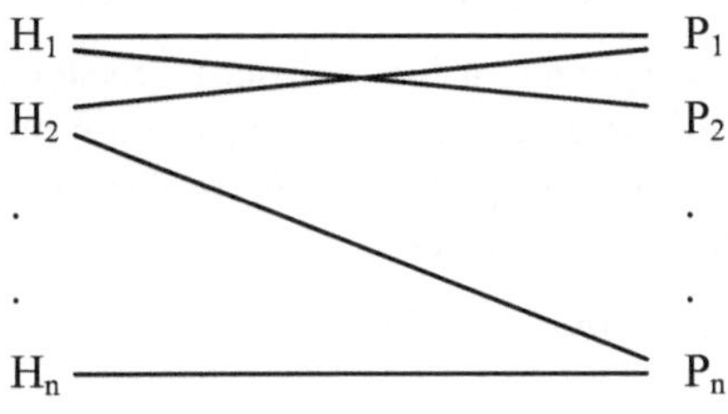

Abb. 204: m-n-Beziehung

6.2   DBMS-Arten

Das eben besprochene ER-Modell kann leicht in logische Entwürfe für verschiedene DBMS-Typen übertragen werden. Die Wahl des jeweiligen DBMS hängt stark von den individuellen Anforderungen ab. Die gängigen Systeme weisen Stärken wie auch Schwächen auf und sollen deshalb hier kurz vorgestellt werden. Ein System, das allen Anforderungen gerecht wird, scheint bis heute nicht zu existieren.

6.2.1   Hierarchische DBMS

Diese DBMS werden seit langer Zeit genutzt. Ihr größter Vorteil liegt in den kurzen Antwortzeiten, die auch bei großen Datenmengen erreicht werden. Deshalb werden sie auch heute noch vielfach im operationellen Tagesgeschäft bei Banken und Versicherungen eingesetzt.

Als Nachteil ist ihre Abfragesprache zu betrachten. Es handelt sich um eine prozedurale Sprache, so daß beispielsweise Zugriffspfade explizit angegeben werden müssen. Dies erschwert eine Datenauswertung für dispositive Zwecke (z.B. werbliche Maßnahmen) ganz erheblich. Darüber hinaus können nicht beliebige Daten gespeichert werden (sie müssen strukturiert sein).

Als Beispiel für ein hierarchisches DBMS ist *IMS* mit der Abfragesprache *DL/I* zu nennen.

6.2.2   Relationale DBMS

Diese DBMS besitzen gegenwärtig den höchsten Verbreitungsgrad. Als größter Vorteil ist zu nennen, daß sie sehr flexible Auswertungen gestatten. Die deklarative Abfragesprache *SQL* (in einer ihrer verschiedenen Versionen) erlaubt Abfragen, bei denen Zugriffspfade nicht mehr beschrieben werden müssen. Allerdings sind immer noch die benötigten Tabellenverknüpfungen (*Joins*) anzugeben.

Als Nachteil sind ihre (jedenfalls im Vergleich zu hierarchischen Systemen) langen Antwortzeiten zu betrachten. Im allgemeinen lassen auch sie nur strukturierte Daten zur Speicherung zu, obwohl gegenwärtig bereits *BLOBS* (Binary Large Objects) von verschiedenen Herstellern genutzt werden.

Als Beispiele sind zu nennen: *MS Access, Informix, Oracle, ...*

6.2.3   Objektorientierte Datenbanken

Objektorientierte Datenbanken gestatten die Speicherung nahezu beliebiger Objekte und sind daher insbesondere für Multimedia-Applikationen interessant. Allerdings gestaltet sich bei Ihnen die Optimierung von Abfragen (bezüglich der Antwortzeiten) schwierig. Daraus resultiert wohl auch ihre immer noch verhältnismäßig geringe Verbreitung im kommerziellen Bereich.

6.3   Allgemeine Anforderungen an ein DBMS

Es ist nahezu unmöglich alle denkbaren Anforderungen an ein DBMS aufzulisten. Deshalb sollen hier nur einige im Unternehmensalltag häufig wiederkehrende Forderungen skizziert werden, die die Wahl des hier näher betrachteten DBMS in ausreichender Weise begründen.

-   Mit einem leistungsfähigen DBMS müssen gegenwärtig große Datenmengen verwaltet werden können, was ein System wie MS Excel von vornherein ausschließt. Dabei kommt es im operationellen Tagesgeschäft von Banken und Versicherungen auf kurze Antwortzeiten an: Arbeitswissenschaftler haben nämlich festgestellt, daß Antwortzeiten von mehr als ca. 3 Sekunden bereits Frustration beim Sachbearbeiter wie auch beim Kunden hervorrufen.

- Daneben sollen aber auch in zunehmendem Maße die riesigen Datenmengen, die in Unternehmen häufig vorhanden sind, für dispositive Zwecke genutzt werden. Beispielsweise könnten für eine Krankenversiche-
  rung diejenigen Versicherten hinsichtlich einer werblichen Ansprache
  besonders interessant sein, deren Einkommen eine bestimmte Grenze
  (Pflichtversicherung!) überschreitet. Hierfür sollten natürlich Individual-
  auswertungen leicht möglich sein.

- Es muß möglich sein, das abstrakte Datenmodell (ER-Diagramm) leicht
  zu implementieren, wobei dem Nutzer insbesondere durch eine geeignete
  Oberfläche Unterstützung geboten werden sollte.

- Der Benutzer sollte möglichst wenig durch die starre Syntax einer forma-
  len Abfragesprache behindert werden, was ebenfalls die Forderung nach
  einer günstig gestalteten Oberfläche nach sich zieht.

- Der geübte Benutzer sollte in der Lage sein, selbst geeignete Makros
  (Module) zu erstellen.

- Für Entscheidungsträger im Unternehmen sollten leicht Berichte und statistische Auswertungen generiert werden können.

Wie bereits oben bemerkt, lassen sich alle Anforderungen in einem einzigen
DBMS (zumindest gegenwärtig) wohl kaum erfüllen. Als geeigneter Kompromiß
erscheint jedoch das RDBMS, das deshalb hier auch näher betrachtet werden soll.

6.4   RDBMS im Überblick

Heutige RDBMS erfüllen die eben skizzierten Anforderungen weitgehend.

- Durch geeignete Optimierer können die benötigten Antwortzeiten in den
  meisten Fällen ausreichend kurz gehalten werden, so daß RDBMS auch
  im operativen Tagesgeschäft brauchbar sind.

- Die deklarative Abfragesprache SQL (insbesondere der *Datenmanipula-
  tionsteil DML*) ermöglicht dispositive Auswertungen ohne aufwendige
  Programmierung.

- Mittels der *Datendefinitionssprache* (*DDL*), die ebenfalls Teil von SQL
  ist, kann das ER-Modell leicht implementiert werden (nach geeigneter
  Umwandlung ins relationale Modell).

- In den kommerziell verfügbaren RDBMS wird der Nutzer meistens durch
  eine günstig gestaltete Oberfläche unterstützt.

- Dem Anwender steht üblicherweise eine geeignete Programmiersprache
  zur Erstellung von Makros und Modulen zur Verfügung.

- Im Rahmen dieser Systeme stehen auch Berichtsgeneratoren in geeigneter Form zur Verfügung.

6.5   Betriebswirtschaftliche Überlegungen

Es müssen ähnliche Gesichtspunkte, wie die bereits bei der Tabellenkalkulation erwähnten, beachtet werden. Allerdings ist bei einem RDBMS insbesondere die Benutzeroberfläche von herausgehobener Bedeutung. Die Erarbeitung individueller Abfragen stellt i.a. den nicht sehr geübten Benutzer vor erhebliche Probleme, die durch eine gute Oberfläche deutlich abgemildert werden können.

6.6   Die Datenbasis eines RDBMS

Die Datenbasis eines RDBMS bilden Tabellen, wie sie von der Tabellenkalkulation her bekannt sind. Zur Illustration wird die bereits bei der Behandlung von Excel verwendete Tabelle benutzt, siehe Abb. 205.

	A	B	C	D	E
1	**Beispieldatenbasis**				
2					
3	**Name**	**Jahrgang**	**Abteilungs_Nummer**	**Gehalt**	**Abteilungs_Leiter**
4	Braun	1945	1	100.000,00 DM	Meier
5	Braun	1951	1	120.000,00 DM	Meier
6	Schwarz	1960	2	90.000,00 DM	Müller
7	Schmidt	1970	4	60.000,00 DM	Herms
8	Schmied	1963	3	70.000,00 DM	Adams
9					

Abb. 205: Beispieldatenbasis (Excel-Tabelle)

Der mathematische Begriff, der dem RDBMS zugrundeliegt, ist der der *Relation*. Mengentheoretisch gesehen ist eine Relation eine Untermenge des *Kartesischen Produkts* einer Menge von Wertebereichen. Im vorliegenden Fall sind die Wertebereiche gegeben durch {Braun, Schwarz, Schmidt, Schmied}, {1945, 1951, 1960, 1963, 1970}, ... Sie tragen die Bezeichnungen **Name, Jahrgang, Abteilungs_Nummer, Gehalt, Abteilungs_Leiter**. Typische Elemente des kartesischen Produkts (eine formale Definition würde hier zu weit führen) sind etwa gegeben durch (Braun, 1945, 1, 100 000 DM, Meier), (Braun, 1951, 1, 120 000 DM, Meier), etc., also sog. *5-tupel*. Die Relation setzt sich dann aus diesen *5-tupeln* zusammen. Dabei ist die Reihenfolge, da es sich um eine Menge handelt, unerheblich. Üblicherweise gibt man der Relation einen Namen. Dieser soll hier, aus offensichtlichen Gründen, **Angestellter** sein. Die Spalten der Relation (Tabelle) tragen die Namen der Wertebereiche. Sie werden als *Attribute* bezeichnet und entsprechen den Attributen des ER-Modells. Die Menge der Attributnamen für eine Relation wird als *Relationenschema* bezeichnet.

Das Relationenschema würde im vorliegenden Fall mit **Angestellter(Name, Jahrgang, Abteilungs_Nummer, Gehalt, Abteilungs_Leiter)** notiert werden.

Aus naheliegenden Gründen würde die in Abb. 205 beschriebene Beispielrelation als vom *Grad 5* bezeichnet werden.

Auf Grund der Notation scheint es so, als ob die Reihenfolge der Attribute im Relationenschema wesentlich wäre. Dies ist jedoch nicht der Fall. Dieses formale Problem kann umgangen werden, indem man ein Tupel als Abbildung f von der Menge der Attributnamen in die Wertebereiche der Attribute auffaßt.

Beispiel: Das Tupel (Braun, 1945, 1, 100 000 DM, Meier) kann als Abbildung f durch f(**Name**) := Braun, f(**Jahrgang**) := 1945, f(**Abteilungs_Nummer**) := 1, f(**Gehalt**) := 100 000 DM, f(**Abteilungs_Leiter**) := Meier definiert werden.

Diese Sicht der Dinge gestattet es, sicherzustellen, daß gewisse Tabellen dieselbe Relation darstellen, obwohl sie gemäß der mengentheoretischen Definition eigentlich verschieden sein müßten. Da diese Interpretation es erlaubt, die Anordnung der Spalten einer Relation wie üblich zu vernachlässigen, wird sie hier ohne weitere Erwähnung benutzt werden.

6.7 Überführung des ER-Modells ins relationale Modell

6.7.1 Umwandlung ohne Berücksichtigung von Effizienzgesichtspunkten

Die Daten, die in einem ER-Modell enthalten sind, können in weitgehend mechanischer Weise ins relationale Modell überführt werden, solange man keinen besonderen Wert auf eine effiziente Implementierung des Modells legt. Insbesondere gelten die beiden folgenden Regeln, vgl. [Ull], S. 45. (Hinsichtlich der Überführung in andere DBMS sei ebenfalls auf [Ull] verwiesen.)

Regeln für die Gewinnung von Relationen

> 1. Eine Entitätsmenge kann durch eine Relation dargestellt werden, deren Schema genau die Attribute der Entitätsmenge besitzt. Falls E_1 eine Entitätsmenge ist, deren Entitäten durch eine Beziehung mit einer anderen Entitätsmenge E_2 identifiziert werden, so beinhaltet das Relationenschema auch die Attribute von E_2, die für den Schlüssel von E_1 benötigt werden.
>
> 2. Eine Beziehung zwischen Entitätsmengen E_1, E_2, ..., E_n kann durch eine Relation dargestellt werden, deren Schema genau die Schlüsselattribute dieser Entitätsmengen enthält. Dabei wird, falls notwendig, durch Umbenennungen sichergestellt, daß keine zwei Entitätsmengen in der Liste Attribute mit dem gleichen Namen haben.

Beispiel: Das in 6.1.5 dargestellte ER-Diagramm führt im relationalen Modell zunächst zu folgendem Schema mit drei Tabellen.

HERSTELLER(H_NUMMER, H_NAME, STATUS, STADT, PLZ)

PRODUKT(P_NUMMER, P_NAME, FARBE, GEWICHT, STADT)

LIEFERUNG(H_NUMMER, P_NUMMER, MENGE, PREIS)

Das so erhaltene Schema wird im allgemeinen nicht optimal unter Effizienzgesichtspunkten sein. In der Tat zeigt eine Betrachtung von Beispieldaten mögliche Unzulänglichkeiten.

⊞ HERSTELLER : Tabelle				
H_NUMMER	**H_NAME**	**STATUS**	**STADT**	**PLZ**
1	Schmidt	2	Berlin	30
2	Schmied	1	Muenchen	80
3	Meier	3	Muenchen	80
4	Mueller	2	Berlin	30
5	Maier	3	Koeln	50

Abb. 206: Tabelle HERSTELLER

Geht man davon aus, daß Postleitzahlen in Berlin immer mit 30 und in München immer mit 80 beginnen und unter **PLZ** nur jeweils der Beginn der PLZ aufgeführt ist, so enthält die in Abb. 206 dargestellte Tabelle Redundanzen, da es sicherlich ausreichen würde, diese Tatsache einmal festzuhalten. Noch schwerwiegender ist jedoch, daß, falls die PLZ geändert würde (wie vor einigen Jahren geschehen), dies an mehreren Stellen der Tabelle (bei einer größeren Anzahl von Datensätzen könnten es sehr viele sein) geändert werden müßte. Würde auch nur eine Stelle vergessen, so würde eine inkonsistente Tabelle entstehen.

	H_NUMMER	P_NUMMER	MENGE	PREIS
	1	1	300	1,50 DM
	1	2	200	2,00 DM
	1	3	400	2,00 DM
	1	4	200	1,60 DM
	1	5	100	160,00 DM
	1	6	100	12,00 DM
	2	1	300	1,50 DM
	2	2	400	1,90 DM
	3	2	200	2,00 DM
	4	2	200	2,00 DM
	4	4	300	1,00 DM
	4	5	400	150,00 DM

LIEFERUNG : Tabelle

Abb. 207: Tabelle LIEFERUNG

Ähnliche Probleme, wie die soeben erwähnten, könnten auch in der in Abb. 207 dargestellten Tabelle auftreten. Würde nämlich die Angabe von **P_NUMMER** und **MENGE** bereits ausreichen, um den **PREIS** zu bestimmen, was nach den angegebenen Beispieldaten durchaus der Fall sein könnte, so würde eine Preisänderung ebenfalls zahlreiche Änderungen innerhalb der Datenbank nach sich ziehen. Vom zusätzlichen Speicherplatzbedarf sei angesichts des rapiden Preisverfalls bei Hardware dabei durchaus abgesehen.

Eine Lösung solcher Probleme kann durch *Normalisierung* der Tabellen unter Verwendung der *Codd'schen Normalformen*, vgl.[Ull], herbeigeführt werden.

6.7.2 Effiziente Implementierung

Für die Normalisierung von Tabellen ist der Begriff der *funktionalen Abhängigkeit* von großer Bedeutung.

6.7.2.1 *Funktionale Abhängigkeit*

Definition (Funktionale Abhängigkeit):

Gegeben sei eine Relation $R(A_1, A_2, ..., A_n)$. Eine Attributmenge Y von R ist *funktional abhängig* von einer Attributmenge X von R (in Zeichen $X \rightarrow Y$) wenn jeder

Belegung der X Attribute genau eine Belegung der Y Attribute zugeordnet ist (unabhängig davon, welche Datensätze gerade in der Datenbank enthalten sind). Alternativ dazu kann man sagen, daß X $\rightarrow$ Y gilt, falls, wann immer zwei Datensätze von R in ihren X-Werten übereinstimmen, sie dann auch in ihren Y-Werten übereinstimmen müssen.

Die Attributmenge Y von R ist *voll funktional abhängig* von X, falls X $\rightarrow$ Y gilt und diese Beziehung für keine echte Teilmenge von X gilt.

Erläuterung:

Zum besseren Verständnis des Begriffs *funktional abhängig* sei an den aus der Schule bekannten Funktionsbegriff erinnert. Man schreibt doch etwa y = f(x) wenn durch Angabe eines Wertes der *unabhängigen* Variablen x genau ein Wert der *abhängigen* Variablen y bestimmt wird. Beispielsweise wird also in diesem Zusammenhang durch den Graphen von $x^2 + y^2 = 1$ (Einheitskreis) also nicht der Graph einer Funktion bestimmt, da dem x-Wert 0 die beiden y-Werte +1 und −1 zugeordnet werden.

Beispiel: In Abb. 206 gilt **PLZ** $\rightarrow$ **STADT** nach Voraussetzung, da angenommen wurde, daß der Anfang der PLZ die Stadt eindeutig bestimmt. In Abb. 207 gilt wegen des ER-Modells vermutlich [**H_NUMMER, P_NUMMER, MENGE**] $\rightarrow$ **PREIS**. Wäre jedoch die Annahme [**P_NUMMER, MENGE**] $\rightarrow$ **PREIS** richtig, so wäre **PREIS** nicht voll funktional abhängig von [**H_NUMMER, P_NUMMER, MENGE**].

Es scheint also, daß die in Abb. 206 und Abb. 207 beschriebenen Probleme weitgehend auf funktionale Abhängigkeiten zurückzuführen sind. Allerdings sind bestimmte funktionale Abhängigkeiten weder zu vermeiden noch unerwünscht, da sie durch Schlüssel hervorgerufen werden.

Definition (Schlüssel):

Gegeben sei das Relationenschema $R(X, A_{k+1}, A_{k+2}, ..., A_n)$, wobei X für die Attributmenge $[A_1, A_2, ..., A_k]$ steht. Dann ist X ein *Schlüssel* für R, falls gilt X$\rightarrow$ $[A_{k+1}, A_{k+2}, ..., A_n]$ und diese Beziehung für keine echte Teilmenge von X erfüllt ist. Eine Relation kann mehrere Schlüssel (*Kandidatenschlüssel*) besitzen, aus denen dann der *Primärschlüssel* ausgewählt wird.

Es sollte aus den oben angegebenen Definitionen klar hervorgehen, daß sich funktionale Abhängigkeiten nicht aus dem aktuellen Zustand der Datenbank ergeben können. Sie werden vielmehr beim logischen Entwurf der Datenbank in sinnvoller Weise durch den Datenbank Designer festgelegt. Allerdings beginnt die Festlegung bereits bei der Modellierung im ER-Modell, da auch Schlüssel in weitgehend mechanischer Weise aus dem ER-Modell übernommen werden können. Insbesondere gelten die folgenden Regeln, vgl. [Ull].

Regeln zur Überführung von Schlüsseln

> 1. Geht eine Relation auf eine Entitätsmenge zurück, dann ist eine Menge von Attributen ein Schlüssel für die Relation, wenn sie ein Schlüssel für die Entitätsmenge ist.
>
> 2. Resultiert eine Relation aus einer m-n-Beziehung, dann besteht der Schlüssel für die Relation normalerweise aus allen Schlüsselattributen.
>
> 3. Ist eine Relation aus einer 1-1-Beziehung zwischen Entitätsmengen E_1 und E_2 entstanden, dann bilden sowohl der Schlüssel für E_1 als auch der Schlüssel für E_2 einen Kandidatenschlüssel für die Relation.
>
> 4. Stammt eine Relation von einer m-1-Beziehung zwischen E_1, E_2, ..., E_{k-1} und E_k, dann bildet normalerweise die Vereinigung aller Schlüsselattribute von E_1, E_2, ..., E_{k-1} den Schlüssel für die Relation.

Beispiel: Im oben behandelten Beispiel würden sich durch Anwendung dieser Regeln (genauer: Regel 1 und Regel 4) Schlüsselattribute ergeben, die in den Relationenschemata durch Unterstreichung gekennzeichnet sind.

HERSTELLER(<u>H_NUMMER</u>, H_NAME, STATUS, STADT, PLZ)

PRODUKT(<u>P_NUMMER</u>, P_NAME, FARBE, GEWICHT, STADT)

LIEFERUNG(<u>H_NUMMER, P_NUMMER, MENGE</u>, PREIS)

H_NUMMER und **P_NUMMER** sind nämlich Schlüssel für **HERSTELLER** bzw. **PRODUKT**, während **LIEFERUNG** eine m-1-Beziehung zwischen **HER-STELLER, PRODUKT, MENGE** und **PREIS** beschreibt.

6.7.2.2   *Codd'sche Normalformen*

Nach den vorbereitenden Betrachtungen des letzten Abschnitts können die *Codd'schen Normalformen* betrachtet werden.

Definition (1. Normalform):

Eine Relation ist in *erster Normalform* (*1 NF*) wenn die Wertebereiche ihrer Attribute *atomar* sind (soll heißen, daß keine Wertemengen, wie etwa [STRASSE, NUMMER] als Attributwerte zugelassen sind).

Gemäß dieser Definiton waren also alle bisher betrachteten Relationen in 1 NF. Insofern ist die erste Normalform nicht sehr bemerkenswert.

Es sei nun jedoch vorausgesetzt, daß in der Relation **LIEFE-RUNG(<u>H_NUMMER, P_NUMMER, MENGE</u>, PREIS)** neben den Schlüssel-abhängigkeiten auch die funktionale Abhängigkeit [**P_NUMMER, MENGE**] $\rightarrow$ **PREIS** gelte. Unter dieser Voraussetzung wäre es sinnvoll, diese nicht volle

Schlüsselabhängigkeit aus der Tabelle Lieferung zu eliminieren, um die beschriebenen Schwierigkeiten zu vermeiden. Dadurch wird die Tabelle in zwei neue Tabellen, deren Namen (etwa **LIEFERUNG1** und **T_N_Preis**) beliebig wählbar sind, aufgespalten. Das Vorgehen läßt sich völlig schematisch beschreiben:

---

1. Schritt: Streiche die rechte Seite der funktionalen Abhängigkeit (hier: **PREIS**) aus dem Tabellenschema der Tabelle **LIEFERUNG** und erhalte so die erste neue Tabelle mit Schema **LIEFERUNG1(H_NUMMER, P_NUMMER, MENGE).**

2. Schritt: Nimm als Schema für die zweite neue Tabelle einfach die funktionale Abhängigkeit mit dem entsprechenden Namen, also hier beispielsweise **P_M_PREIS(P_NUMMER, MENGE, PREIS),** wobei die linke Seite der funktionalen Abhängigkeit als Schlüssel verwendet wird

---

Die entstehenden neuen Tabellen sind in Abb. 208 und Abb. 209 dargestellt.

⊞ LIEFERUNG1 : Tabelle		
H_NUMMER	**P_NUMMER**	**MENGE**
1	1	300
1	2	200
1	3	400
1	4	200
1	5	100
1	6	100
2	1	300
2	2	400
3	2	200
4	2	200
4	4	300
4	5	400

Abb. 208: Tabelle LIEFERUNG1

Man notiere insbesondere, daß aus der Tabelle **LIEFERUNG1** jetzt alle Redundanzen entfernt wurden. Beispielsweise war in der Tabelle **LIEFERUNG** an drei Stellen vermerkt, daß der Stückpreis für das Produkt mit **P_NUMMER** = 2 bei einer Stückzahl von 200 2,00 DM betrug. Jetzt wird diese Information in der neuen Tabelle **P_M_PREIS** nur an einer Stelle vorgehalten, vgl. Abb. 209 unten.

Man bemerke auch, daß die schädlichen funktionalen Abhängigkeiten entfernt wurden.

P_M_PREIS : Tabelle

P_NUMMER	MENGE	PREIS
1	300	1,50 DM
2	200	2,00 DM
2	400	1,90 DM
3	400	2,00 DM
4	200	1,60 DM
4	300	1,00 DM
5	100	160,00 DM
5	400	150,00 DM
6	100	12,00 DM

Abb. 209: Tabelle P_M_PREIS

Dieses Vorgehen führt zur folgenden Definition.

Definition (2. Normalform):

Eine Relation R ist in *zweiter Normalform* (*2 NF*), wenn sie in erster Normalform ist und jedes Nicht-Schlüsselattribut voll funktional abhängig vom Primärschlüssel ist.

Offenbar sind die neu erzeugten Relationen gemäß dieser Definition 2 NF. Allerdings muß noch gezeigt werden, daß sie auch wieder in geeigneter Weise zusammengefügt werden können, so daß alle Informationen der Relation **LIEFERUNG** wiedergewonnen werden können.

Wie bereits erwähnt, treten in der Tabelle **HERSTELLER**, vgl. Abb. 206 oben, ähnliche Probleme auf. Allerdings ist hier die Ursache durch eine andere schädliche Abhängigkeit gegeben. Es gilt nämlich nach Voraussetzung **PLZ** → **STADT**. Dabei hängt **STADT** über **PLZ** vom Schlüssel **H_NUMMER** ab. Damit handelt es sich um eine *transitive funktionale Abhängigkeit*. Sie kann jedoch, ähnlich wie die nicht volle Schlüsselabhängigkeit, entfernt werden:

1. Schritt: Streiche die rechte Seite der funktionalen Abhängigkeit (hier: **STADT**) aus dem Tabellenschema der Tabelle **HERSTELLER** und erhalte so die erste neue Tabelle mit Schema **HERSTELLER1(H_NUMMER, H_NAME, STATUS, PLZ)**

2. Schritt: Nimm als Schema für die zweite neue Tabelle einfach die funktionale Abhängigkeit mit dem entsprechenden Namen, also hier beispielsweise **PLZ_ORT(PLZ, STADT)**, wobei die linke Seite der funktionalen Abhängigkeit als Schlüssel verwendet wird.

Die entstehenden neuen Tabellen sind in Abb. 210 und Abb. 211 dargestellt.

H_NUMMER	H_NAME	STATUS	PLZ
1	Schmidt	2	30
2	Schmied	1	80
3	Meier	3	80
4	Mueller	2	30
5	Maier	3	50

Abb. 210: Tabelle HERSTELLER1

Auch hier konnten aus der Tabelle Hersteller die Redundanzen entfernt werden. Beispielsweise war an zwei Stellen vermerkt, daß die PLZ für München mit 80 beginnt. Dieses Faktum taucht jetzt in Abb. 211 nur noch einmal auf.

Allerdings sei bereits an dieser Stelle darauf hingewiesen, daß es gute Gründe gibt, die Normalisierung hier nicht durchzuführen, da die Zusammenführung der beiden neuen Tabellen zwar möglich ist, aber sehr aufwendig und daher nicht wünschenswert. Deshalb muß dieses Beispiel zur Herstellung der *dritten Normalform* als wenig realistisch und nur für Übungszwecke geeignet angesehen werden.

PLZ	STADT
30	Berlin
50	Koeln
80	Muenchen

Abb. 211: Tabelle PLZ_ORT

Dieses Vorgehen führt zur folgenden Definition.

Definition (3. Normalform):

Eine Relation ist in *dritter Normalform* (*3 NF*), wenn sie in zweiter Normalform ist und jedes Nicht-Schlüsselattribut nicht-transitiv vom Primärschlüssel abhängt.

Offenbar sind die gewonnenen Tabellen **PLZ_ORT, HERSTELLER1**, aber auch die bereits früher hergestellten **LIEFERUNG1** und **P_M_PREIS** in 3 NF.

Zur Einübung dieser Begriffe sei noch ein weiteres Beispiel behandelt, in dem eine Tabelle bis zur 3 NF normalisiert wird.

Beispiel: Gegeben sei eine Tabelle in 1 NF, wie in Abb. 212 dargestellt. Sie soll normalisiert werden.

⊞ ANGESTELLTER1 : Tabelle				
NAME	JAHRGANG	GEHALTSSTUFE	ABTEILUNGSNUMMER	ABTEILUNGSLEITER
Meier	1945	12	1	Maier
Meier	1947	11	1	Maier
Mueller	1949	10	2	Schmitt
Schmidt	1951	9	3	Mayer
Schmied	1949	10	2	Schmitt
Schmitz	1941	14	3	Mayer
Berger	1957	6	1	Maier
Huber	1963	3	1	Maier

Abb. 212: Tabelle ANGESTELLTER1

Ein Primärschlüssel (und die entsprechenden funktionalen Abhängigkeiten) sei durch [**NAME, JAHRGANG**] gegeben. Darüber hinaus seien die folgenden funktionalen Abhängigkeiten gegeben **JAHRGANG → GEHALTSSTUFE** und **ABTEILUNGSNUMMER → ABTEILUNGSLEITER**.

Im ersten Schritt wird die 2. Normalform hergestellt, indem die nicht-volle Schlüsselabhängigkeit (**JAHRGANG → GEHALTSSTUFE**) aus der Tabelle **ANGESTELLTER1** entfernt wird. Als Resultat ergeben sich die beiden Tabellen in Abb. 213 und Abb. 214. Dabei ist die Tabelle **GEHALT** bereits in 3 NF, während die Tabelle **ANGESTELLTER2** erst in 2 NF ist und folglich noch weiter behandelt werden muß.

⊞ ANGESTELLTER2 : Tabelle			
NAME	JAHRGANG	ABTEILUNGSNUMMER	ABTEILUNGSLEITER
Meier	1945	1	Maier
Meier	1947	1	Maier
Mueller	1949	2	Schmitt
Schmidt	1951	3	Mayer
Schmied	1949	2	Schmitt
Schmitz	1941	3	Mayer
Berger	1957	1	Maier
Huber	1963	1	Maier

Abb. 213: Tabelle ANGESTELLTER2

GEHALT : Tabelle

JAHRGANG	GEHALTSSTUFE
1941	14
1945	12
1947	11
1949	10
1951	9
1957	6
1963	3

Abb. 214: Tabelle GEHALT

Schließlich wird aus der Tabelle **ANGESTELLTER2** die transitive Abhängigkeit (**ABTEILUNGSNUMMER** → **ABTEILUNGSLEITER**) entfernt. Das wiederum führt zu folgenden beiden Tabellen (Abb. 215, Abb. 216).

ANGESTELLTER3 : Tabelle

NAME	JAHRGANG	ABTEILUNGSNUMMER
Meier	1945	1
Meier	1947	1
Mueller	1949	2
Schmidt	1951	3
Schmied	1949	2
Schmitz	1941	3
Berger	1957	1
Huber	1963	1

Abb. 215: Tabelle ANGESTELLTER3

ABTEILUNG : Tabelle

ABTEILUNGSNUMMER	ABTEILUNGSLEITER
1	Maier
2	Schmitt
3	Mayer

Abb. 216: Tabelle ABTEILUNG

Als Endresultat erhält man also, daß die ursprüngliche Tabelle durch 3 Tabellen in 3 NF ersetzt wird, nämlich die Tabellen **GEHALT, ANGESTELLTER3** und **ABTEILUNG**. Es bleibt noch zu klären, auf welchem Wege die Information der ursprünglichen Tabelle wiedergewonnen werden kann.

Anmerkungen:

- Bei der Konstruktion der Normalformen zeigt sich deutlich, daß auch hier Redundanz vermieden werden sollte. Dabei spielt die erreichbare Speicherplatzeinsparung nur eine untergeordnete Rolle. Wesentlich ist in diesem Zusammenhang vielmehr, daß die Konsistenz der Datenbank leichter zu sichern ist, wenn man diese allgemeinen Grundsätze der Programmierung beachtet.

- Allgemein gilt, daß jede 1 NF-Relation R durch eine Menge von 3 NF-*Projektionen* (Relationen die nur einen Teil der ursprünglichen Attribute von R enthalten) ersetzt werden kann.

- Es sind keineswegs alle möglichen Normalformen behandelt worden, da hier nur eine Einführung gegeben werden sollte. Hinsichtlich der *Boyce-Codd-Normalform*, sowie der *4. und 5. Normalform* sei deshalb auf [Ull] verwiesen.

6.8 SQL und MS Access

In diesem Abschnitt wird einerseits ein repräsentativer Ausschnitt aus der Sprache *SQL*[12] behandelt, um dem Leser den Zugang zu den meisten RDBMS zu ermöglichen. Die beiden Teile von SQL (*Structured Query Language*), nämlich die *Datendefinitionssprache* (*DDL = Data Definition Language*) und die *Datenmanipulationssprache* (*DML = Data Manipulation Language*), werden hierfür nicht formal beschrieben, sondern an Beispielen erläutert, wobei letztere im Vordergrund steht.

Andererseits sollen aber auch die Möglichkeiten einer modernen Oberfläche aufgezeigt werden, die die Vermeidung syntaktischer Probleme erleichtert. Daher werden die gewählten Beispielanfragen zusätzlich unter Nutzung der MS-Access-Oberfläche ausgeführt.

6.8.1 SQL (DDL)

Als Beispieldatenbank sollen die folgenden 3 Tabellen dienen, wobei noch später zu erläutern sein wird, warum die Tabelle Hersteller nicht vollständig normalisiert wurde (die funktionale Abhängigkeit [**P_NUMMER, MENGE**] → **PREIS** wird hier nicht vorausgesetzt).

---

[12] Es gibt verschiedene Versionen wie etwa *ANSI* (*American National Standards Institute*) *SQL*, *SQL-92* oder *SQL2*. Daneben ist *SQL3* im Entstehen. Außerdem produzieren mehrere Hersteller von Datenbank-Management-Systemen eigene Versionen, die aber alle ANSI SQL beinhalten, das hier im Vordergrund steht.

HERSTELLER(<u>H_NUMMER</u>, H_NAME, STATUS, STADT, PLZ)

PRODUKT(<u>P_NUMMER</u>, P_NAME, FARBE, GEWICHT, STADT)

LIEFERUNG(<u>H_NUMMER, P_NUMMER, MENGE</u>, PREIS)

Die Datenbank ist inhaltlich stark an die von Date in [Dat] angegebene angelehnt. Allerdings wurden wegen der Behandlung der Normalformen einige Ergänzungen vorgenommen.

6.8.1.1   *Erstellen der Schemata mit SQL*

Die Schemata dieser Tabellen lassen sich mittels der folgenden (weitgehend selbsterklärenden) *SQL-Statements* in ein RDBMS eintragen.

```
CREATE TABLE HERSTELLER
        (H_NUMMER INTEGER NOT NULL,
         H_NAME CHAR(20),
         STATUS SMALLINT,
         STADT CHAR(20),
         PLZ INTEGER);


CREATE TABLE PRODUKT
        (P_NUMMER INTEGER NOT NULL,
         P_NAME CHAR(15),
         FARBE CHAR(10),
         STADT CHAR(20));


CREATE TABLE LIEFERUNG
        (H_NUMMER INTEGER NOT NULL,
         P_NUMMER INTEGER NOT NULL,
         MENGE INTEGER NOT NULL,
         PREIS MONEY);
```

Erläuterung:

- Mit dem *CREATE-TABLE-NAME*-Teil der Statements wird die Tabelle mit dem Namen NAME erzeugt. Es folgen danach in Klammern die Attribut- oder Feldnamen der jeweiligen Tabelle mit ihrer Typdefinition. Beispielsweise steht also *INTEGER* für den Datentyp *ganze Zahl, SMALLINT* für eine *kleine ganze Zahl*, *CHAR(n)* für eine *Zeichenkette* mit n Zeichen.

- *NOT NULL* bedeutet, daß das entsprechende Feld nicht leer gelassen werden darf, was insbesondere für Schlüsselattribute (die im vorgegebenen Schema durch Unterstreichung gekennzeichnet wurden) zutrifft. Das Feld darf jedoch sehr wohl den Wert Null enthalten, falls dieser durch den zugehörigen Datentyp vorgesehen ist.

- Der Datentyp *MONEY* ist nicht in jedem RDBMS verfügbar.

6.8.1.2   Erstellen der Schemata mit MS Access

Im Access kann diese Datenbank wie folgt realisiert werden.

- Zunächst wird Access aufgerufen und gemäß Abb. 217 eine leere Datenbank hergestellt.

- Als nächstes ist diese Datenbank, wie aus Abb. 218 ersichtlich, mit einem Namen zu versehen (durch Änderung des Default-Namens db1.mdb) und im gewünschten Verzeichnis abzuspeichern. Leider steht dieses Verfahren nicht im Einklang mit anderen MS-Office-Applikationen, da beispielsweise im Excel ja zunächst programmiert und dann erst gespeichert wird. Warum dieses merkwürdige Vorgehen gewählt wurde bleibt unklar, wenn man davon ausgeht, daß der Anwender nicht absichtlich verwirrt werden soll.

- Schließlich kann durch Anklicken des ersten Menüpunkts (Abb. 219) mit dem Erstellen der Tabellenschemata begonnen werden. Die resultierenden Schemata sind in Abb. 220 sichtbar.

- Die Schlüsselfelder müssen durch Markieren der entsprechenden Felder mit der Maus und Anklicken des Schlüsselsymbols in der Befehlsleiste gekennzeichnet werden.

- Man beachte auch die ungewöhnlichen Bezeichnungen der Datentypen, die per Menü angeboten werden.

- Bemerkenswert ist weiterhin, daß der Name der Tabelle erst beim Schließen des Dialogfeldes festgelegt wird (indem wiederum der Default-Name geändert wird), was beim Anfänger Verwirrung hervorruft.

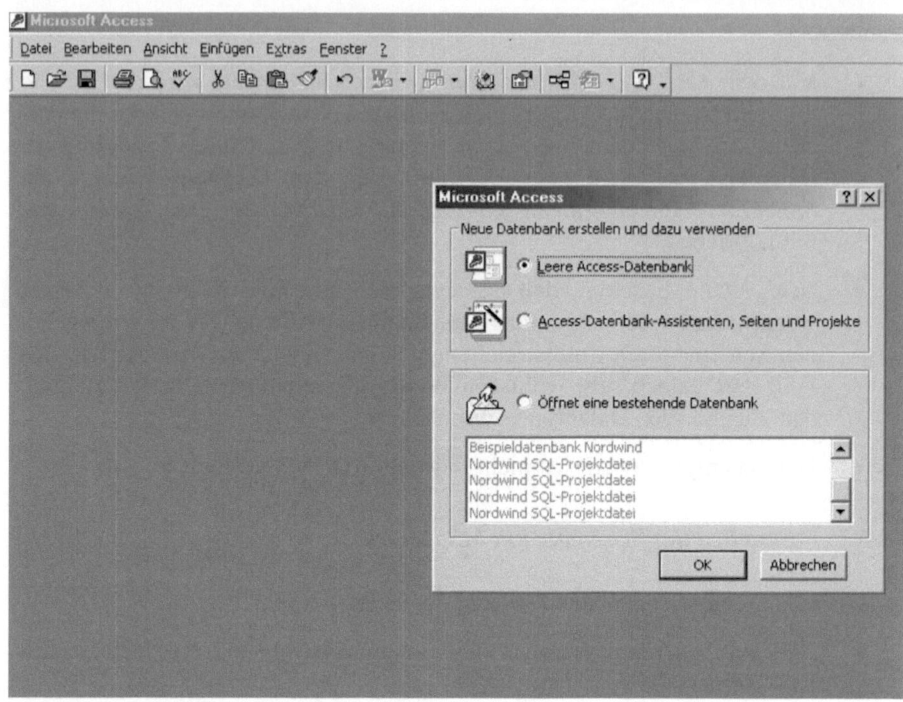

Abb. 217: Eröffnungsfenster MS Access

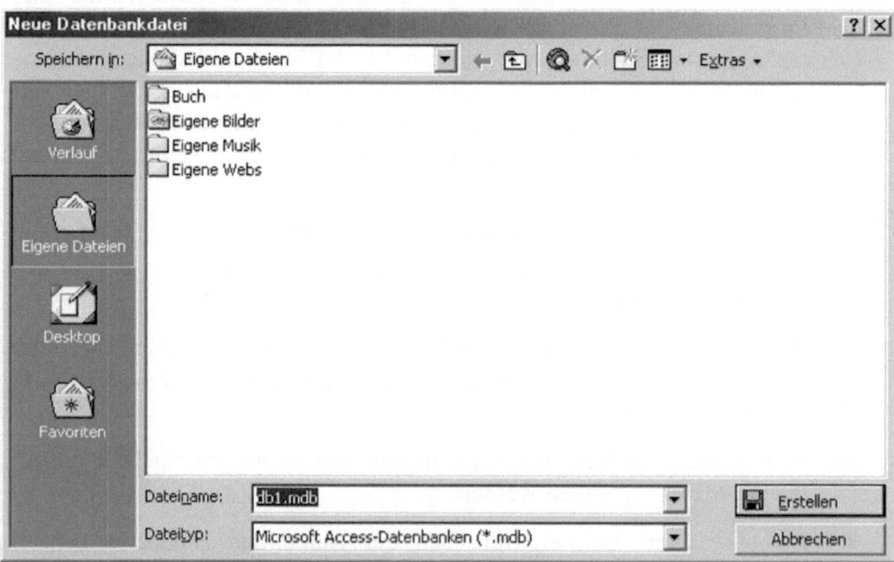

Abb. 218: Benennen der Datendank

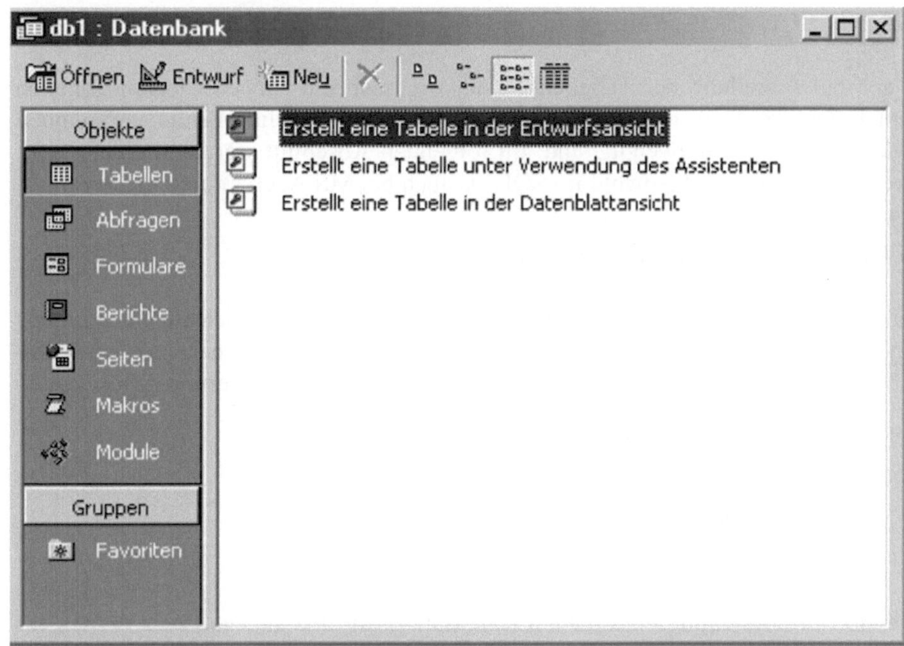

Abb. 219: Erstellen der Tabellenschemata

HERSTELLER : Tabelle	
Feldname	Felddatentyp
H_NUMMER	Zahl
H_NAME	Text
STATUS	Zahl
STADT	Text
PLZ	Zahl

PRODUKT : Tabelle	
Feldname	Felddatentyp
P_NUMMER	Zahl
P_NAME	Text
FARBE	Text
GEWICHT	Zahl
STADT	Text

LIEFERUNG : Tabelle	
Feldname	Felddatentyp
H_NUMMER	Zahl
P_NUMMER	Zahl
MENGE	Zahl
PREIS	Währung

Abb. 220: Tabellenschemata

6.8.2   SQL (DML, Füllen und Ändern von Tabellen)

Nach der Erstellung der Tabellenschemata müssen die zunächst leeren Tabellen mit Daten gefüllt werden, wobei natürlich auch gelegentlich Fehler vorkommen oder Änderungen notwendig sind. Im folgenden Abschnitt werden die dafür notwendigen Hilfsmittel (sowohl im SQL als auch bei MS Access) beschrieben.

6.8.2.1   Füllen und Ändern der Tabellen mit SQL

Die Tabellen, deren Schemata oben erstellt wurden, lassen sich im SQL mittels *INSERT*-Statements füllen. Auch hier wird nicht die allgemeine Form eines solchen Statements beschrieben, sondern eine beispielhafte Erläuterung gegeben.

Beispiel (Einfügen eines Datensatzes): Das Statement

INSERT

INTO PRODUKT(P_NUMMER, STADT, GEWICHT)

VALUES (7, `Muenchen`, 24);

bewirkt die Erstellung eines neuen Datensatzes mit den angegebenen Werten für **P_NUMMER, STADT, GEWICHT** und mit *Null-Werten* (also unbestimmten Werten, nicht 0-Werten!) für **P_NAME** und **FARBE**. Dies setzt natürlich voraus (und diese Voraussetzung ist hier erfüllt), daß die letzten beiden Felder nicht als NOT NULL im CREATE-TABLE-Statement deklariert worden sind. Man beachte auch, daß die Anordnung (von links nach rechts) der Felder im INSERT-Statement nicht dieselbe wie im CREATE-TABLE-Statement sein muß.

Beispiel (Löschen eines Datensatzes): Das Statement

DELETE

FROM HERSTELLER

WHERE H_NUMMER = 1;

bewirkt die Entfernung des (einzigen, da **H_NUMMER** Schlüssel ist) Datensatzes, der der Bedingung **H_NUMMER** = 1 genügt, aus der Tabelle **HERSTELLER**. Mehrfaches Löschen kann analog durchgeführt werden.

Beispiel (Update eines Datensatzes): Das Statement

UPDATE PRODUKT

SET   FARBE = `gelb`,

          GEWICHT = GEWICHT + 5,

          STADT = NULL,

WHERE P_NUMMER = 2;

ändert die Farbe des Teils mit der Nummer 2 zu gelb, vergrößert sein Gewicht um 5 und weist die Stadt als unbekannt (NULL) aus.

So einfach diese Vorgänge auch scheinen mögen, ist doch bei den Updates eine Warnung angebracht, da mehrfache Updates Probleme hervorrufen können.

Beispiel (Mögliche Update-Probleme): Gegeben seien die folgenden Statements

UPDATE HERSTELLER

SET H_NUMMER = 9

WHERE H_NUMMER = 2;

UPDATE LIEFERUNG

SET H_NUMMER = 9

WHERE H_NUMMER = 2;

Es ist nicht möglich, ein Update bei mehr als einer Tabelle in einem einzigen Statement durchzuführen. Deshalb ergibt sich beim obigen Beispiel ein *Integritätsproblem* (genauer: *Referentiellles Integritätsproblem*) wie folgt: Die Datenbank ist nach der Ausführung des ersten Statements nicht mehr in einem konsistenten Zustand – sie enthält nämlich Lieferungen, für die es keinen entsprechenden Hersteller-Datensatz gibt – und sie bleibt auch in diesem Zustand, bis das zweite Update erfolgt ist. Daher muß sichergestellt werden, daß beide Updates tatsächlich ausgeführt werden. Gegenwärtig bieten kommerziell verfügbare RDBMS Unterstützung bei der Erhaltung der referentiellen Integrität.

6.8.2.2   *Füllen und Ändern der Tabellen mit MS Access*

Das Füllen und Ändern der Tabellen mit MS Access ist denkbar einfach: Nach dem Erstellen der Schemata sind diese gemäß Abb. 221 unten sichtbar. Will man etwa die Tabelle Hersteller füllen, so öffnet ein Doppelklick auf das Tabellensymbol die leere Tabelle, vgl. Abb. 222, die dann einfach zeilenweise gefüllt wird.

Vorsicht: Das spaltenweise Füllen der Tabellen ist zwar möglich, aber nicht zu empfehlen. Versucht man es nämlich bei einer Tabelle mit mehreren Schlüsselattributen (etwa bei **LIEFERUNG**), so können leicht doppelte Datensätze auftreten, was zu unangenehmen Fehlermeldungen führt.

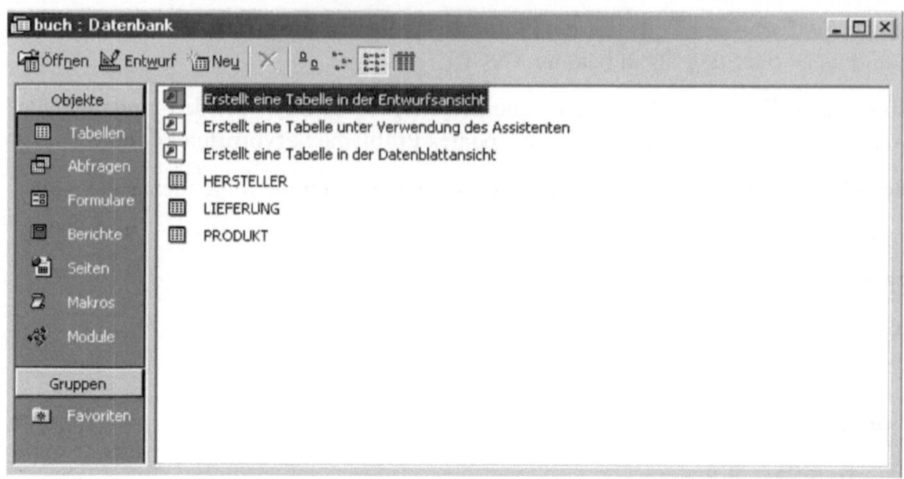

Abb. 221: Tabellen in MS Access

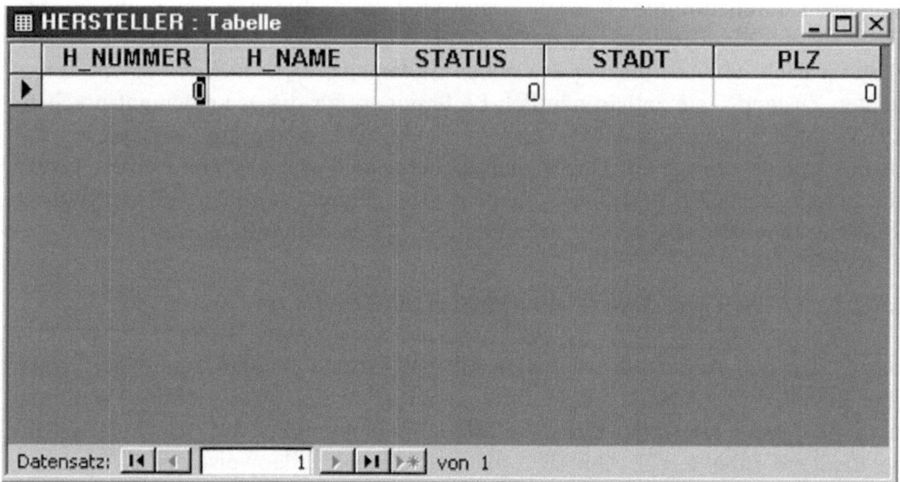

Abb. 222: Füllen der Tabelle HERSTELLER

Da die im folgenden bearbeiteten Abfragen alle auf der Beispieldatenbank ausgeführt werden, sind die vollständig gefüllten Tabellen in Abb. 223 dargestellt.

Beispieldatenbank

HERSTELLER : Tabelle

H_NUMMER	H_NAME	STATUS	STADT	PLZ
1	Schmidt	2	Berlin	30
2	Schmied	1	Muenchen	80
3	Meier	3	Muenchen	80
4	Mueller	2	Berlin	30
5	Maier	3	Koeln	50

PRODUKT : Tabelle

P_NUMMER	P_NAME	FARBE	GEWICHT	STADT
1	Mutter	rot	12	Berlin
2	Bolzen	gruen	17	Muenchen
3	Schraube	blau	17	Augsburg
4	Schraube	rot	14	Berlin
5	Nockenwelle	blau	3000	Muenchen
6	Zahnrad	rot	200	Berlin

LIEFERUNG : Tabelle

H_NUMMER	P_NUMMER	MENGE	PREIS
1	1	300	1,50 DM
1	2	200	2,00 DM
1	3	400	2,00 DM
1	4	200	1,60 DM
1	5	100	160,00 DM
1	6	100	12,00 DM
2	1	300	1,50 DM
2	2	400	1,90 DM
3	2	200	2,00 DM
4	2	200	2,00 DM
4	4	300	1,00 DM
4	5	400	150,00 DM

Abb. 223: Datenbasis für alle folgenden Abfragen

6.8.3   SQL (DML, Abfragen)

In diesem Abschnitt werden grundlegende, durch SQL gebotene Abfragemöglichkeiten demonstriert, da der Gewinnung von Informationen aus einer Datenbasis im Rahmen betrieblicher Informationssysteme erhebliche Bedeutung zukommt. Als Übungsdatenbasis wird durchgehend die oben beschriebene benutzt. Die Lösungen der jeweiligen Aufgaben werden meist sowohl mittels SQL als auch unter Nutzung von MS Access beschrieben.

6.8.3.1   *Allgemeine Form eines SELECT-Statements*

Im SQL werden Abfragen in Form eines *SELECT-Statements* eingegeben. Ein solches Statement besitzt die allgemeine Form

SELECT [DISTINCT] Feld(er)

FROM Tabelle(n)

[WHERE Bedingung(en)]

[GROUP-BY-Feld(er) [HAVING Bedingung(en)]]

[ORDER BY Feld(er)];

Erläuterung:

- Nach dem SELECT der ersten Zeile erscheinen die Namen derjenigen Felder, die der Anwender sehen möchte.

- Nach dem FROM der zweiten Zeile erscheinen die benötigten Tabellen.

- Nach dem WHERE werden die gewünschten Suchbedingungen aufgelistet.

- Eckige Klammern bedeuten, daß der dazwischen stehende Teil optional ist.

- DISTINCT meint, daß keine Duplikate aufgelistet werden sollen.

- Die letzten beiden Zeilen werden erst später erklärt.

Man beachte auch, daß das Ergebnis einer Abfrage eine Tabelle ist, die in bestimmter Weise aus den Tabellen der Datenbasis abgeleitet wurde. Der Nutzer eines RDBMS arbeitet also immer mit Tabellen, was diese Systeme besonders attraktiv macht. Aufgrund dieser Tatsache wird ein RDBMS auch als *geschlossenes System* (bezüglich der durch SQL definierten *Retrieval Operationen*) bezeichnet.

6.8.3.2 *Einfaches SELECT*

Es sollen die Nummern aller hergestellten Produkte ermittelt werden.

SQL-Lösung:

SELECT PRODUKT.P_NUMMER

FROM PRODUKT;

MS-Access-Lösung:

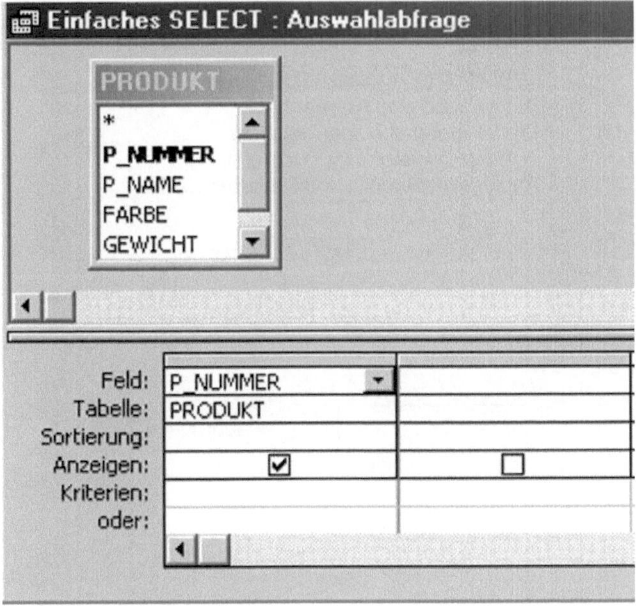

Abb. 224: Einfaches SELECT

Erläuterung:

- In der SQL-Lösung werden *qualifizierte Feldnamen* verwendet, um sicherzustellen, daß alle auftauchenden Feldnamen paarweise verschieden sind (in verschiedenen Tabellen könnten ja identische Feldnamen verwendet werden; durch Voransetzen des Tabellennamens wird eine Unterscheidung möglich).

- Zur Erstellung der MS-Access-Lösung wird zunächst der Punkt *Abfragen-Neu- Entwurfsansicht* angeklickt, vgl. Abb. 225 unten.

- Als nächstes werden die benötigten Tabellen gemäß Abb. 226 unten ausgewählt (hier natürlich nur **PRODUKT**).

- Schließlich muß aus der Drop-down-Liste das gewünschte Attribut ausgewählt werden, siehe Abb. 224.

- Die Abfrage kann durch Anklicken des Ausrufezeichens in der Befehlsleiste ausgeführt werden. Das Ergebnis findet man in Abb. 227.

- Nach Ausführung der Abfrage kann über den Menüpunkt *Ansicht* wieder
  in die Entwurfsansicht gewechselt werden.

- Durch Auswahl des Punkts *SQL* läßt sich auch der entsprechende SQL-
  Code sichtbar machen.

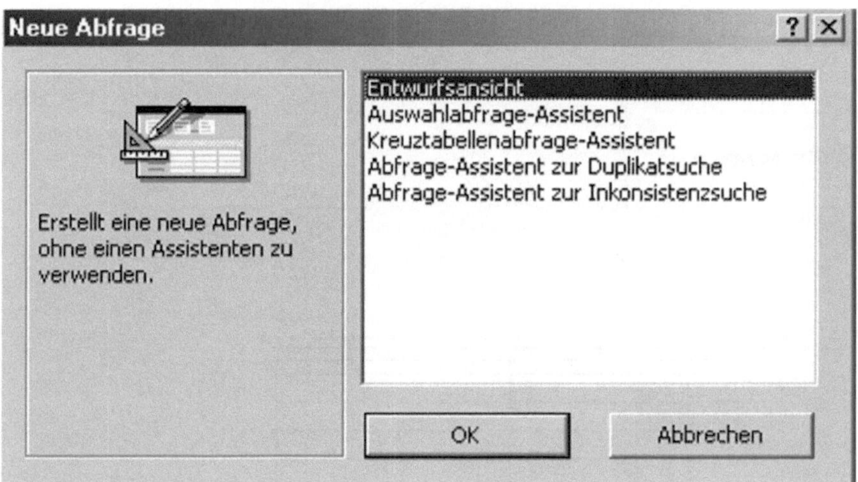

Abb. 225: Abfrage erstellen

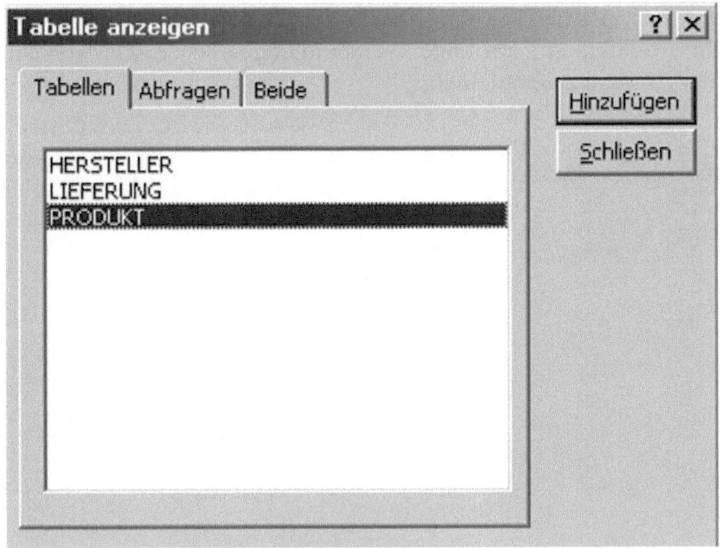

Abb. 226: Tabelle hinzufügen

Abb. 227: Abfrageergebnis: Einfaches SELECT

6.8.3.3   *Einfaches SELECT + DISTINCT*

Es sollen die Nummern aller gelieferten Teile ermittelt werden.

1. Versuch

SQL-Lösung:

SELECT LIEFERUNG.P_NUMMER

FROM LIEFERUNG;

Diese Lösung liefert das in Abb. 228 dargestellte Ergebnis. Vermutlich möchte man jedoch nur die Produktnummern ohne Wiederholungen sehen. Deshalb ist eine Abänderung der Abfrage zu empfehlen.

P_NUMMER
1
2
3
4
5
6
1
2
2
2
4
5

Abb. 228: Abfrageergebnis 1. Versuch

2. Versuch

SQL-Lösung:

SELECT DISTINCT LIEFERUNG.P_NUMMER

FROM LIEFERUNG;

MS-Access-Lösung:

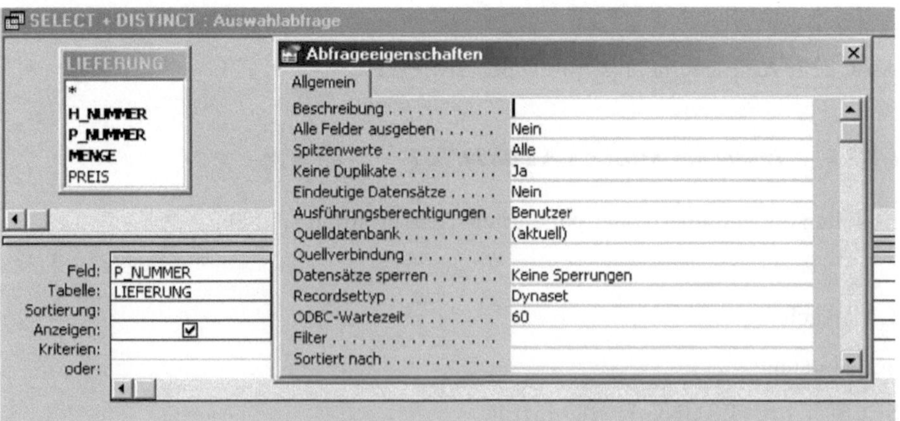

Abb. 229: Verwenden von DISTINCT

Erläuterung:

- Durch Einfügen des DISTINCT im SQL-Statement werden die Duplikate im Ergebnis, das in Abb. 230 gezeigt wird, unterdrückt.

- Die Access-Lösung wird im wesentlichen wie zuvor konstruiert. Allerdings muß mit dem Cursor in der oberen grauen Hälfte in Abb. 229 über die rechte Maustaste das Kontextmenü aufgerufen werden und bei *Keine Duplikate* die Default-Einstellung „Nein" wie in Abb. 229 auf „Ja" gesetzt werden.

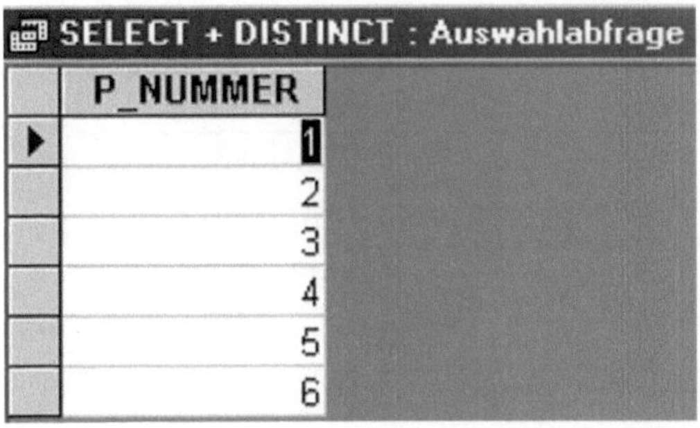

Abb. 230: Abfrageergebnis: SELECT + DISTINCT

6.8.3.4   *SELECT + einfache Bedingung*

Gesucht seien Herstellernummer und Status für Hersteller in München.

SQL-Lösung:

SELECT [HERSTELLER].[H_NUMMER], [HERSTELLER].[STATUS]

FROM HERSTELLER

WHERE ((([HERSTELLER].[STADT])="Muenchen"));

MS-Access-Lösung:

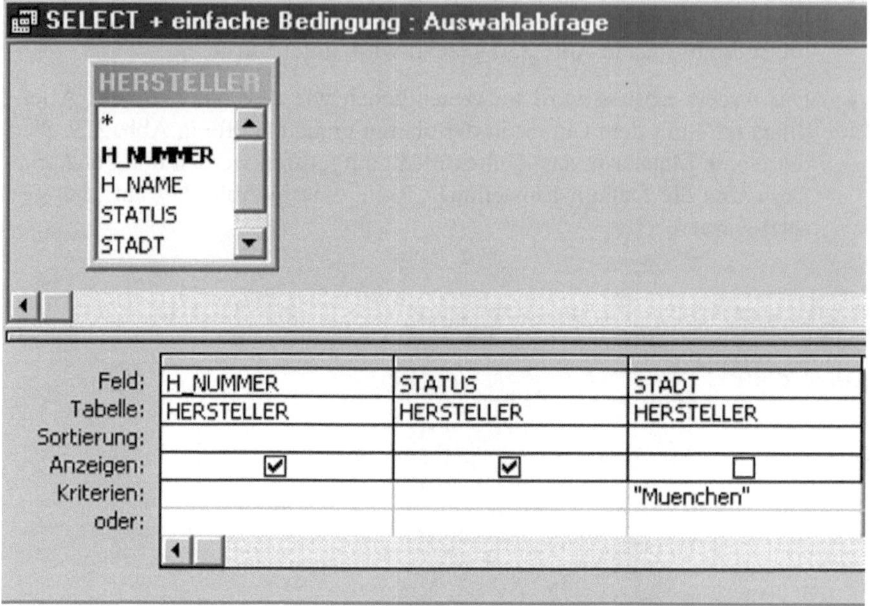

Feld:	H_NUMMER	STATUS	STADT
Tabelle:	HERSTELLER	HERSTELLER	HERSTELLER
Sortierung:			
Anzeigen:	☑	☑	☐
Kriterien:			"Muenchen"
oder:			

Abb. 231: SELECT + einfache Bedingung

Erläuterung:

- Die Klammern im SQL-Statement sind eine Besonderheit der Access-SQL-Version und werden normalerweise nicht benötigt.

- In der Access-Lösung muß für das Attribut Stadt der gewünschte Wert (Muenchen) unter Kriterien angegeben werden. Dabei werden die Anführungszeichen durch Access generiert und es kann auch = Muenchen geschrieben werden.

- In der Access-Lösung ist durch Entfernen des Häkchens (bei *Anzeigen*) anzugeben, daß das Attribut Stadt in der Lösung nicht sichtbar sein soll.

- Das Ergebnis ist in Abb. 232 dargestellt.

Abb. 232: Abfrageergebnis SELECT + einfache Bedingung

6.8.3.5   *Berechnete Felder*

Gesucht sind Herstellernummer, Produktnummer und der Gesamtpreis bei den einzelnen Lieferungen.

SQL-Lösung:

SELECT LIEFERUNG.H_NUMMER, LIEFERUNG.P_NUMMER, [MENGE] *[PREIS] AS GESAMTPREIS

FROM LIEFERUNG;

MS-Access-Lösung:

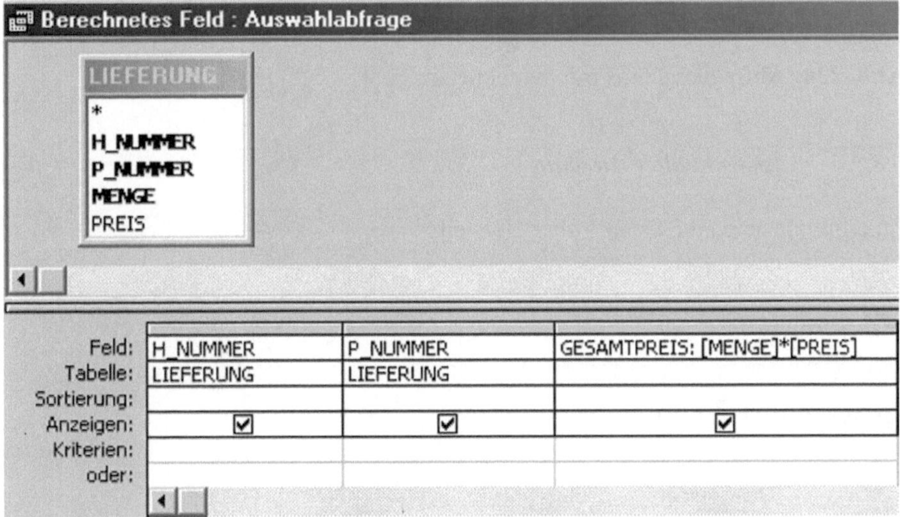

Abb. 233: Berechnetes Feld

Erläuterung:

- Berechnete Felder (Ausdrücke, die Attributnamen sowie die üblichen arithmetischen Operatoren und möglicherweise auch Klammern enthalten) sind auch ganz allgemein zulässig.

- Die relevante SQL Syntax ergibt sich unmittelbar aus der Lösung.

- In der Access-Lösung ist auf die Klammerung zu achten. Darüber hinaus muß das Feld der dritten Spalte in Abb. 233 (GESAMTPREIS: [MENGE]*[PREIS]) von Hand gefüllt werden.

- Die Lösung ist in Abb. 234 angegeben.

Berechnetes Feld : Auswahlabfrage		
H_NUMMER	**P_NUMMER**	**GESAMTPREIS**
1	1	450,00 DM
1	2	400,00 DM
1	3	800,00 DM
1	4	320,00 DM
1	5	16.000,00 DM
1	6	1.200,00 DM
2	1	450,00 DM
2	2	760,00 DM
3	2	400,00 DM
4	2	400,00 DM
4	4	300,00 DM
4	5	60.000,00 DM

Abb. 234: Abfrageergebnis mit berechnetem Feld

6.8.3.6 Auswahl aller Attribute

Zu ermitteln seien die Details aller Hersteller.

SQL-Lösung:

SELECT *

FROM HERSTELLER;

MS-Access-Lösung:

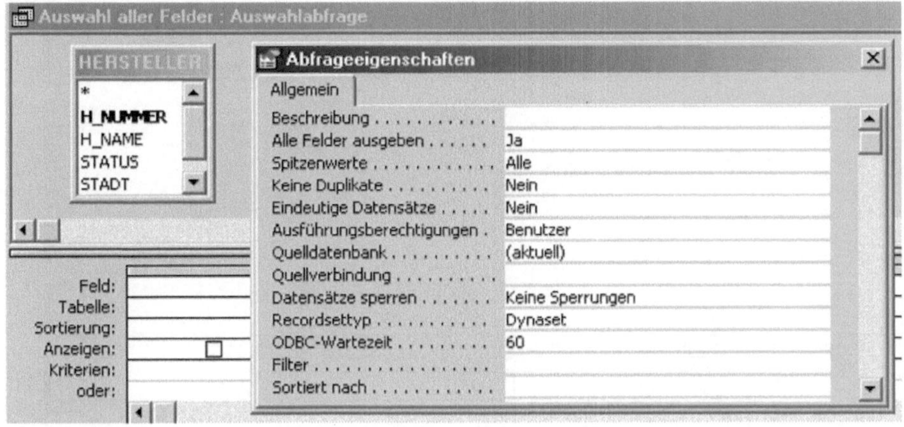

Abb. 235: Auswahl aller Attribute

Erläuterung:

- Die Auswahl aller Felder kann bei großen Tabellen lästig werden. Deshalb stellt SQL den „*" hierfür zur Verfügung.

- Für die Access-Lösung ist bei den Abfrageeigenschaften gemäß Abb. 235 der Punkt *Alle Felder ausgeben* auf „Ja" zu setzen.

- Im vorliegenden Fall ist die SQL-Lösung äquivalent zu
  SELECT HERSTELLER.H_NUMMER, HERSTELLER.H_NAME, HERSTELLER.STATUS, HERSTELLER.STADT, HERSTELLER.PLZ FROM HERSTELLER;

- Auf die Darstellung des Ergebnisses wird verzichtet: Es ist einfach die Tabelle **HERSTELLER.**

6.8.3.7 *Komplexere Bedingungen*

Gesucht seien die Nummern aller Hersteller, die der Bedingung Stadt = Muenchen und Status größer 1 oder der Bedingung Stadt = Koeln genügen.

SQL-Lösung:

SELECT HERSTELLER.H_NUMMER

FROM HERSTELLER

WHERE (((HERSTELLER.STADT)="Muenchen") AND ((HERSTELLER.STATUS)>1)) OR (((HERSTELLER.STADT)="Koeln"));

MS-Access-Lösung:

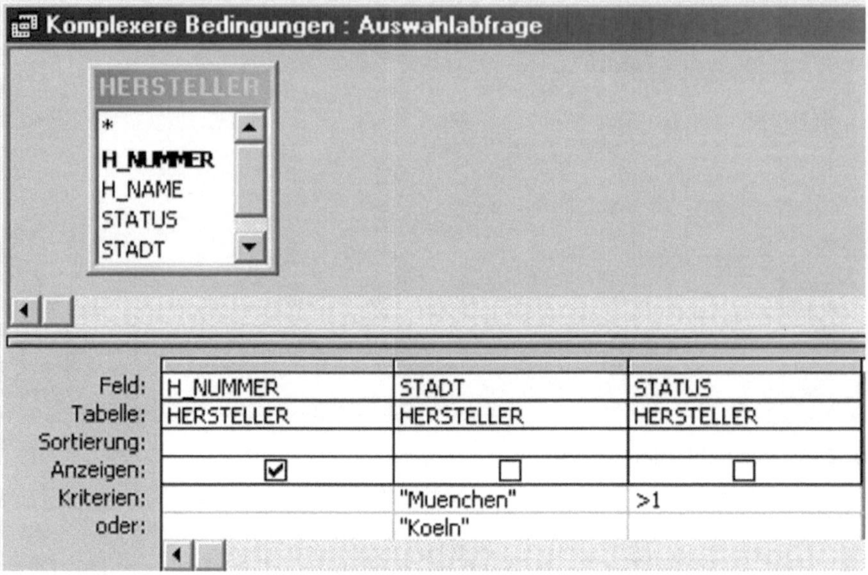

Abb. 236: Komplexere Bedingungen

Erläuterung:

- Die Bedingungen, die dem WHERE im SQL-Statement folgen, können ganz allgemein Vergleichsoperatoren (=, >, <, ...), die Boole'schen Operatoren AND, OR, NOT und Klammern enthalten.

- In der Access-Lösung ist das ODER durch die versetzte Angabe der zweiten Stadt (Koeln) anzuzeigen. Ähnlich dem Excel wird Angabe der Kriterien in der gleichen Zeile („Muenchen" und „>") als durch UND verknüpft interpretiert.

- Die genaue Bedeutung der UND/ODER-Verknüpfungen ergibt sich aus ihren Wahrheitstafeln, s.o.

- Das Resultat der Abfrage ist in Abb. 237 angegeben.

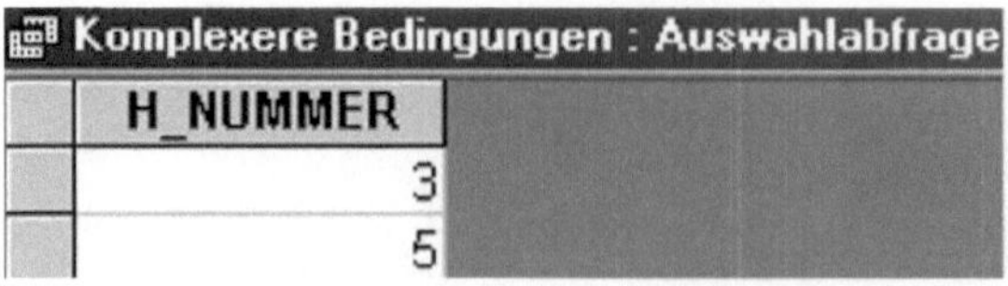

Abb. 237: Abfrageergebnis bei komplexeren Bedingungen

6.8.3.8   *Sortierung*

Zu ermitteln seien die Nummern und der Status aller Hersteller. Die Datensätze sollen nach dem Status absteigend sortiert sein.

SQL-Lösung:

SELECT HERSTELLER.H_NUMMER, HERSTELLER.STATUS

FROM HERSTELLER

ORDER BY HERSTELLER.STATUS DESC;

MS-Access-Lösung:

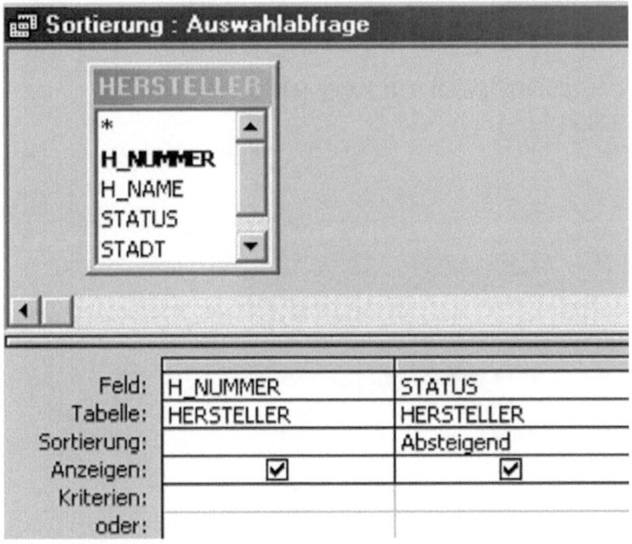

Abb. 238: Sortierung

Erläuterung:

- Im allgemeinen werden die Datensätze einer Ergebnistabelle nicht speziell angeordnet. Hier hat jedoch der Benutzer durch die Angabe ORDER BY HERSTELLER.STATUS DESC im SQL-Statement bewirkt, daß die Datensätze nach dem Status in absteigender Reihenfolge (DESCENDING) ausgegeben werden. Die Ordnung kann allgemein im Format Feldname [Ordnung] [, Feldname [Ordnung]] ... angegeben werden. Dabei steht „Ordnung" für ASC (ASCENDING) oder DESC (DESCENDING). Der default Wert ist ASC.

- In der Access-Lösung braucht die Sortierung nur in der entsprechenden Zeile gemäß Abb. 238 angegeben zu werden.

- Auf die Angabe der Ergebnistabelle wird verzichtet.

6.8.3.9   Equi-Join

Gesucht seien die Namen von Herstellern und Produkten, wobei Hersteller und Produkte die Stadt gemeinsam haben sollen.

Analyse:

Offenbar werden bei der Lösung dieser Aufgabe zwei Tabellen benötigt, die in geeigneter Weise miteinander verknüpft werden müssen. Es handelt sich um einen *Join (Verbundoperation)*.

SQL-Lösung:

SELECT [HERSTELLER].[H_NAME], [PRODUKT].[P_NAME]

FROM HERSTELLER INNER JOIN PRODUKT ON [HERSTELLER].[STADT]=[PRODUKT].[STADT];

MS-Access-Lösung:

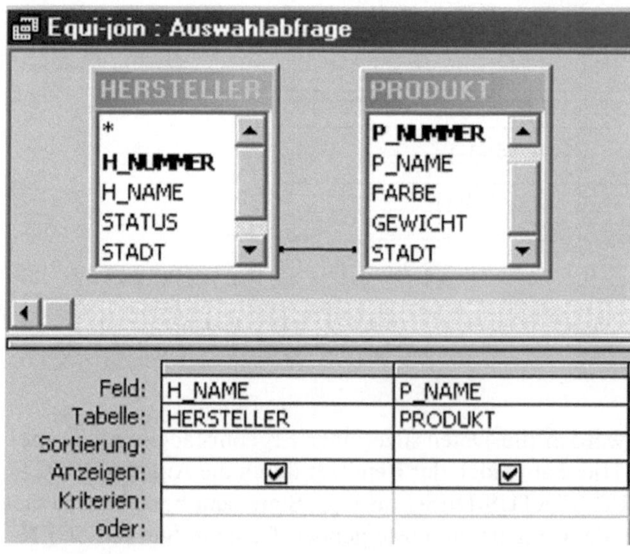

Abb. 239: Equi-Join

Erläuterung:

- Der Teil des SQL-Statements, der INNER JOIN PRODUKT ON lautet, ist access-spezifisch und wird normalerweise nicht benötigt.

- In der Access-Lösung wird die Gleichheit der *Join-Attribute* in den entsprechenden Tabellen durch den schwarzen Strich in Abb. 239 (oben) angezeigt. Er wird durch Ziehen mit der linken Maustaste erzeugt.

- Der Vergleichsoperator in einer Join-Bedingung muß nicht notwendigerweise durch das Gleichheitszeichen gegeben sein. Dies gilt nur für den *Equi-Join*.

- Bei der Normalisierung von Tabellen können die entstehenden Einzeltabellen über Equi-Joins wieder zur ursprünglichen Tabelle zusammengefügt werden.

- Das Resultat der Abfrage ist in Abb. 240 angegeben.

H_NAME	P_NAME
Schmidt	Zahnrad
Schmidt	Schraube
Schmidt	Mutter
Schmied	Nockenwelle
Schmied	Bolzen
Meier	Nockenwelle
Meier	Bolzen
Mueller	Zahnrad
Mueller	Schraube
Mueller	Mutter

Abb. 240: Abfrageergebnis bei Equi-Join

6.8.3.10 *Prinzipieller Aufbau eines Joins*

Um die Join-Operation zu verdeutlichen soll beschrieben werden, wie ein Join prinzipiell (aber keineswegs in praxi!) konstruiert werden kann. Als Beispiel wird der soeben erstellte *Equi-Join* behandelt.

Vorgehen:

- Zunächst wird das *Kartesische Produkt* beider Tabellen (bei dem jede Zeile der ersten Tabelle mit jeder Zeile der zweiten Tabelle kombiniert wird) erstellt. Das Resultat kann der Abb. 241 entnommen werden.

- Es ist dabei zu beachten, daß auch die Werte der jeweiligen Stadt-Attribute aufgelistet wurden.

- Aus den so erhaltenen Datensätzen werden jetzt diejenigen herausgefiltert, die der Join-Bedingung (**HERSTELLER.STADT = PRODUKT.STADT**) genügen.

- Die Ergebnistabelle für das Kartesische Produkt muß 5*6 = 30 Datensätze besitzen. Man kann sich daher vorstellen, daß bei großen Tabellen, die möglicherweise viele Millionen Datensätze enthalten, das Kartesische Produkt auch für einen leistungsfähigen Rechner zu groß würde, so daß diese Methode für praktische Zwecke nicht geeignet sein kann.

- Es kann vorkommen, daß die fehlerhafte Eingabe einer Join-Bedingung als nicht vorhandene Bedingung interpretiert wird, was zwangsläufig zur Konstruktion des Kartesischen Produkts führt. Dadurch können unabsichtlich extrem lange Laufzeiten erzeugt werden.

Anmerkungen:

- Nach der Normalisierung kann die ursprüngliche Tabelle aus den resultierenden Einzeltabellen über einen oder mehrere Joins rekonstruiert werden.

- Die Konstruktion eines Joins erfordert i.a. erheblichen Rechenaufwand. Daher wurde die Tabelle **HERSTELLER** nicht vollständig normalisiert. (PLZ und STADT treten nämlich fast immer gemeinsam auf, so daß bei vollständiger Normalisierung zahlreiche Joins notwendig würden.)

H_NAME	P_NAME	HERSTELLER.STADT	PRODUKT.STADT
Schmidt	Mutter	Berlin	Berlin
Schmied	Mutter	Muenchen	Berlin
Meier	Mutter	Muenchen	Berlin
Mueller	Mutter	Berlin	Berlin
Maier	Mutter	Koeln	Berlin
Schmidt	Bolzen	Berlin	Muenchen
Schmied	Bolzen	Muenchen	Muenchen
Meier	Bolzen	Muenchen	Muenchen
Mueller	Bolzen	Berlin	Muenchen
Maier	Bolzen	Koeln	Muenchen
Schmidt	Schraube	Berlin	Augsburg
Schmied	Schraube	Muenchen	Augsburg
Meier	Schraube	Muenchen	Augsburg
Mueller	Schraube	Berlin	Augsburg
Maier	Schraube	Koeln	Augsburg
Schmidt	Schraube	Berlin	Berlin
Schmied	Schraube	Muenchen	Berlin
Meier	Schraube	Muenchen	Berlin
Mueller	Schraube	Berlin	Berlin
Maier	Schraube	Koeln	Berlin
Schmidt	Nockenwelle	Berlin	Muenchen
Schmied	Nockenwelle	Muenchen	Muenchen
Meier	Nockenwelle	Muenchen	Muenchen
Mueller	Nockenwelle	Berlin	Muenchen
Maier	Nockenwelle	Koeln	Muenchen
Schmidt	Zahnrad	Berlin	Berlin
Schmied	Zahnrad	Muenchen	Berlin
Meier	Zahnrad	Muenchen	Berlin
Mueller	Zahnrad	Berlin	Berlin
Maier	Zahnrad	Koeln	Berlin

Datensatz: |◄ ◄ 30 ► ►| ►* von 30

Abb. 241: Prinzipieller Aufbau eines Joins

6.8.3.11 Join + Bedingung

Zu ermitteln seien Herstellername und Produktname, wobei Hersteller und Produkt sich in derselben Stadt befinden sollen und der Status des Herstellers nicht 2 sein soll.

SQL-Lösung:

SELECT HERSTELLER.H_NAME, PRODUKT.P_NAME

FROM HERSTELLER INNER JOIN PRODUKT ON HERSTELLER.STADT = PRODUKT.STADT

WHERE (((HERSTELLER.STATUS)<>2));

MS-Access-Lösung:

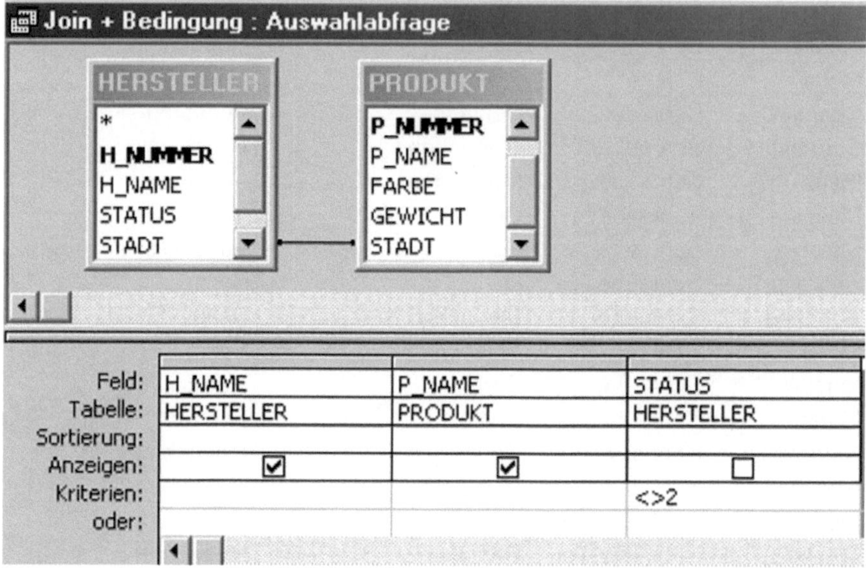

Feld:	H_NAME	P_NAME	STATUS
Tabelle:	HERSTELLER	PRODUKT	HERSTELLER
Sortierung:			
Anzeigen:	☑	☑	☐
Kriterien:			<>2
oder:			

Abb. 242: Join + Bedingung

Erläuterung:

- Hinter dem WHERE können außer der Join-Bedingung auch weitere Bedingungen auftauchen.

- In Abb. 242 wie auch im SQL Code steht das Symbol „<>" für „nicht gleich".

- Das Ergebnis ist Abb. 243 unten zu entnehmen.

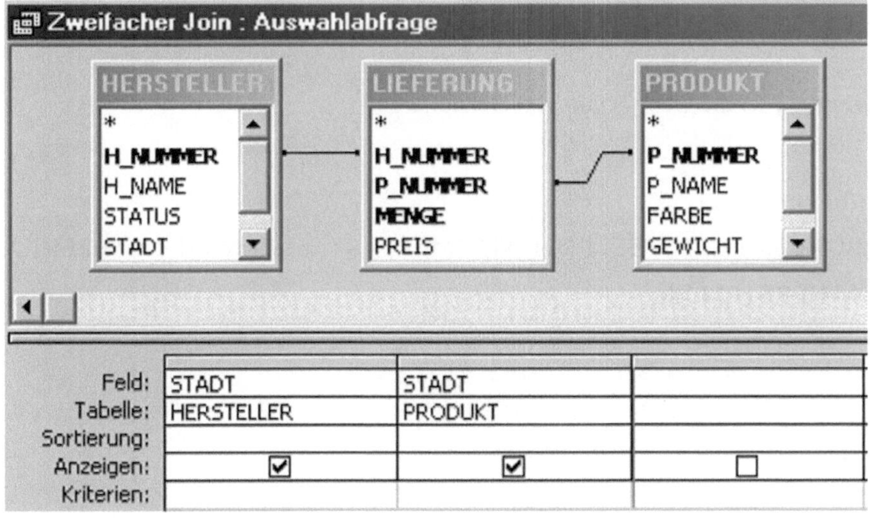

Abb. 243: Abfrageergebnis bei Join + Bedingung

6.8.3.12 Zweifacher Join

Zu ermitteln seien Städtepaare, so daß ein Hersteller in der ersten Stadt ein Produkt herstellt, das in der zweiten Stadt gelagert wird.

SQL-Lösung:

SELECT DISTINCT HERSTELLER.STADT, PRODUKT.STADT

FROM (HERSTELLER INNER JOIN LIEFERUNG ON HERSTELLER.H_NUMMER = LIEFERUNG.H_NUMMER) INNER JOIN PRODUKT ON LIEFERUNG.P_NUMMER = PRODUKT.P_NUMMER;

MS-Access-Lösung:

Abb. 244: Zweifacher Join

Erläuterung:

- Hier ist natürlich zu beachten, daß eine Verknüpfung der Tabellen **HER-STELLER** und **PRODUKT** über die Tabelle **LIEFERUNG** erfolgen muß.

- Prinzipiell gibt es keine Obergrenze für die Zahl der verknüpften Tabellen. Allerdings treten bei kommerziell verfügbaren Systemen Obergrenzen auf, die bei unter 20 Joins liegen.

- Man beachte auch beim Ergebnis (Abb. 245), daß keine Duplikate auftreten. Sie wurden beim Entwurf der Abfrage (Abb. 244, aber dort nicht angezeigt) eliminiert.

Zweifacher Join : Auswahlabfrage	
HERSTELLER.STADT	**PRODUKT.STADT**
Berlin	Augsburg
Berlin	Berlin
Berlin	Muenchen
Muenchen	Berlin
Muenchen	Muenchen

Abb. 245: Abfrageergebnis bei zweifachem Join

6.8.3.13   SQL-Funktionen: COUNT

Zu ermitteln sei die Gesamtzahl von Herstellern.

SQL-Lösung:

SELECT Count(HERSTELLER.H_NUMMER) AS [Anzahl von H_NUMMER]

FROM HERSTELLER;

MS-Access-Lösung:

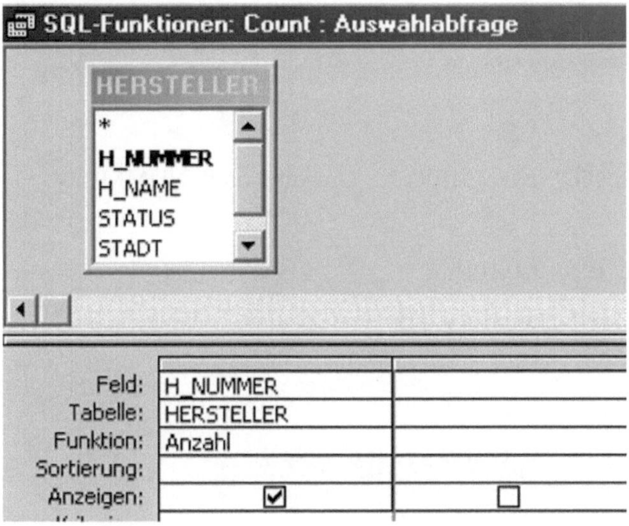

Abb. 246: Count

Erläuterung:

- Da H_NUMMER ein Schlüssel für die Tabelle HERSTELLER ist, reicht es zur Ermittlung der Anzahl der Hersteller, die Anzahl der Herstellernummern zu zählen. Dies wird durch die SQL-Funktion *COUNT* bewirkt.

- Die SQL-Lösung ist stark access-spezifisch. Normalerweise würde SELECT COUNT(*) FROM HERSTELLER ausreichen (Dadurch wird die Anzahl der Datensätze ermittelt).

- Für die Access-Lösung ist über das Summensymbol in der Symbolleiste zunächst die Zeile *Funktion* gemäß Abb. 246 einzublenden und dann über das drop-down Menü *Anzahl* auszuwählen.

- Das Ergebnis ist aus Abb. 247 ersichtlich.

Abb. 247: Abfrageergebnis bei Verwendung von COUNT

6.8.3.14   SQL-Funktionen: COUNT + Bedingung

Zu ermitteln sei die Anzahl der Lieferungen für Produkt 2.

SQL-Lösung:

SELECT Count(LIEFERUNG.P_NUMMER) AS [Anzahl von P_NUMMER]

FROM LIEFERUNG

GROUP BY LIEFERUNG.P_NUMMER

HAVING (((LIEFERUNG.P_NUMMER)=2));

MS-Access-Lösung:

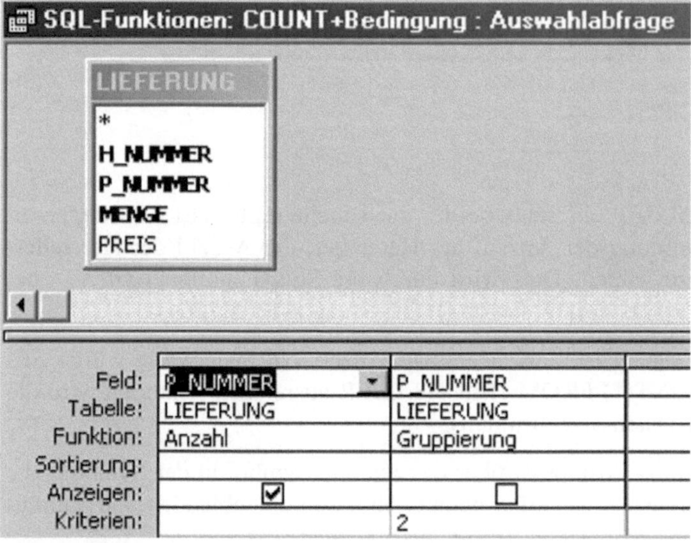

Feld:	P_NUMMER	P_NUMMER	
Tabelle:	LIEFERUNG	LIEFERUNG	
Funktion:	Anzahl	Gruppierung	
Sortierung:			
Anzeigen:	☑	☐	
Kriterien:		2	

Abb. 248: COUNT + Bedingung

Erläuterung:

- Der SQL Code ist access-spezifisch. Hier würde normalerweise SELECT COUNT(*) FROM LIEFERUNG WHERE P_NUMMER = 2; ausreichen. Der obige Code enthält *GROUP BY*, das erst im übernächsten Beispiel erläutert wird.

- In der MS-Access-Lösung ist zu beachten, daß das P_NUMMER Attribut nochmals angegeben werden muß, um das Kriterium eingeben zu können.

- Das Ergebnis ist aus Abb. 249 ersichtlich.

Abb. 249: Abfrageergebnis für COUNT + Bedingung

6.8.3.15 SQL-Funktionen: SUM

Zu ermitteln sei die Gesamtmenge, die von Produkt 2 geliefert wurde.

SQL-Lösung:

SELECT Sum([LIEFERUNG].[MENGE]) AS [Summe von MENGE]

FROM LIEFERUNG

GROUP BY [LIEFERUNG].[P_NUMMER]

HAVING (((LIEFERUNG.P_NUMMER)=2));

MS-Access-Lösung:

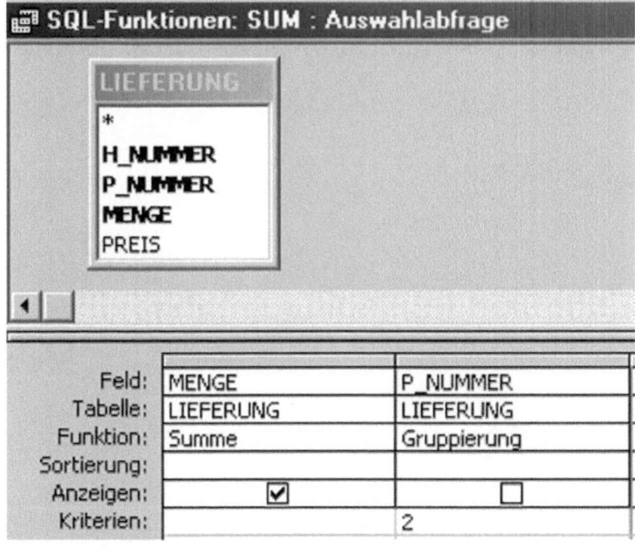

Abb. 250: SUM

Erläuterung:

- Die Summierung der Mengen wird durch die SQL-Funktion *SUM* bewirkt.

- Der SQL Code ist wiederum access-spezifisch. Normalerweise hätte SELECT SUM (MENGE) FROM LIEFERUNG WHERE P_NUMMER = 2; ausgereicht. Das GROUP BY wird im nächsten Beispiel behandelt.

- In der Access-Lösung, vgl. Abb. 250, wurde die Funktion *Summe* ausgewählt. Vergleiche hierzu auch das Beispiel zur Funktion *Anzahl* oben.

- Das Ergebnis ist aus Abb. 251 ersichtlich.

Abb. 251: Abfrageergebnis bei Verwendung von SUM

6.8.3.16   *SQL-Funktionen: SUM + GROUP BY*

Zu ermitteln sei die Gesamtmenge, die von jedem Produkt geliefert wird.

SQL-Lösung:

SELECT LIEFERUNG.P_NUMMER, Sum(LIEFERUNG.MENGE) AS [Summe von MENGE]

FROM LIEFERUNG

GROUP BY LIEFERUNG.P_NUMMER;

MS-Access-Lösung:

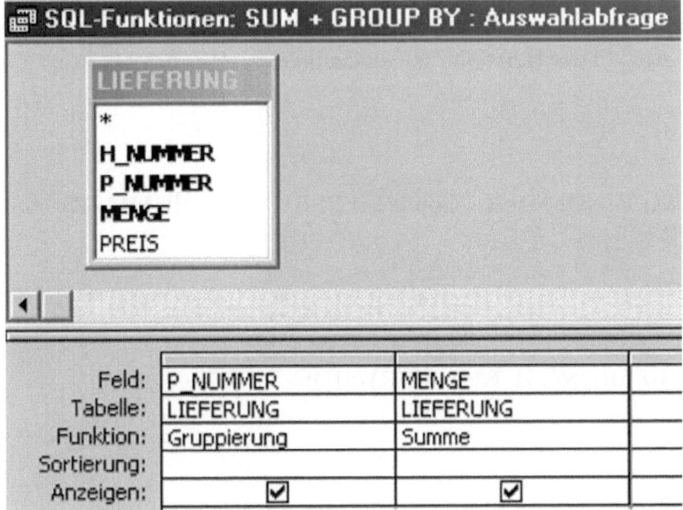

Abb. 252: SUM + GROUP BY

Erläuterung:

- Der *GROUP-BY-Operator* unterteilt die mittels der FROM-Klausel erhaltene Tabelle (nur logisch!) in Gruppen, so daß innerhalb jeder Gruppe
  alle Zeilen denselben Wert in ihrem GROUP-BY-Feld haben.

- Dabei ist zu beachten, daß die Ausdrücke in der SELECT Klausel nur einen Wert pro Gruppe liefern dürfen (beispielsweise wäre Menge allein
  im Beispiel nicht erlaubt, da etwa von Produkt 2 ja verschiedene Einzel-
  mengen geliefert wurden und so das System keine einzelne in sinnvoller
  Weise auswählen könnte).

- Das Resultat ist in Abb. 253 angegeben.

P_NUMMER	Summe von MENGE
1	600
2	1000
3	400
4	500
5	500
6	100

Abb. 253: Abfrageergebnis bei Verwendung von SUM + GROUP BY

6.8.3.17   *GROUP BY mit HAVING*

Zu ermitteln seien die Nummern der Produkte, die durch mehr als einen Hersteller geliefert werden. Die Anzahl der Hersteller ist anzuzeigen.

SQL-Lösung:

SELECT LIEFERUNG.P_NUMMER, Count(LIEFERUNG.H_NUMMER) AS [Anzahl von H_NUMMER]

FROM LIEFERUNG

GROUP BY LIEFERUNG.P_NUMMER

HAVING ((((Count(LIEFERUNG.H_NUMMER))>1));

MS-Access-Lösung:

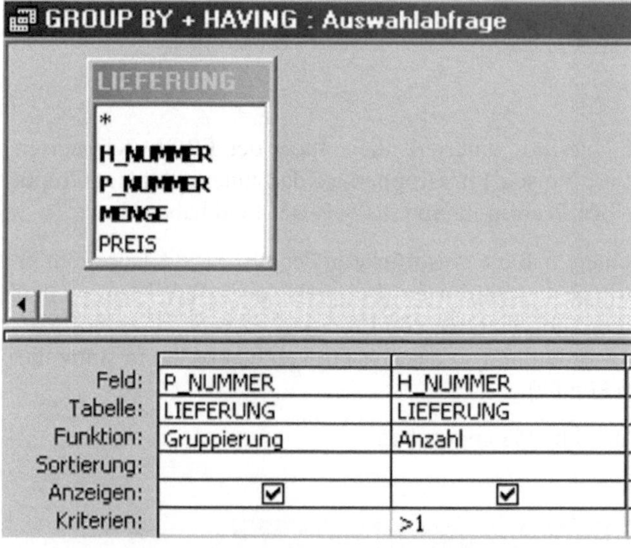

Feld:	P_NUMMER	H_NUMMER
Tabelle:	LIEFERUNG	LIEFERUNG
Funktion:	Gruppierung	Anzahl
Sortierung:		
Anzeigen:	☑	☑
Kriterien:		>1

Abb. 254: GROUP BY + HAVING

Erläuterung:

- Das *HAVING* besitzt bei Gruppen von Datensätzen eine Funktionalität, die der des *WHERE* bei einzelnen Datensätzen entspricht.

- Das Ergebnis ist in Abb. 255 angegeben.

P_NUMMER	Anzahl von H_NUMMER
1	2
2	4
4	2
5	2

Abb. 255: Abfrageergebnis bei Verwendung von GROUP BY + HAVING

6.8.3.18 *Unterabfrage (Subquery)*

Zu ermitteln seien die Namen der Hersteller, die Produkt 2 liefern.

SQL-Lösung:

SELECT DISTINCT HERSTELLER.H_NAME

FROM HERSTELLER, LIEFERUNG

WHERE (((HERSTELLER.H_NUMMER) In (SELECT [H_NUMMER] FROM LIEFERUNG WHERE [P_NUMMER] = 2)));

MS-Access-Lösung:

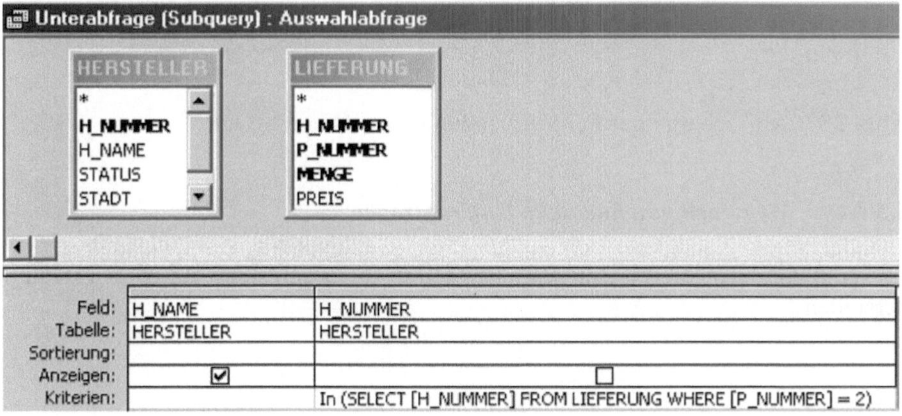

Abb. 256: Unterabfrage

Erläuterung:

- Eine *Unterabfrage (Subquery)* ist ein *SELECT FROM WHERE* Ausdruck, der in einen anderen Ausdruck dieser Art eingebettet ist. Unterabfragen werden typischerweise benötigt, um eine Menge von Werten darzustellen, die dann mittels des *IN*-Prädikats durchsucht werden, wie im Beispiel demonstriert. Das System berechnet zunächst den Wert der Unterabfrage (im Beispiel also die Nummern aller Hersteller, die Produkt 2 herstellen). Die Abfrage ist dann zur folgenden Abfrage äquivalent: SELECT H_NAME FROM HERSTELLER WHERE H_NUMMER IN (1, 2, 3, 4).

- Die Abfrage hätte selbstverständlich auch als Join formuliert werden können:
  SELECT HERSTELLER.H_NAME
  FROM HERSTELLER, LIEFERUNG
  WHERE HERSTELLER.H_NUMMER = LIEFERUNG.H_NUMMER
  AND LIEFERUNG.P_NUMMER = 2;

- Das Ergebnis ist unten (Abb. 257) angegeben.

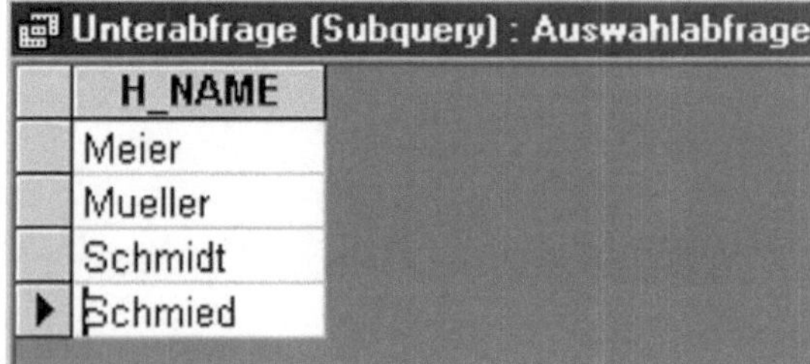

Abb. 257: Abfrageergebnis bei Verwendung einer Unterabfrage

6.8.3.19 *Mehrfach geschachtelte Unterabfragen*

Zu ermitteln seien die Namen aller Hersteller, die wenigstens ein rotes Produkt herstellen.

Analyse:

Man wird sinnvollerweise diese komplexe Abfrage zunächst in Teilabfragen zerlegen, die einzeln konstruiert werden können und erst zum Schluß zur Gesamtabfrage zusammengesetzt werden.

1. Schritt: Ermittle die Nummern aller roten Produkte. Benenne die entsprechende Abfrage z.B. mit NRP.

MS-Access-Lösung:

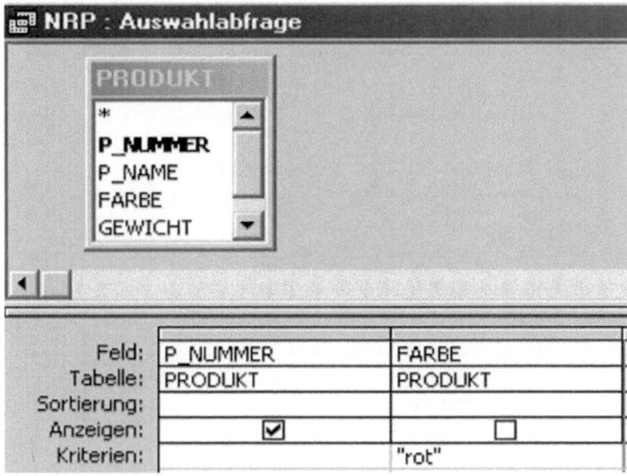

Abb. 258: Teilabfrage NRP

2. Schritt: Ermittle die Nummern von Herstellern roter Produkte. Benenne die entsprechende Abrage etwa mit NH und nutze zu ihrer Konstruktion die Abfrage NRP, wie in Abb. 259.

MS-Access-Lösung:

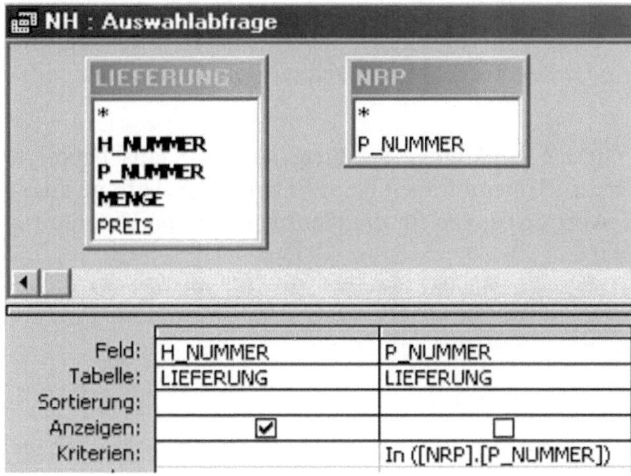

Abb. 259: Teilabfrage NH

3. Schritt: Ermittle die gesuchten Namen. Nutze zur Konstruktion der Abfrage die Abfragen NH und NRP wie in Abb. 260.

MS-Access-Lösung:

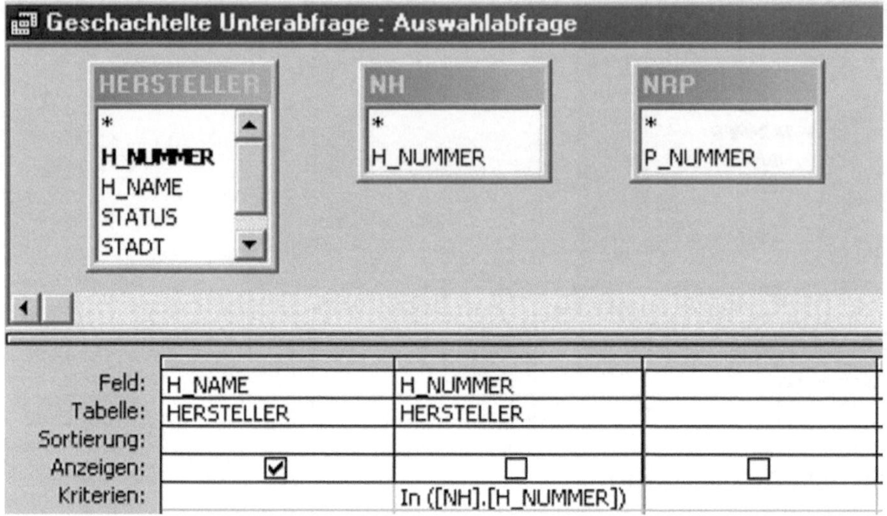

Abb. 260: Gesamtabfrage mit geschachtelten Unterabfragen

Erläuterung:

- Es wurde hier ausschließlich die MS-Access-Lösung angegeben, da sich durch die für Unterabfragen möglichen Abkürzungen eine übersichtliche Schreibweise der Abfrage ergibt.

- Man beachte, daß die Fragen von „innen" nach „außen" fortschreitend beantwortet wurden. Dieses Vorgehen ist ganz typisch für derart komplexe Abfragen.

- Es mußten nicht nur die benötigten Tabellen, sondern, falls benötigt, auch die entsprechenden Unterabfragen beim Entwurf der Abfrage angegeben werden, vgl. Abb. 261 unten für die Konstruktion von Unterabfrage NH im 2. Schritt.

- Das Ergebnis ist in Abb. 262 angegeben.

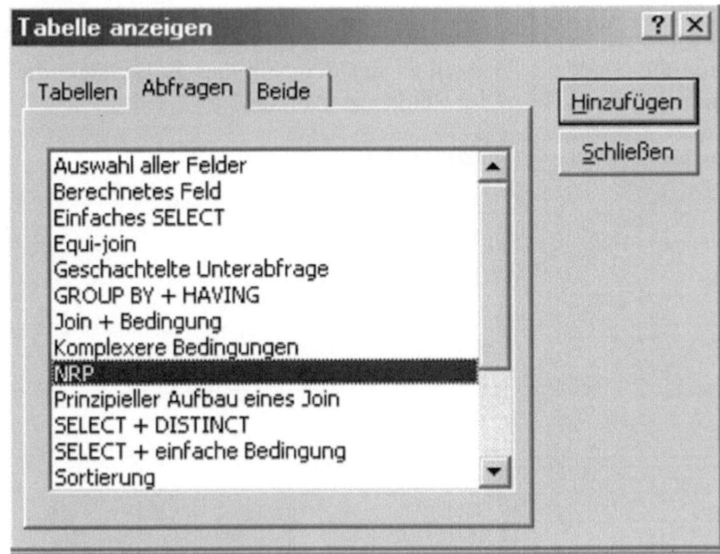

Abb. 261: Hinzufügen von Unterabfragen

Abb. 262: Abfrageergebnis bei Verwendung geschachtelter Unterabfragen

6.8.3.20 Unterabfrage mit „="

Zu ermitteln seien die Herstellernummern aller Hersteller, die ihren Sitz in derselben Stadt wie Hersteller 1 haben.

SQL-Lösung:

SELECT HERSTELLER.H_NUMMER

FROM HERSTELLER

WHERE (((HERSTELLER.STADT)=(SELECT STADT FROM HERSTELLER WHERE H_NUMMER = 1)));

Auch hier erweist sich bei Access die Zerlegung in zwei Schritte als zweckmäßig.

1. Schritt: Bestimme die Stadt des Herstellers mit der Nummer 1. Benenne die ensprechende Abfrage etwa mit Hersteller-Stadt, vgl. Abb. 263.

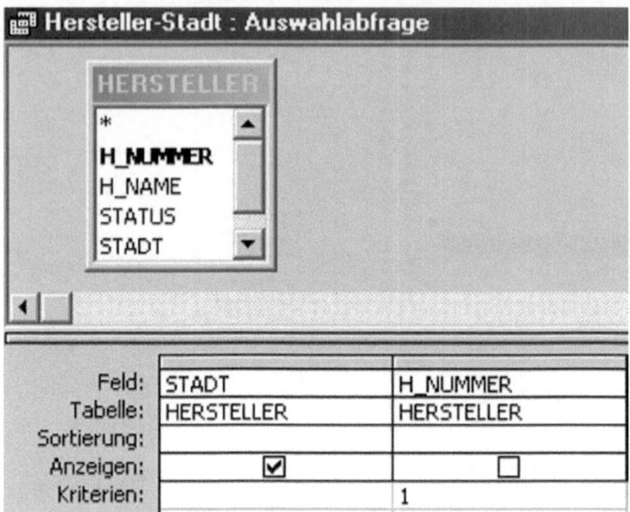

Abb. 263: Unterabfrage

2. Schritt: Bestimme die gesuchten Herstellernummern wie in Abb. 264.

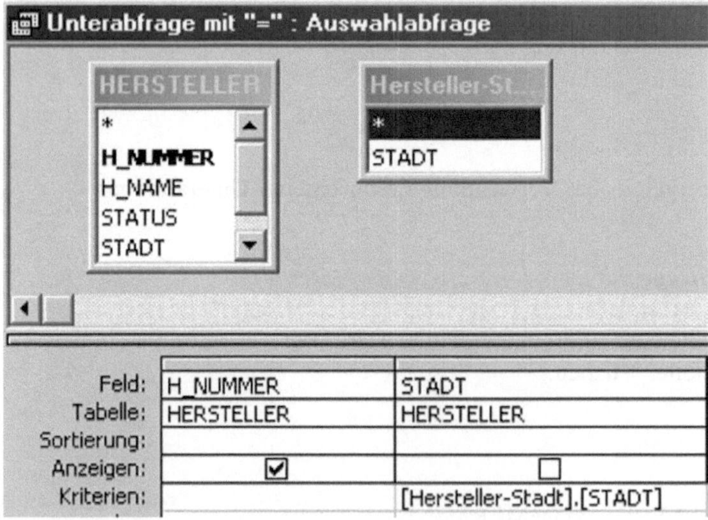

Abb. 264: Gesamtabfrage mit Unterabfrage und „="

Erläuterung:

- Falls der Anwender von vornherein weiß, daß das Ergebnis einer Unterabfrage einen einzigen Wert liefert, so kann an Stelle von IN auch „=" verwendet werden. Dies ist in einem solchen Fall aus Effizienzgründen zu empfehlen.

- Das Ergebnis der Abfrage ist in Abb. 265 dargestellt.

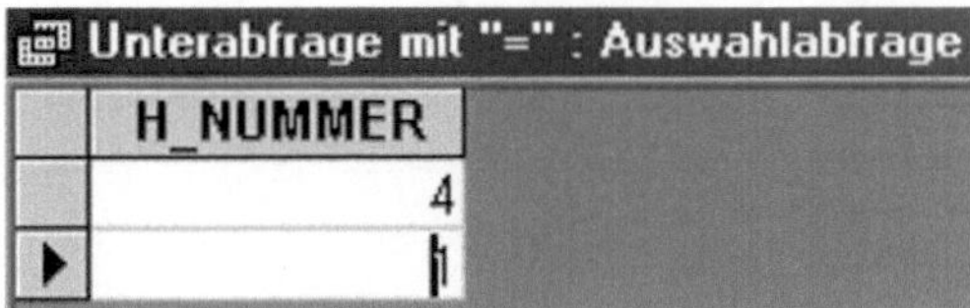

Abb. 265: Abfrageergebnis bei Verwendung von Unterabfrage und „="

6.8.3.21 Unterabfrage mit „>" und AVG

Zu ermitteln seien die Nummern der Hersteller, deren Status-Wert höher als der durchschnittliche Status-Wert ist.

SQL-Lösung:

SELECT HERSTELLER.H_NUMMER

FROM HERSTELLER

WHERE (((HERSTELLER.STATUS)>(SELECT AVG(STATUS) FROM HERSTELLER)));

MS-Access-Lösung:

1. Schritt: Berechne den durchschnittlichen Status der Hersteller und benenne die entsprechende Abfrage etwa mit „Durchschnitt Status" gemäß Abb. 266.

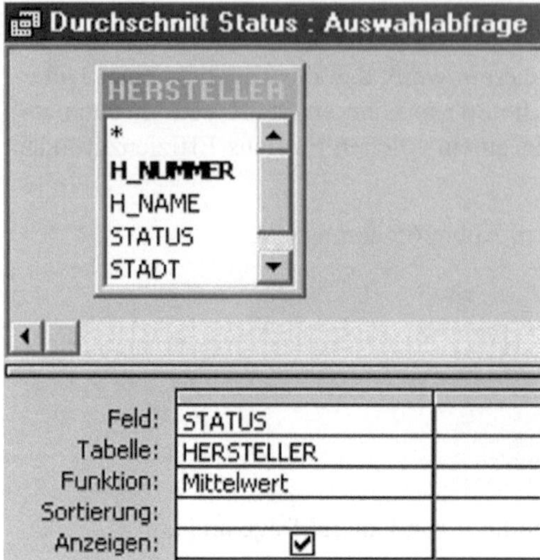

Abb. 266: Unterabfrage mit AVG

2. Schritt: Ermittle die gesuchten Herstellernummern wie in Abb. 267.

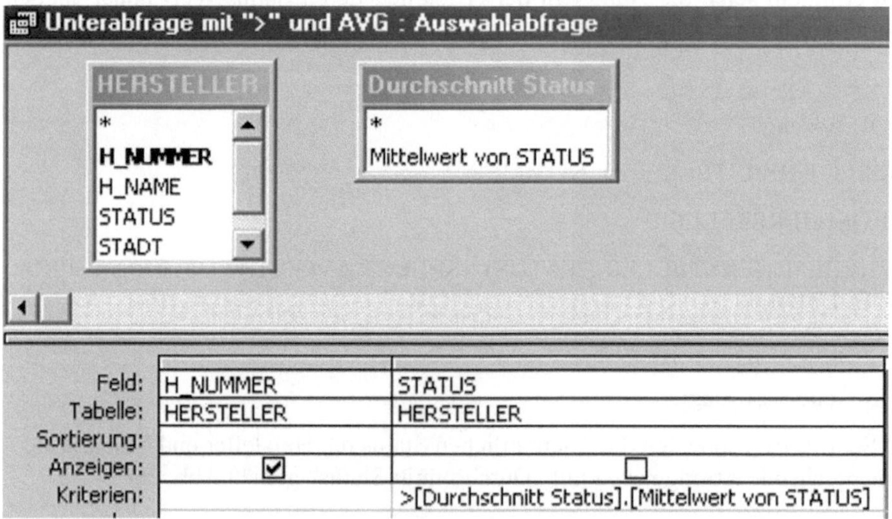

Abb. 267: Gesamtabfrage mit Unterabfrage und AVG

Erläuterung:

- Der Durchschnitt wird mittels der Funktion *AVG* (Mittelwert) berechnet. Die genaue Syntax ist den entsprechenden Abbildungen zu entnehmen und unbedingt zu beachten, da es ansonsten zu Fehlermeldungen kommen kann, deren Ursprung erst nach der Behandlung der Nutzung von Parametern im Access-System, siehe 6.8.4, offenbar wird.

- Das Ergebnis der Abfrage findet der Leser in Abb. 268.

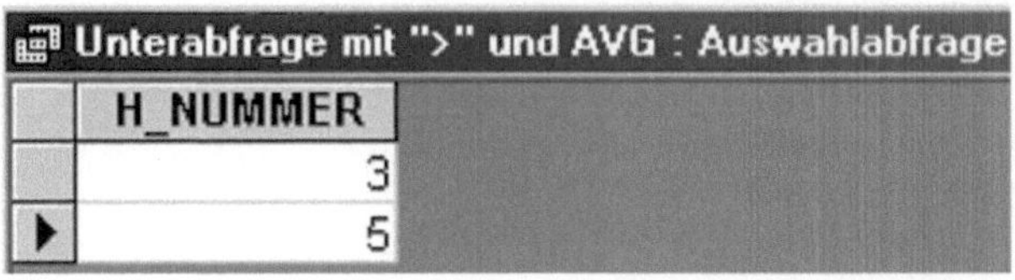

Abb. 268: Abfrageergebnis bei Verwendung von Unterabfrage + AVG

6.8.4   Parameter

Abschließend sollen noch Abfragen, die *Parameter* (Platzhalter) enthalten, behandelt werden. Einerseits erlaubt nämlich die Einführung von Parametern die Konstruktion sehr flexibler Abfragen. Andererseits werden dadurch auch bereits bei Excel erwähnte Programmierprinzipien veranschaulicht, so daß ein tieferes Verständnis erreicht werden kann.

6.8.4.1   1 Parameter und LIKE

Zu ermitteln seien die Städte in der Tabelle HERSTELLER, deren PLZ mit 8 beginnt.

Analyse:

Es ist anzunehmen, daß diese Abfrage in ähnlicher Form, nämlich mit einem anderen PLZ-Anfang, häufiger vorkommen wird. Deshalb bietet MS Access die Möglichkeit einen oder mehrere Parameter in einer Abfrage zu verwenden (hier wird also statt des Wertes „8" der Parameter gesetzt werden). Die Werte dieser Parameter werden dann bei Ausführung der Abfrage im Dialog vom Anwender erfragt.

Man vergleiche hierzu auch das bei Excel-Programmen bereits erwähnte Prinzip, Parameter nicht ins eigentliche Programm zu schreiben.

MS-Access-Lösung:

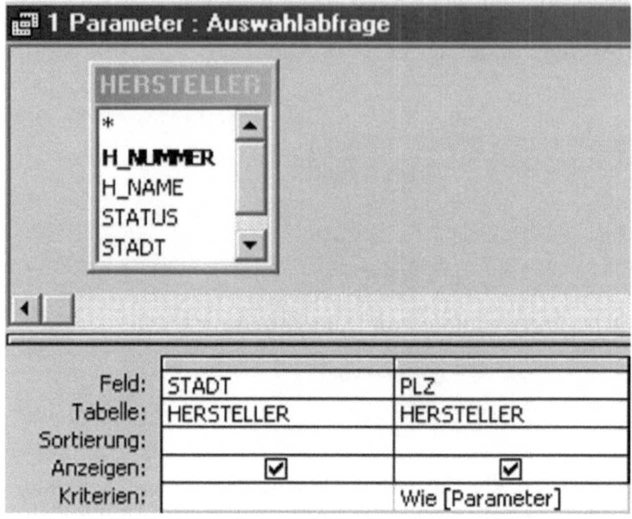

Abb. 269: 1 Parameter + LIKE (Wie)

Erläuterung:

- Der LIKE-Operator ("Wie" in MS Access, siehe Abb. 269) gestattet die Verwendung von Suchmustern.

- Der Parameter, dessen Wert vom Anwender einzugeben ist, vgl. Abb. 270, ist, wie in Abb. 269, in eckige Klammern zu setzen. Dabei dürfen als Namen keine Feldnamen oder sonstige reservierte Namen benutzt werden.

- Schreibt man bei einer Unterabfrage etwa einen Feldnamen in eckigen Klammern falsch, so wird er möglicherweise als Parameter interpretiert. Dies kann zu irreführenden Dialogen Anlaß geben.

- Beim Suchmuster bezeichnet „*" eine beliebige Zeichenfolge (siehe auch Abb. 270), „?" ein beliebiges Einzelzeichen. Andere Suchmuster sind möglich, vgl. hierzu die Online Hilfe.

- Das Ergebnis, das ohne Duplikate konstruiert wurde, ist in Abb. 271 dargestellt.

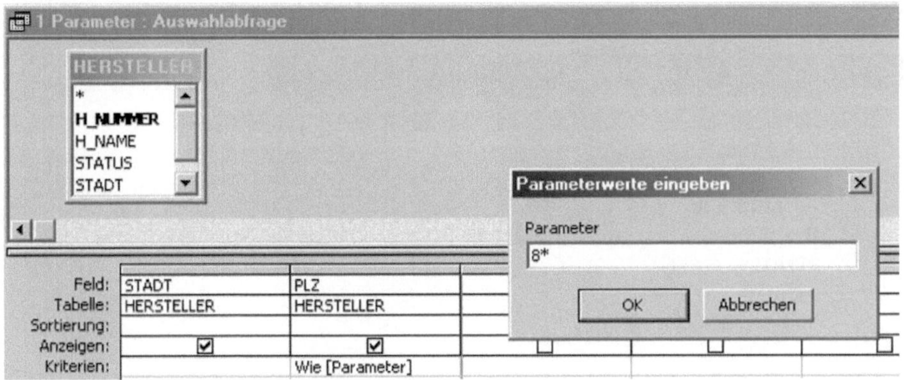

Abb. 270: Eingabe des Parameterwerts

Abb. 271: Abfrageergebnis bei Verwendung eines Parameters + LIKE

6.8.4.2   2 Parameter + ODER

Gesucht seien die Nummern der Hersteller, deren Namen mit Sch beginnen oder die einen Statuswert größer als 2 haben.

Analyse:

Auch in diesem Fall können durchaus analoge Abfragen auftreten, so daß man, um die Abfrage flexibel zu gestalten, zweckmäßigerweise mit zwei Parametern arbeiten wird. Auch dies ist, wie bereits erwähnt, bei Access ohne weiteres möglich.

MS-Access-Lösung:

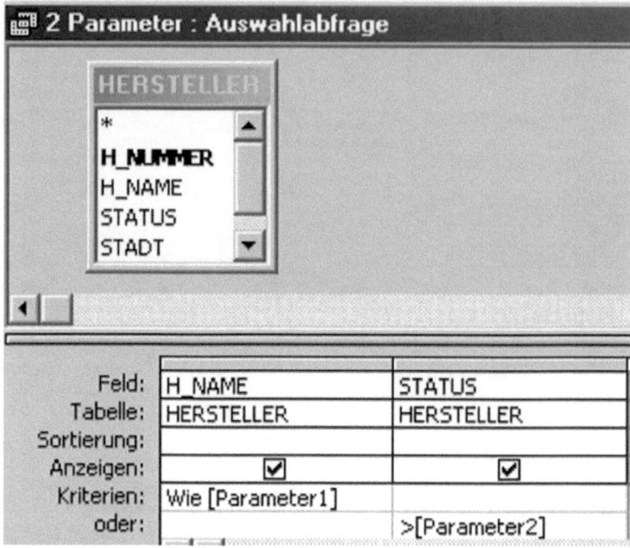

Abb. 272: 2 Parameter + ODER

Erläuterung:

- Man beachte die versetzte Positionierung der Parameter, um die ODER-Verknüpfung zu gewährleisten.

- Die Parameterwerte müssen sukzessive durch den Anwender eingegeben werden, vgl. Abb. 273 und Abb. 274.

- Das Ergebnis ist in Abb. 275 dargestellt.

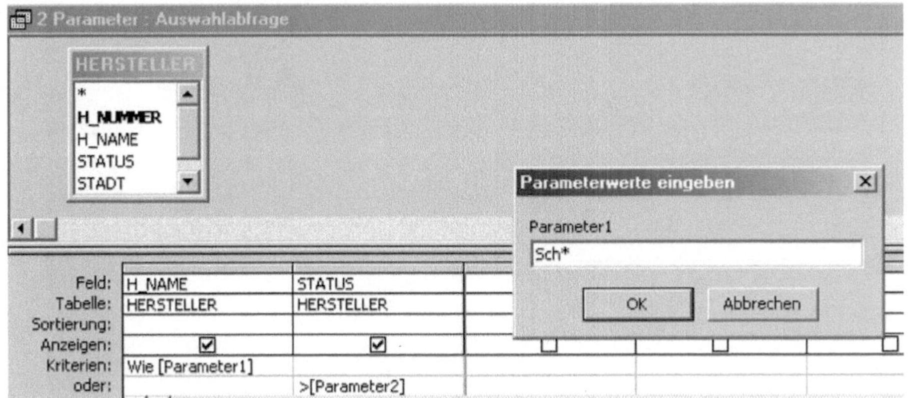

Abb. 273: Parametereingabe (1. Parameter)

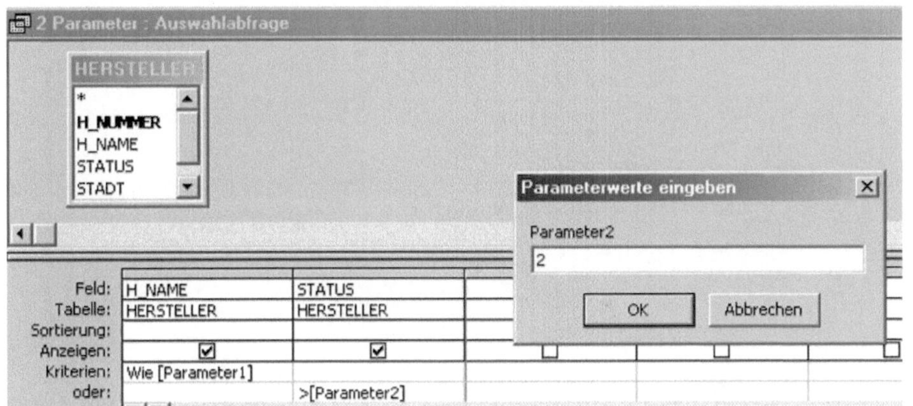

Abb. 274: Parametereingabe (2. Parameter)

Abb. 275: Abfrageergebnis bei Verwendung von 2 Parametern + ODER

Literaturverzeichnis

[Bir]   Birkhoff, G.; Bartee, T.C. (1973): Angewandte Algebra, Oldenbourg

[Bro95]   Brosius, G. (1995): Excel professionell, Addison-Wesley

[Bro97]   Brosius, G. (1997): Access 97 professionell, Addison-Wesley

[Che]   Chen, P.P.S.; Knöll, H.-D. (1991): Der Entity-Relationship-Ansatz zum Logischen Systementwurf, BI Wissenschaftsverlag

[Cla]   Claus, V.; Schwill, A. (1993): Duden Informatik, Dudenverlag

[Dat]   Date, C.J. (1986): An Introduction to Database Systems, Vol. I, Fourth Edition, Addison-Wesley

[dtv-at] dtv-Atlas zur Mathematik (1976): Band I, 2. Auflage, Deutscher Taschenbuch Verlag

[Gö]   Gödel, K. (1931): Über formal unentscheidbare Sätze der Principia Mathematica und verwandter Systeme I, Monatshefte für Mathematik und Physik, Bd. 38

[Håk]   Håkon, W.L; Bos, B. (1999): Cascading Style Sheets – Designing for the Web, Addison-Wesley

[Han]   Hanke, J.-C. (2001): HomePages für Einsteiger, 2. Auflage, KnowWare

[Has]   Haselier, R.G.; Fahnenstich, K. (1997): Word 7 für Windows, Addison-Wesley

[ISO88]   ISO8879 (1988): Information Processing – Text and Office Systems – Standard Generalized Markup Language (SGML), ISO, Genève

[Jar]   Jaros-Sturhahn, A.; Schachtner, K. (1998): Business Computimg, Springer

[Kof]   Kofler, M. (1997): VBA-Programmierung mit Excel 97, Addison-Wesley

[Pen]   Penrose, R. (1989): The Emperor's New Mind, Oxford University Press

[selfht] http://www.netzwelt.com/selfhtml/

[Sta]   Stahlknecht, P.; Hasenkamp, U. (1999): Einführung in die Wirtschaftsinformatik, 3. Auflage, Springer

[Ull]   Ullman, J.D. (1988): Database and Knowledge-Base Systems, Vol. I, Computer Science Press

[Witt]   Wittgenstein, L. (1963): Tractatus logico philosophicus, edition suhrkamp

Literaturverzeichnis

Stichwortverzeichnis

A

B